HEYNE‹

Georg Vielmetter

GENERATION EGO

Nach uns die Sintflut?

WILHELM HEYNE VERLAG
MÜNCHEN

Penguin Random House Verlagsgruppe FSC® N001967

Copyright © 2024 by Wilhelm Heyne Verlag, München,
in der Penguin Random House Verlagsgruppe GmbH,
Neumarkter Straße 28, 81673 München
Redaktion: Ulrike Strerath-Bolz
Umschlaggestaltung: wilhelm typo grafisch, Zürich, unter Verwendung
einer Abbildung von Shutterstock.com (MosinGL, redstone)
Satz: Satzwerk Huber, Germering
Druck: GGP Media GmbH, Pößneck
Printed in Germany
ISBN: 978-3-453-60694-4

www.heyne.de

Manche halten das für Erfahrung,
was sie 20 Jahre lang falsch gemacht haben.

George Bernard Shaw

Wer nichts verändern will, wird auch das verlieren,
was er bewahren möchte.

Gustav Heinemann

Für Jan – wdjbdbd

Inhalt

DRITTER TEIL
Im Zeitalter der Narren

Einleitung

Die Boomer – Kinder des Kalten Krieges

Frage: Was haben die Jahre 1964 und 2011 gemeinsam? Antwort: Sie sind die extremsten. Kein anderes Jahr war krasser.

Wenn wir verstehen wollen, warum wir uns allmählich in die Krisenrepublik Deutschland verwandeln, dann ist es eine gute Möglichkeit, bei diesen beiden Zahlen zu beginnen. Besonders, wenn wir dabei den Beitrag der Generation in den Blick bekommen wollen, die sich allmählich in den Ruhestand verabschiedet.

1964 ist mein Geburtsjahr. Genau wie das von 1 357 304 anderen. Mehr geht nicht. Niemals vorher und vermutlich niemals nachher feiern so viele Menschen in Deutschland ihren Sechzigsten wie 2024. Als wären alle Münchner gleich alt. Herzlichen Glückwunsch zum Massengeburtstag!

2011 ist das Geburtsjahr meines Sohnes. Ihm steht der gegenteilige Rekord bevor. Sein Jahrgang umfasst nur 662 685 Menschen – weniger als die Hälfte des meinen und der zahlenmäßig schwächste in der deutschen Nachkriegsgeschichte. Halbiert in einer – zugegeben sehr langen – Generationsspanne. München, zusammengeschnurrt auf die Größe von Leipzig.

Ist das nicht irgendwie merkwürdig? Wieso hinterlassen gerade diejenigen, die wirklich mit Abstand die Allermeisten waren, wirklich mit Abstand die Allerwenigsten? Obwohl kein Krieg und auch keine andere große Katastrophe dazwischengekommen ist. Und obwohl es doch, so schien es, immer nur bergauf ging? (Spoiler: Am vermeintlichen Pillenknick lag es nicht.) Ist das nun Ironie oder einfach nur blöd, dass man gerade die Generation »Wir-sind-ganz-viele-und-hinterlassen-ganz-wenige« auch noch *Baby Boomer* nennt beziehungsweise – so viel Effizienz muss sein – einfach nur Boomer?

Boom heißt Aufschwung. Aufschwüngler also. Was wir aber sehen, ist ein Abschwung. Allerdings hätte *Baby Crasher* auch nicht gerade schmeichelhaft geklungen.

1964. 2011. Boom. Crash. – Generation Ego? Das schoss mir durch den Kopf anlässlich des larmoyanten Wehklagens eines Generationsgenossen über (und hier dürfen Sie gerne auswählen, nichts davon wird Sie überraschen): die Höhe seiner Sozialabgaben, den schlechten Service, die Besteuerung seiner Rente, den Fachkräftemangel, die miese Stimmung in Deutschland, die Ossis beziehungsweise die Wessis, den »Heizungshammer«, den »Rentenhammer«, die Kosten der Tankfüllung für seinen SUV (200 Euro, obwohl er doch schon den schwächeren Motor für seinen BMW X7 genommen hat, und den sogar als Hybrid!).

Lebst du noch, oder klagst du nur?, fragte ich mich oder vielmehr ihn. Und was hast du eigentlich die letzten 60 Jahre so gemacht? Hast du nicht auch ein 20millionstel (ja, 20 Millionen, jeder Vierte! – so groß ist diese Generation) mit dazu beigetragen, dass wir da stehen, wo wir eben gerade stehen? Oder warst du dann mal weg?

Generation Ego. Nach mir die Sintflut! Mit Ausrufe- statt Fragezeichen. Das dachte ich, als er von seiner Tankfüllung anfing. Aber das ist natürlich nicht gerecht. Er fährt den X7, okay, dafür eine Altersgenossin nur Fahrrad – hebt sich das nicht auf? Vielleicht. Und ist das in anderen Generationen nicht auch so? Möglich. Wird nicht gerade die Generation Z, etwa 40 Jahre nach den Boomern geboren und jetzt am Beginn ihrer Berufskarrieren, immer wieder als besonders ichbezogen gebrandmarkt – und zwar, noch eine Ironie, besonders von den Boomern? (Wir werden später noch sehen, dass sich die Generationen gar nicht so gewaltig voneinander unterscheiden, weder in ihren Vorurteilen übereinander noch in ihren Einstellungen. Wohl aber in ihren Prägungen.)

Dennoch: Wir sollten uns vielleicht die Zeit nehmen, einmal auf einige der bisherigen Hinterlassenschaften dieser Generation zu schauen. Immerhin hat sie die letzten 20, 30 Jahre an den Schalthebeln der Macht in Politik, Wirtschaft, Kultur und Gesellschaft gesessen. Jetzt silversurft sie auf der Zielgeraden zum »wohlverdienten Ruhestand«. Dass wir dabei locker an der Pforte zum Garten Eden austrudeln, behauptet allerdings auch schon lange keiner mehr. Vielleicht sind wir in den letzten Jahrzehnten doch irgendwann mal falsch abgebogen?

Das neue Normal ist die Krise oder – neumodisch – die Polykrise, weil die eine Krise irgendwie mit der anderen Krise und die dann wiederum mit der nächsten zusammenhängt. Krisenrepublik Deutschland. Ausrufezeichen Fragezeichen. Dabei muss man noch nicht einmal an die geopolitischen Verwerfungen durch den russischen Angriffskrieg auf die Ukraine oder das zunehmend aggressive Verhalten Chinas denken. Auch hier wäre einiges zur Rolle der Generation zu sagen, doch bleiben wir im Land.

Eigentlich hat die Boomer-Generation ja qua Geburt ziemlich viel Glück gehabt. Wer das bestreitet, ist nicht ehrlich. Zumindest dann, wenn wir über Westdeutschland reden. Und meine Perspektive ist die eines Westdeutschen. Ich bin tief im Westen geboren, wo die Sonne verstaubt und es besser, viel besser ist, als man glaubt, wie Herbert Grönemeyer in seiner Hymne auf Bochum dichtete. Auch wenn ich dort schon lange nicht mehr lebe, lässt mir der Song jedes Mal einen Schauer über den Rücken laufen. Viel tiefer im Westen als Bochum geht eigentlich kaum, sonst wäre ich Niederländer. Das prägt. Und obwohl dieses Buch keine Biografie, sondern ein Sachbuch mit einem allgemeinen Geltungsanspruch ist, wäre es – das können Sie sich nun aussuchen – unredlich oder naiv oder vermessen, von der eigenen Geschichte ganz abstrahieren zu wollen. (Es wäre übrigens auch langweilig.) Der Berliner Philosoph Wilhelm

Dilthey, ein Wegbereiter moderner Interpretationstheorien in den Sozialwissenschaften, hat dazu schon im 19. Jahrhundert eine weise Erkenntnis formuliert: dass nämlich in der biografischen Erfahrung die Grundform des menschlichen Verstehens liege.[1]

Sehe ich von meiner Biografie ab, dann verstehe ich Dinge nicht mehr in ihrer Tiefe, sondern mache vielleicht noch ZDF – Zahlen-Daten-Fakten –, ohne diese ganzen ZDF-Puzzleteile zu einem sinnvollen, Bedeutung erschließenden Bild zusammensetzen zu können. Insofern ist die Beschäftigung mit der eigenen Generation immer auch *Selbstthematisierung*.

Als westdeutscher Angehöriger der Generation der Vielen war und bin ich aktiver Teilnehmer, jemand, der sein Zwanzigmillionstel mit dazu beigetragen hat, dass wir da stehen, wo wir heute eben stehen. Viele der Erfahrungen, die ich in meinem Leben gemacht habe, erscheinen mir typisch für meine Generation, deshalb werde ich gelegentlich darauf eingehen. Gleichzeitig versuche ich natürlich, als Autor die Rolle des distanzierten Beobachters einzunehmen. Ohne diesen Spagat geht es nicht.

Wie gesagt, aus dieser Perspektive waren die Startchancen eigentlich bestens. Wir hatten nämlich gleich drei Mal Glück. Als wir vor plus/minus 60 Jahren geboren wurden, sah die Welt natürlich völlig anders aus. Es herrschte der Kalte Krieg, und der heiße, also der Zweite Weltkrieg lag zehn, 20 Jahre zurück. Nicht lange, aber immerhin: Er war vorbei.

Das war unser erstes Glück.

Noch bevor wir geboren wurden, verdreifachte sich das Bruttosozialprodukt; es herrschte Vollbeschäftigung. Während unsere Eltern ihre Kindheit in der Nazi-Zeit und im Krieg verbrachten und dadurch geprägt waren, wurden wir im Westen in das Wirtschaftswunder hineingeboren; viele erlebten Aufstiegsbewegungen. Wir sind die erste Generation, die überwiegend in Frieden und Wohlstand aufgewachsen ist.

Die Geburt in Westdeutschland, im zunehmenden Wohlstand war unser zweites Glück.

Weil wir so viele waren, kam es zwar in den 1980er Jahren zu erhöhter Arbeitslosigkeit und zur »Akademikerschwemme«. Aber zum einen war das nur vorübergehend. Und zum anderen zogen wir noch einmal das große Los. Denn der Westen gewann den Kalten Krieg, und plötzlich ergaben sich unheimlich viele Möglichkeiten im »Beitrittsgebiet«, in Ostdeutschland. Wer wollte, ging in den Osten, und die anderen lebten einfach weiter wie zuvor.

Das war unser drittes Glück.

Man kann es auch anders sagen: Wir sind die Generation der dreifachen Kriegsgewinner: Den Krieg der Eltern haben wir nicht mehr erlebt. Im Kalten Krieg landeten wir zufällig auf der geografisch richtigen Seite. Und den haben wir dann auch noch gewonnen.

Lassen Sie uns der Generation einen Namen geben, der weder geschmacklos noch trivial oder lächerlich ist. Sondern vielleicht sogar etwas aussagt. Nennen wir sie die Generation des Kalten Krieges, die *Cold-War-Generation*. Die Generation der dreifachen Kriegsgewinner, die drei Mal das Glückslos gezogen hat.

Den Charakter, die Beschaffenheit, den Zusammenhang der Cold-War-Generation macht nicht wesentlich die Tatsache aus, dass sie so groß ist. Oder dass alles so eng und voll war. Oder dass es noch keine Digitalisierung gab. Das mag alles akzidentiell hinzutreten. Wesentlich ist diese Generation aber davon geprägt, dass wir die Kinder des Kalten Krieges sind. Es ist – das werden wir später noch sehen – der Kalte Krieg, der uns zu denen gemacht hat, die wir heute sind.

Die Cold-War-Generation: Dem Weltkrieg entkommen. In Westdeutschland aufgewachsen. Den Kalten Krieg gewonnen. Das sind doch Startchancen, über die man sich nicht beklagen sollte.

Wie war jetzt noch mal der Zusammenhang zwischen den super Startchancen und dem Multiglück auf der einen und der Krisenrepublik Deutschland auf der anderen Seite? Anders gefragt: Hat die Cold-War-Generation da irgendetwas nicht richtig auf die Reihe bekommen?

Das ist jetzt natürlich die Steilvorlage für Boomer-Bashing. Alte weiße Männer, in Starrsinn vereint, die ihr Ding durchgezogen haben und weiter durchziehen, ohne nach links, rechts, oben, unten, vorn und hinten zu schauen. Nach mir die Sintflut eben. Siehe der Typ oben mit dem X7 und der 200-Euro-Tankrechnung (das war übrigens nicht erfunden).

Boomer-Bashing machen wir hier aber nicht. Die Dinge sind, so scheint es, etwas komplexer.

Natürlich müssen wir die Frage nach dem Zusammenhang von Multiglück und Krisenrepublik stellen. Denn die Bilanz der Cold-War-Generation ist, das wird immer deutlicher, mehr als mau. Vielleicht sogar – in einigen wichtigen Punkten – katastrophal. Auch wenn es natürlich Positives zu vermelden gibt: Die Generation hat keinen Krieg angezettelt. Es hat in den letzten 30 Jahren große Fortschritte im Umwelt- und Naturschutz gegeben. Bürger- und Minderheitenrechte sind ausgeweitet worden. Im Index der menschlichen Entwicklung, der von den Vereinten Nationen seit 1990 erhoben wird, hat sich Deutschland von einem sehr guten zwölften Platz im ersten Bericht auf einen noch besseren siebten Platz im 2023/24-Bericht nach vorne geschoben.[2] Und Deutschland gehört – anders als beispielsweise die USA, Portugal, Belgien oder Tschechien – zu den zwei Dutzend Ländern mit einer »vollständigen Demokratie« – ausgeprägten Bürgerrechten und einer konstruktiven politischen Kultur (wenn man einen Weltmaßstab anlegt).[3] Das alles steht auf der Habenseite. Aber dennoch: Wir durchleben unterschiedlichste Krisenzustände, wenn wir »Krise« so definieren, wie es der legendäre Gründer des Instituts für interdisziplinäre Konflikt- und Gewaltforschung an der Universität Bielefeld tut, der Soziologe Wilhelm Heitmeyer: Die herkömmlichen Instrumente funktionieren nicht mehr, und die Zustände vor der Krise sind nicht wiederherstellbar.[4] Schauen wir auf drei prägende Krisen:

Über die Allermeisten, die die Allerwenigsten hinterlassen, haben wir schon gesprochen. 1964 versus 2011. Ein Thema, eine Krise, die wir wirklich nicht im Griff haben, ist der demografische Wandel. Wieso ist das so, warum hat die Cold-War-Generation Alterung und Schrumpfung der Bevölkerung, Zu- und Abwanderung nicht schon vor vielen Jahren zu managen begonnen? Zumal das alles seit Jahrzehnten absehbar war.

Dann die fundamentalste Krise überhaupt: Wir gingen gerade in die Grundschule, als bereits dramatisch vor dem Klimawandel gewarnt wurde. »Geht aber die Industrialisierung und die Bevölkerungsexplosion ungehindert weiter, dann wird spätestens in zwei bis drei Generationen der Punkt erreicht, an dem unvermeidlich irreversible Folgen globalen Ausmaßes eintreten.«[5] Das schrieb die Deutsche Physikalische Gesellschaft bereits 1971. Genauso ist es gekommen. Und ganz offensichtlich haben wir es zugelassen. Wie konnte es dazu kommen? Haben wir nur unseren Wohlstand gemehrt und uns um den Rest nicht wirklich geschert?

Was uns hingegen immer scherte, war die Aussicht auf den »Ruhestand«. Seit unserer Geburt haben sich die Reallöhne verdreifacht – dennoch waren auch viele, die es sich hätten leisten können, nicht in der Lage, für ihre Rente vorzusorgen, geschweige denn soziale Ungleichheit und Armut abzubauen. Für viele Angehörige der Cold-War-Generation scheint klar, dass für ihren Lebensunterhalt die gesetzliche Rentenversicherung aufkommen soll. Daher werden alle möglichen Mittel bemüht, das Rentenniveau zu halten, obwohl die Anzahl der Beitragszahlerinnen immer weiter absinkt – weil wir weniger Kinder bekommen haben (hier schließt sich der Kreis) und selbstverständlich viele von uns Deutschland lange nicht als ein Einwanderungsland sahen.

Demografie. Rente. Klima. Um diese drei Krisen geht es im zweiten Teil des Buches. Diese Krisen sind von unterschiedlicher Komplexität, einige hängen miteinander zusammen, und wir werden versuchen, ihre Entstehung und Entwicklung in diesem Buch nachzuzeichnen. Was sie alle teilen: Ihre Wurzeln reichen lange zurück. Umso interessanter ist die Frage, welchen Beitrag die Cold-War-Generation dazu geleistet hat, dass wir da stehen, wo wir nun mal stehen.

Denn eines ist klar: Die Bilanz der Generation ist nicht gut. Wir hinterlassen vielleicht keine Sintflut, aber den Garten Eden schon mal gar nicht. Vielleicht wäre – zumindest in Bezug auf die Klimakrise – Vorhölle ganz passend. Die hängt so dazwischen, und keiner versteht so genau, was sie bedeutet und welche Konsequenzen sie hat. Aber zum Glück – oder besser: Gott sei Dank – hat der Vatikan ja 2007 den Limbus, wie die Vorhölle kirchenvornehm heißt, abgeschafft, so dass uns dieses Schicksal nicht mehr ereilen kann.

Wenn wir also kein Bashing einer ganzen Alterskohorte betreiben wollen und etwas differenzierter auf die Dinge zu schauen bereit sind, müssen wir tiefer in die Entstehung und den Verlauf der Krisen hineinschauen. Wie sind die Krisen entstanden, welche historischen, sozialen, politischen Ursachen liegen ihnen zugrunde? Warum sind sie so verlaufen, wie sie es bisher nun einmal sind, und wer oder was hatte darauf den größten Einfluss? Nur wenn wir uns Ursprünge und Entwicklung der Krisen genauer anschauen, sind wir in der Lage, den Beitrag der Cold-War-Generation herauszuarbeiten. Dabei werden wir einige Überraschungen erleben. Zum Beispiel, dass man die Demografiekrise wirklich nicht der Cold-War-Generation anrechnen kann, im Gegenteil: Den demografischen Wandel hat schon die Generation ihrer Eltern verschlafen beziehungsweise Anpassungen aktiv blockiert. Hier war viel Ideologie im Spiel. Die Cold-War-Generation hat versucht, zu retten, was zu retten war.

Auch die Wurzeln der Rentenkrise reichen bis in die Adenauer-Zeit zurück. Hier zeigt sich trotzdem Egoismus, vor allem aber der

Beginn der Gerontokratie, der Herrschaft der Alten in Deutschland. Nach mir der Beitragszahler.

Und beim Klima: Totalversagen. Aber sehr komplex und nicht einfach nur einer einzelnen Generation anzulasten. Ohne die Cold-War-Generation von allem freisprechen zu wollen, werden wir ein sehr ungesundes Zusammenspiel finden von Systemzwängen, Ideologie, Lobbyismus, ungünstigen psychologischen und medialen Mechanismen, aber eben auch Schurkentum und Egoismus. Und die spezifische historisch-kulturelle Prägung, das Psychogramm der Cold-War-Generation, ist auch alles andere als hilfreich beim Klimathema. Wenn irgendwo »Nach mir die Sintflut« passend ist, dann hier.

Bevor wir aber die Krisen und die Rolle der Cold-War-Generation in Augenschein nehmen, sollten wir genauer verstehen, was denn diese Generation ausmacht. Das geschieht im ersten Teil des Buches.

Schaut man sich die Publikationen an, die vor etwa zehn Jahren zum 50-jährigen Jubiläum der großen Jahrgänge 1963, 1964 oder 1965 erschienen sind, dann vermittelt sich der Eindruck, dass deren Kindheit und Jugend ganz nett und locker war, aber irgendwie auch banal und spießig.[6] Völlig unaufregend und normal. Da wird erzählt von Trimm-dich-Pfaden, Kochgruppen in der WG, Interrail-Reisen durch Europa, Stehblues und Schwarzlicht, Fernsehen ohne Fernbedienung, dass man ohne Handy telefonierte und dass Kinder keine komplizierten Vornamen hatten. Tief geht das nicht. Aber vielleicht ist das auch dem Genre der Jubiläumsbücher geschuldet. Schmunzelbücher, die Anekdötchen erzählen, uns aber nicht wirklich weiterhelfen, wenn wir die Merkmale der Generation besser verstehen wollen.

Dabei gehe ich von zwei Dingen aus. Erstens: Man kann sinnvoll von »Generationen« sprechen. Und zweitens: Die prägende Phase jeder Generation findet in der Kindheit und Jugend statt.

Vor allem Ersteres ist nicht selbstverständlich: In den akademischen Sozialwissenschaften wird der Generationenbegriff nur noch selten verwendet. Er gilt als angestaubt, zu wenig differenzierend und eher übergeneralisierend; zudem bekommt er Fragen der sozialen Schichtung, der Klasse oder des Geschlechts nur schwer in den Blick. Und zu allem Überfluss stellt sich noch folgendes knifflige Problem: Wenn wir Unterschiede im Verhalten oder den Einstellungen zwischen zwei Gruppen unterschiedlichen Alters feststellen, dann können wir das auf wenigstens drei verschiedene Weisen interpretieren:

- Erstens einfach als Folge der Tatsache, dass diese Kohorten sich im Alter so deutlich unterscheiden und ältere Menschen häufig andere Einstellungen oder anderes Verhalten zeigen als jüngere. Das wäre dann einfach ein *Alterseffekt*, für den wir den Begriff »Generation« nicht brauchen.
- Zweitens könnte eine Veränderung im Verhalten aber auch ein *Periodeneffekt* sein. Das sind Einflüsse auf Verhalten oder Einstellungen, die zu einer bestimmten Zeit von außen auf Menschen einwirken, ganz generationenunabhängig. Soziale Medien, Kriege oder Inflation zum Beispiel. Das aktuelle Hoch der AfD zum Beispiel sowohl bei Jungen als auch bei Älteren ist ein Periodeneffekt. Auch dafür brauchen wir den Generationenbegriff nicht.
- Von einem *Generationen- oder Kohorteneffekt* können wir nur im dritten Fall sprechen: Wenn wir nämlich gute Gründe haben, zu glauben, dass eine spezifische historisch-soziale Konstellation eine Alterskohorte in einer Weise prägt, die sie von anderen Alterskohorten unterscheidet.

Einige Sozialwissenschaftler glauben, dass das nicht zu zeigen ist, und halten die Rede von Generationen daher für Unsinn.[7] Und in der Tat sind viele Veröffentlichungen zu Generationen vor allem kommerziell getrieben – als Markt- oder Jugendforscherin kann man gutes Geld damit verdienen, alle 15 Jahre eine neue Generation zu erfinden (so wissen einige Jugendforscher bereits heute, dass 2025 bis 2029 die Generation Beta die Bühne betreten wird[8] – eine völlig absurde Behauptung, die man aber gut versilbern kann).

Dennoch ist es auch heute noch sinnvoll, von Generationen zu sprechen. Wenn man sich bei Karl Mannheim, einem der Gründerväter der modernen Soziologie, erkundigt, wie ein gehaltvoller Generationenbegriff aussehen kann.

Dass er sich mit dem Thema tief gehend beschäftigte, ist wohl eigener biografischer Erfahrung geschuldet. Karl Mannheim war – in einem Satz zusammengefasst – ein »Soziologe und Philosoph österreichisch-ungarischer Herkunft, jüdischer Religion, deutscher und britischer Staatsbürgerschaft«.[9] In Budapest 1893 geboren, in London 1947 gestorben, hat er selbst zwei Mal Vertreibung erlebt – einmal aus Ungarn, einmal aus Nazi-Deutschland. Dass spezifische historisch-soziale Konstellationen seine Persönlichkeit und sein Leben geprägt haben, lässt sich wahrlich nicht bestreiten.

Unser Denken, Wissen und Handeln sei immer abhängig vom sozialen Standort und dem gesellschaftlich-geschichtlichen Lebenszusammenhang, führt Mannheim in seinem bis heute Maßstäbe setzenden Aufsatz »Das Problem der Generationen« aus.[10] Um Generationen genauer in den Blick zu nehmen, bedient er sich einiger begrifflicher Unterscheidungen. Grundlegend ist der Begriff der »*Generationslage*« oder »Generationslagerung«, worunter er die »Zugehörigkeit zu einander verwandten Geburtsjahrgängen« versteht.[11] Die Generationslage beschreibt den historisch-gesellschaftlichen Raum, in den Menschen hineingeboren werden und der den Rahmen für ihr Erleben, Empfinden, Denken und Handeln setzt: »Nur ein gemeinsamer historisch-sozialer Lebensraum ermöglicht, daß die geburtsmäßige Lagerung in der chronologischen Zeit zu einer soziologisch-relevanten werde.«[12] Er macht das am Beispiel deutscher und chinesischer Jugendlicher fest, die zwar chronologisch gleichzeitig leben, aber in unterschiedlichen historisch-sozialen Räumen aufwachsen und daher keine gemeinsame Generation bilden. In diesem Sinne kann man auch sagen, dass die westdeutsche Cold-War-Generation und ihre Altersgenossen in der DDR keine gemeinsame Generation bilden, weil sie in hinreichend unterschiedlichen historisch-sozialen Räumen aufwuchsen (ihr stärkster gemeinsamer Bezugspunkt sind ihre durch die Erziehung in der Nazi-Zeit geprägten Eltern).

Darauf aufbauend, unterscheidet Mannheim zwischen *Generationszusammenhang* und *Generationseinheit*. Ziehen wir Klimaleugner und Klimakleber heran, um die Begriffe zu erläutern: Jede der beiden Gruppen bildet eine Generationseinheit in einem einheitlichen Generationszusammenhang. Beide beziehen sich auf den Klimawandel als ein bedeutendes Zeitereignis (Mannheim spricht von »typischen Ereignissen« oder »Kollektivereignissen«), mit dem sie sich in »polarer Form« auseinandersetzen. »Im Rahmen desselben Generationszusammenhanges können sich also mehrere, polar sich bekämpfende Generationseinheiten bilden.«[13]

Zentral für uns ist der Begriff der Generationslage, also ein Menschen ähnlichen Alters gemeinsamer historisch-sozialer Lebensraum, auf den gesellschaftlich relevante Kräfte prägend einwirken. Diese historische Lage setzt quasi den Rahmen, den Frame, innerhalb dessen wir uns kognitiv, sozial, emotional und räumlich bewegen. Unser Denken, Handeln, Fühlen und Erleben wird dadurch sozial (mit-)bestimmt, und wenn wir in der Lage sind, diesen Rahmen in Bezug auf bestimmte Alterskohorten von anderen Rahmungen abzusetzen, können wir von einer Generationslage sprechen. *Der Einfachheit halber werde ich ab jetzt den Begriff Generation in diesem Sinne verwenden,* denn dieser Begriff erlaubt uns, geschichtlichen und sozialen Wandel durch die Abfolge von Generationen zu periodisieren.[14]

»Generation«, so verstanden, bedeutet also nicht, dass sich die Mitglieder dieser Generation mit den sozialen Phänomenen ihrer Zeit bewusst auseinandersetzen (das wäre »Generationszusammenhang« bei Mannheim) oder gar, dass sie eine inhaltlich einheitliche Gruppe bilden müssen (das wäre »Generationseinheit«).

»Generation« in diesem Sinne bedeutet dagegen, spezifische Einflüsse auf bestimmte Alterskohorten erkennbar zu machen, die auf Menschen prägend einwirken können, die sie grundieren, ohne ihnen damit automatisch einheitliche Einstellungen zuzuschreiben. Der Generationsbegriff ordnet damit Gesellschaft in zeitliche Abfolgen und ist zunächst vor allem ein Angebot der Fremd- und Selbstthematisierung, die auch dazu dienen kann, gesellschaftliche Prozesse oder Krisen zu deuten.[15] »Generationen sind in erster Linie jedoch Identitätskonstruktionen, die bestimmte Alterskohorten in der Gesellschaft sichtbar machen und Individuen die Möglichkeit bieten, ihre eigene Lebensgeschichte vor diesem Hintergrund zu deuten und zu reflektieren.«[16]

Und das ist ja eigentlich genau das, was wir wollen: Die Generation derjenigen, die jetzt in Rente gehen, die Cold-War-Generation, sichtbar zu machen, den Rahmen zu erkennen, innerhalb dessen sie kognitiv, sozial und emotional geprägt wurden. Um mit dieser Selbstthematisierung vielleicht besser zu verstehen, warum wir in so krisenhaften Zeiten leben und inwieweit die Prägung dieser Generation dazu beigetragen hat. Um das beurteilen zu können, müssen wir Genese, Struktur und Charakter der Krisen genau verstehen, und wir werden sie daher im zweiten Teil recht tief gehend beleuchten.

Im ersten Teil des Buches versuche ich aber zunächst, die Cold-War-Generation sichtbar zu machen. Wir werden die »langen sechziger Jahre« – ein Begriff des Kopenhagener Zeithistorikers Detlef Siegfried – in den Blick nehmen, die Zeitspanne von etwa Mitte der 1950er bis Mitte der 1970er Jahre. Hier wurde die Cold-War-Generation geboren, hier wuchs sie auf, hier wurde sie grundiert. Es war eine Zeit, in der der »Grauschleier über der Stadt«, den die Wuppertaler Post-Punk-Band *Fehlfarben* aggressiv und hart besang, allmählich verschwand, die immer bunter wurde und über der dennoch – im Hintergrund, im Ungefähren, nicht selten in der Familie – eine eigentümliche Trübung lag. Noch mal mit den *Fehl-*

farben: »Die Schatten der Vergangenheit / wo ich auch hingeh sind sie nicht weit.« Schaut man sich diese für die Generation prägende Zeit etwas genauer an, dann wird klar, warum sie die Generation des Kalten Krieges ist – und zwar in kognitiver, emotionaler und sozialer Hinsicht.

Aufbauend auf diese zeithistorischen Betrachtungen, werde ich ein Psychogramm der Cold-War-Generation entwickeln. Wir werden sehen, dass die Angehörigen dieser Generation von bestimmten Merkmalen und Erfahrungen geprägt sind: davon, dass sie die Kinder von Kriegskindern und des Kalten Krieges sind, was zu einem ausgeprägten Stabilitätsbedürfnis, einer gewissen Risikoscheu, einer klaren Westorientierung sowie Wohlstands- und Fortschrittswünschen führte. Sie haben überwiegend eine dreifache Stabilitätserfahrung gemacht und konnten Aufstiegs- und Wohlstandsbedürfnisse oftmals befriedigen. Dies alles hat zu einer selbstzufriedenen Binnenperspektive geführt, einer hohen Selbstgewissheit, auch zu Ignoranz und Überlegenheitsgefühlen, ja manchmal sogar zu einer Art Siegermentalität. Ohne dass damit die »Schatten der Vergangenheit«, das Unsichere, Gefährdete hinter der Selbstgewissheit, vollständig verschwunden wären.

Wir werden diese Interpretation der Cold-War-Generation dann heranziehen, um die Krisenorte Demografie, Rente, Klima auch im Lichte der Merkmale dieser Generation zu deuten und ihren spezifischen Beitrag herauszuarbeiten.

Im Schlussteil werde ich der Frage nachgehen, ob die Cold-War-Generation die Generation Ego ist oder ob es sich bei ihren Angehörigen nicht doch vielmehr um ganz normale Leute, *normal people*, handelt. Die Antwort sei hier gleich vorweggenommen: Beides ist der Fall. Fast *alle* Generationen sind selbstzentriert, *alle* Menschen unterliegen kognitiven Fehlleistungen und Verzerrungen – darin unterscheidet sich die Cold-War-Generation kaum von der Generation Z, die gerade ins Berufsleben einsteigt. Aber es gibt einen Unterschied: Das Psychogramm der Cold-War-Generation

Einleitung

hat die Selbstzentriertheit, die Selbstgewissheit verstärkt. Und die Prägung in den langen sechziger Jahren hat dazu geführt, dass die Generation schwere Krisen – mit einer Ausnahme – nur im Rückspiegel beobachtet und aufziehende Krisen nicht hinreichend wahrgenommen und beachtet hat: zu einer Zeit, als konsequentes Handeln zum Eindämmen der Krisen hätte beitragen können. Dieser Verantwortung muss sich die Cold-War-Generation stellen, gerade auch aus Gründen der Gerechtigkeit gegenüber nachfolgenden Generationen.

Analyse und Bewertung mögen ernüchternd sein; umso wichtiger erscheint es, aufzuzeigen, welche Handlungsmöglichkeiten wir haben, um den krisenhaften Zuständen angemessener zu begegnen. Ganz am Ende des Buches werde ich daher – in zugegeben ziemlich idealistischer, vielleicht naiver Weise – Handlungsmöglichkeiten benennen, wie wir alle, aber besonders die Cold-War-Generation, aktiv werden können, um den notwendigen Wandel zu gestalten.

»Wer zu spät kommt, den bestraft das Leben«, lautet der berühmteste Satz des ehemaligen Kreml-Chefs Michail Gorbatschow, den er so wahrscheinlich nie gesagt hat.[17] Oder in den Worten des ehemaligen Bundespräsidenten Gustav Heinemann: »Wer nichts verändern will, wird auch das verlieren, was er bewahren möchte.« Die Veränderung jedenfalls muss in unseren Köpfen beginnen und darf die Herzen nicht aussparen.

George Bernard Shaw soll einmal gesagt haben, dass Menschen gerne Fehler, die sie seit Jahrzehnten machen, Erfahrung nennen. Damit sollten wir aufhören. Und auch damit, den Kopf in den Sand zu stecken oder nur auf das Prinzip Hoffnung zu setzen. Der alle Probleme lösende und ein besseres Leben verheißende Hoffnungsträger heißt in säkularen Zeiten nicht mehr Gott. Für viele aber »technologischer Fortschritt«. Der Unterschied zu Gott: Seine Existenz ist ziemlich unzweifelhaft – ja, es gibt technologischen Fortschritt. Die Gemeinsamkeit: Wir wissen nicht, inwieweit er zur

Lösung unserer Probleme beiträgt. Auf ihn zu setzen, hat also etwas Quasireligiöses. Wollen wir darauf die Zukunft unserer Kinder bauen?

Immerhin: Anders als bei der Vorhölle kann keine Kommission vom Schreibtisch aus beschließen, den technologischen Fortschritt einfach abzuschaffen. Aber es kann eben auch kein Gremium verordnen, dass er nun gefälligst kommt. Und zwar genau so, wie wir ihn gerne hätten. Das schafft nicht einmal die FDP.

ERSTER TEIL

Die Cold-War-Generation –
Wie sie wurde, wer sie ist

Keine Atempause
Geschichte wird gemacht
Es geht voran!

Fehlfarben, Ein Jahr (Es geht voran), 1980

Es liegt ein Grauschleier über der Stadt
Den meine Mutter noch nicht weggewaschen hat.

Fehlfarben, Grauschleier, 1980

Wenn wir die Cold-War-Generation in ihrer Besonderheit verstehen wollen, sollten wir uns anschauen, welche Erfahrungen die Menschen, die zu dieser Generation gehören, in ihrer Kindheit und Jugend gemacht haben. Zu welchen Merkmalen, Mustern, Persönlichkeitsausprägungen führten diese Erfahrungen? Zwar glaubt die Entwicklungspsychologie heute nicht mehr, dass sich die Persönlichkeit eines Menschen sehr früh abschließend ausbildet und dann bis ins Alter unverändert bleibt. Aufwändige Studien haben aber gezeigt, dass sich wesentliche Merkmale vor allem in der Kindheit und Jugend und im frühen Erwachsenenalter entwickeln und erst etwa ab dem 50. Lebensjahr recht konstant bleiben.[1] Zwar können wir auch im hohen Alter noch lernen, die wesentlichen Erfahrungen machen wir aber zumeist weitaus früher, und dabei spielt die Umwelt eine entscheidende Rolle. Der Neurowissenschaftler Gerhard Roth hat das so zusammengefasst:

Wir sehen also, dass das Gehirn des Menschen und damit seine Persönlichkeit auf mindestens drei Weisen von der engeren oder weiteren Umwelt gestaltet und geprägt werden. Die Gene im engeren Sinne spielen hierbei eine nur allgemeine Rolle: Sie legen fest, dass wir im biologischen Sinne Menschen sind und dass wir hinsichtlich unserer kognitiven, emotionalen und sozialen Merkmale von der Gesellschaft geprägt werden können. Wie sich im Einzelnen die Persönlichkeit entwickelt, hängt dann von den epigenetischen Vorgängen vor der Geburt, den frühen Bindungserfahrungen und den späteren sozialen Erfahrungen ab.[2]

Um diese »frühen Bindungserfahrungen und späteren sozialen Erfahrungen« geht es in diesem Kapitel. Wir können dabei die Umwelt des Menschen als eine Reihe ineinander verschachtelter Strukturen verstehen, wie bei den russischen Matrjoschka-Puppen, die ineinandergesteckt werden. Der US-amerikanische Entwicklungspsychologe Urie Bronfenbrenner unterscheidet dabei vier verschiedene Strukturen, die auf unsere soziale Entwicklung einwirken.[3] Das beginnt bei Aktivitäten und Beziehungen, an denen das Kind direkt teilnimmt, also häufig zunächst die Familie, später Gleichaltrige, Lehrer, Nachbarinnen und so weiter (das Mikrosystem), geht weiter über Beziehungen zwischen diesen Bezugspersonen (das Mesosystem) hin zum Exosystem, dem das Kind zwar nicht direkt angehört, dessen Auswirkungen es aber dennoch ausgesetzt ist. Beispiele wären Arbeitsmarktpolitik (Arbeitszeiten, Elternzeit), rechtliche Regeln, Massenmedien. Die vierte Schicht der Puppe ist schließlich das Makrosystem, das allgemeine Bräuche, Normen und Werte einer Gesellschaft umfasst und das über das Exo- und Mesosystem auf Kinder einwirkt.

Wenn wir uns nun auf die Suche nach dem Psychogramm, den prägenden Persönlichkeitsmerkmalen von Angehörigen der Cold-War-Generation machen, können wir uns durch die verschiedenen Umweltstrukturen schlängeln, die sie vor allem in ihrer Kindheit und Jugend umgeben haben, also in den späten 1950er, 1960er und frühen 1970er Jahren. In welche Umgebung ist die Cold-War-Generation hineingeboren worden? Was hat ihre Eltern, Verwandten, Lehrerinnen und Erzieher geprägt und bewegt? Mit einem Satz: In was für einer Lebenswelt ist diese Generation aufgewachsen?

1

Die »langen sechziger Jahre« – Die Lebenswelt der Cold-War-Generation

Von grau nach bunt

Grau. Das ist die Farbe, die ich assoziiere, wenn ich an mein erstes Lebensjahrzehnt in den 60er Jahren im Bochumer Norden denke. Danach zogen wir nach Aachen und lebten dort für drei Jahre, bevor es wieder zurück ins südliche Ruhrgebiet ging, immer der Aufstiegsbewegung der Familie folgend. Das waren dann die 70er Jahre, und wenn ich an diese Zeit denke, fällt mir keine einzelne Farbe mehr ein, sondern ein anderes Wort: bunt.

Von grau nach bunt. Vielleicht kann man so in vier Worten die Dynamik beschreiben, die Radikalität der Veränderung in dieser Zeit – der prägenden Jahre für die Cold-War-Generation. Der Zeithistoriker Detlef Siegfried, Professor für Neuere Deutsche und Europäische Geschichte an der Universität Kopenhagen, nennt diesen Zeitabschnitt »die langen sechziger Jahre« und datiert ihn von 1958 bis 1973.[1] An anderer Stelle spricht Detlef Siegfried von der »zweiten Gründung« der Bundesrepublik »ungefähr von der Mitte der 1950er bis zur Mitte der 1970er Jahre«.[2] Es sind die langen sechziger Jahre, in denen die Cold-War-Generation geboren, erzogen und geprägt wurde.

Was passierte in dieser Zeit? Welche Grunderfahrungen machte die Cold-War-Generation? Schauen wir uns zuerst die Entwicklung von grau nach bunt an. Das ist die schöne Geschichte. Sie ist wahr, aber sie ist nicht vollständig. Das Graue löste sich nämlich nicht einfach in Luft auf, teilweise wurde es nur schlecht übermalt und schimmerte immer noch deutlich durch. Dann lag ein Grauschleier über der Stadt, den Peter Hein, ebenfalls ein Kind der Cold-War-Generation und der Sänger der – ist das wirklich Zufall? – *Fehlfarben* aggressiv besang. Das ist die weniger gern erzählte Geschichte vom Grauen hinter dem Bunten. Und die schauen wir uns im Anschluss an.

Das Bunte vor dem Grauen – die schöne Geschichte

Die Rede vom Grauen war zunächst gar nicht metaphorisch, sondern wörtlich gemeint. Mein erstes Lebensjahrzehnt ist das der gedeckten, meist sogar unbunten Farben. Die Häuser in unserem Stadtteil waren fast alle grau, einige sogar schwarz. An unser Nachbarhaus hatten Maler vier Farbproben gepinselt, etwa einen Meter lang und 40 Zentimeter hoch: braun, dunkelgrau, hellgrau und weiß. Es blieb bei diesen Proben, bis wir aus der Stadt wegzogen. Und selbst ein Anstrich in diesen Farben hätte nicht wirklich mehr Buntheit in die Stadt gebracht. Farben sah man kaum, dafür überall Baulücken und Löcher, wo vor dem Krieg noch Häuser gestanden hatten. Die Neubauten: einfach und funktional. Und meistens graue Mäuse; cremeweiß oder schmutzig braun war schon ein mutiges Farbkonzept. Die Betonplattenbauweise und der Waschbeton wurden erfunden. Und welche Farbe hat Waschbeton? Genau. Der Architekt Matthias Gröhne, ehemaliger Professor im Studiengang Farbe an der Hochschule Esslingen, schreibt dazu: »Die Farbwelt der 60er ist vielleicht mit Begriffen wie Monotonie und Farblosigkeit zu umschreiben. Vorherrschende unbunte Farbtöne und Farben aus den Materialien heraus bestimmen neben Weiß das Bild unserer Städte.«[3]

Der Opel Rekord C meines Vaters war mattweiß, mein rindslederner Schultornister rehbraun. Der Golf 1 meiner Mutter – fünf, sechs Jahre später – war schon kräftig rot (»Phönixrot« nannte Volkswagen das), und der Tornister meines nur drei Jahre jüngeren Bruders schreiend orange. War 1968 noch Weiß die mit Abstand beliebteste Autofarbe, war es in den 1970ern bis in die 1980er Rot. Die Explosion der Autofarben hatte Ferruccio Lamborghini 1966 in Gang gesetzt, wenige Jahre nachdem er seine bald legendäre Automarke gegründet hatte. Die 763 Exemplare seines neuen Luxussportwagens Miura (übrigens benannt nach – und das gäbe es heute wohl auch nicht mehr – einem spanischen Kampfstierzüchter) »spiegeln den Regenbogen wider: Insgesamt 86 verschiedene Farbtöne wurden verwendet.«[4] Twiggy, Supermodel der 60er Jahre, bestellte einen in *Verde Giallo* (Gelbgrün). Allerdings war es 1968 noch gefährlich, zumindest anstößig, in einem gelben Auto durch die Gegend zu fahren. Diese Erfahrung machte der Chefredakteur der Zeitschrift *auto, motor und sport*, Heinz-Ulrich Wieselmann, als er in einem knallgelben Mercedes-Benz SL durch die Straßen fuhr. Danach berichtete er: »Passanten blieben kopfschüttelnd stehen, ältere Herren fassten sich ans Hirn, Frauen zuckten bei seinem Anblick zusammen und machten ein Gesicht, als hätten sie in eine Zitrone gebissen.«[5]

Im gleichen Jahr zeigte die 4. documenta in Kassel die bis dahin größte Ausstellung der leuchtend bunten amerikanischen Pop Art in Europa, und nur wenige Jahre später trugen Autofarben dann so fröhliche Namen wie Mexikoblau, Indischrot, Signalorange oder Cliffgrün.[6] Und »ans Hirn« fasste sich bald kaum noch jemand; grelle Farben konnten die Leute nicht mehr schockieren. Selbst Autos in krassen Farben mit seltsamen amerikanischen Namen wie Viper Green, Hugger Orange und Grabber Blue[7] führten nur noch sehr gelegentlich zu nervösen Zuckungen.

Die Welt war bunt geworden.

Was war geschehen? Deutschland hatte endgültig die Nachkriegszeit und ihre Nachwehen hinter sich gelassen. Wann genau, das lässt sich natürlich nicht auf den Tag datieren. Wenn man aber doch ein Datum herausgreifen möchte, bietet sich der 5. Mai 1955 an. An diesem Tag traten die Pariser Verträge in Kraft, mit denen die Besatzungszeit in Westdeutschland endete, die Bundesrepublik in die NATO aufgenommen wurde und Teilsouveränität erlangte. Das alles war eine Folge politischer, wirtschaftlicher und kultureller Veränderungen, die alle eng untereinander verbunden sind. Schauen wir uns zunächst die wirtschaftlichen Veränderungen an.

»Goldene Jahre«. Das deutsche Wirtschaftswunder[8]

Recht schnell nach dem Zweiten Weltkrieg und für viele überraschend begann das »Deutsche Wirtschaftswunder«. Wobei dieser Nachkriegsboom gar nichts Singuläres in Deutschland war: Frankreich hatte sein *Trente glorieuses*, Spanien sein *Milagro español*, Italien sein *Miracolo economico italiano* und Österreich sein, klar, Wirtschaftswunder. Die ersten zehn Jahre nach Ende des Zweiten Weltkrieges waren dem Wiederaufbau und der Rekonstruktion der Wirtschaft gewidmet. Und dabei waren die Ausgangsbedingungen in Deutschland West in mehrerlei Hinsicht gar nicht so schlecht, wie man angesichts der zerstörten Städte hätte annehmen können. Denn etwa 80 Prozent der Produktionskapazitäten waren im Krieg eben *nicht* zerstört worden, und insgesamt war die Gesamtkapazität nach dem Krieg sogar höher als 1938, im letzten Vorkriegsjahr. Im Jahr 1948 betrug sie in den Westzonen ganze 111 Prozent der Vorkriegsleistung (in der Ostzone hingegen nur 74 Prozent).[9] Nach langen internen Streitigkeiten entschieden sich die westlichen Alliierten schließlich für den Wiederaufbau ihrer Besatzungszonen. Mit der Währungsreform 1948 wurde die D-Mark eingeführt und der Tauschhandel quasi über Nacht beendet. Die Regale füllten sich. Die Produktionskosten in Deutschland waren im Vergleich zu anderen westlichen Ländern gering; der feste Wechselkurs der D-Mark zum US-Dollar wirkte wie eine Exportsubvention. Der

Marshall-Plan unterstützte, war aber nicht wirklich wesentlich. Es entwickelte sich eine unglaubliche Dynamik: Die westdeutschen Exportleistungen waren 1960 viereinhalb Mal höher als 1950, das Bruttosozialprodukt drei Mal so hoch. Kaum zu glauben, dass das Realeinkommen einer durchschnittlichen Arbeiterfamilie bereits 1950 das Vorkriegsniveau überschritten hatte. Gab es 1950 noch zwei Millionen Arbeitslose, wurden 1955 schon die ersten »Gastarbeiter« angeworben. Viele Unternehmen wanderten aus der sowjetischen Besatzungszone gen Westen ab; dies war auch der Beginn der Industrialisierung des vormals agrarischen und armen Bayern. Insgesamt stiegen die Investitionen in der Bundesrepublik von 1952 bis 1960 um 120 Prozent.

Wirtschaftswissenschaftler glauben, dass das Wirtschaftswachstum bis zum Ende der 1950er Jahre das Ergebnis eines *Rekonstruktionseffekts* war. Das Produktionspotential in Deutschland war wegen des Krieges nicht ausgeschöpft worden, der Kapitalstock jedoch im Wesentlichen erhalten geblieben. Es gab genügend qualifizierte Arbeitskräfte, auch durch den ständigen Zustrom aus der DDR bis zum Mauerbau 1961. (Allein zwischen 1949 und 1961 waren das zwei Millionen Menschen, mehr als 13 Prozent der Erwerbstätigen der DDR.)[10] Wissen um den Aufbau, die Entwicklung und das Managen von Organisationen waren hinreichend vorhanden – kein Wunder, die Wirtschaftselite hatte die Nazi-Zeit weit gehend schadlos überstanden und im neuen System einfach weitergemacht. Die Wirtschaft musste auf zivile Produktion umgestellt, Investitionsrückstände mussten aufgeholt werden. In dieser Phase gelang es der westdeutschen Wirtschaft, moderne Technologien einzuführen und wieder eine international wettbewerbsfähige Forschung und Entwicklung aufzubauen. Im Laufe der 1950er Jahre näherte sich die westdeutsche Industrie damit immer mehr dem führenden US-Standard an; ab 1953 standen bereits Kapazitätserweiterungen im Vordergrund. Die Rekonstruktion der deutschen Wirtschaft war damit weit gehend bewältigt.

Als die Cold-War-Generation geboren wurde, ging es bereits ans Aufholen. Die USA waren Deutschland (aber auch anderen europäischen Ländern) in der Produktivität weit enteilt. Durch die Rekonstruktion seiner Wirtschaft war Deutschland aber in der Lage, sich an den USA zu orientieren und aufzuholen, und konnte seine Produktivität in einem schnelleren Tempo entwickeln als das Vorbild USA. Dieser *Aufholprozess* war Anfang der 1970er Jahre abgeschlossen; Deutschland hatte das Produktivitätsniveau der USA erreicht, konnte hier also keine weiteren Vorteile mehr erzielen. Die Wachstumsraten schwächten sich ab, und 1973 kam es zur ersten größeren Wirtschaftskrise, der Ölkrise. Damit war der Nachkriegsboom vorbei.

Wie war es möglich, dass ein Land, das eben noch der Paria der Weltgemeinschaft war, das den Holocaust und Millionen Tote in seinem Angriffskrieg gegen die Welt zu verantworten hatte, dass solch ein Land in nur wenigen Jahren einen so krassen Aufschwung nehmen konnte?

Die zentrale Randbedingung war eine geopolitische: der Kalte Krieg.

Der Kalte Krieg

Westdeutschland hätte, das ist trivialerweise klar, nach dem Krieg nicht diese rasante Entwicklung genommen, wenn es nicht das Wirtschaftswunder gegeben hätte. Und das Wirtschaftswunder hätte es nicht gegeben, wenn die westlichen Alliierten es nicht erlaubt hätten. Der Marshall-Plan war da vielleicht das Tüpfelchen auf dem I, entscheidend waren aber die Währungsreform, die Vereinigung der drei westlichen Besatzungszonen zur Bundesrepublik, die Dollarbindung der D-Mark und die Exportmöglichkeiten. Entscheidend war schlicht die Tatsache, dass Westdeutschland erlaubt wurde, den Rekonstruktionseffekt und den Aufholeffekt seiner

Wirtschaft umzusetzen. Es gibt vermutlich eine Reihe von Gründen, warum das ermöglicht wurde. Aber der entscheidende Grund ist sicherlich: Die Bundesrepublik war ein Kind des Kalten Krieges.

Als Beginn des Kalten Krieges, übrigens ein Begriff von George Orwell, gilt das Jahr 1947. US-Präsident Harry S. Truman hatte der Sowjetunion mit dem Einsatz von Atomwaffen gedroht, wenn sie weiterhin versuchen würde, einige Provinzen Irans abzuspalten und unter ihre Kontrolle zu bringen. Die »Truman-Doktrin« war geboren, nach der die USA den Expansionsdrang der Sowjetunion aufhalten und Länder (nicht nur demokratische) im Widerstand gegen den Kommunismus unterstützen wollten. Eine sich anbahnende Revolution in Griechenland spielte eine Rolle, ebenso die neu entdeckten Ölquellen in Arabien. Bald darauf, 1948/49, folgte die Blockade Westberlins durch die Sowjetunion, ein erster Höhepunkt der Eskalation. Schnell wurde dann 1949 die NATO gegründet, in die Westdeutschland 1955 aufgenommen wurde. Die Bundesrepublik sollte eingebunden und damit auch unter Kontrolle gehalten werden: »Keep the Soviet Union out, the Americans in, and the Germans down«, wie Lord Ismay, der erste Generalsekretär der NATO, deren Daseinssinn zusammenfasste.[11] Im selben Jahr gründete sich das östliche Pendant, der Warschauer Vertrag. Fortan standen sich zwei feindliche Blöcke gegenüber, das geteilte Deutschland mittendrin. Und genau hier liegt der Grund, warum die BRD (und die DDR) Kinder des Kalten Krieges sind. Die bipolare Teilung der Welt verlief – in etwa dem Stand zu Ende des Zweiten Weltkrieges folgend – genau durch Deutschland. Es lag im Epizentrum des Kalten Krieges, und darum war es für die USA unabdingbar, die Westbindung der Bundesrepublik zu forcieren (genauso wie für die Sowjetunion die Ostbindung der DDR).

Der Kalte Krieg dauerte mehr als 40 Jahre, von 1947 bis 1989/1990, und die Generation, die wir betrachten, wurde mittendrin geboren, in den »langen 60er Jahren«. Als die Cold-War-Generation zur Welt kam, war die Rekonstruktionsphase der westdeutschen Wirtschaft schon abgeschlossen. Die Trümmer waren weggeräumt, die Wirtschaft wiederhergestellt, nun konnte es ans Aufholen gehen. Die gesamte Generation wurde während dieser Aufholphase mit weiterhin großen Wachstumsraten geboren. Und nach dem Ende der Kuba-Krise 1962 auch für viele Jahre in einer relativ entspannten Phase des Kalten Krieges.

Wie fühlten sich die langen sechziger Jahre des Aufschwungs und der relativen geopolitischen Stabilität für die Cold-War-Generation an? Wie sah ihre Lebenswelt aus? Fangen wir mit der schönen Seite an.

Die schöne bunte Seite der Lebenswelt: Wohlstand, Freizeit, Autos, Bildung

Detlef Siegfried, der Zeithistoriker aus Kopenhagen, fasst es in einem Satz so zusammen: »Kein Zweifel, die langen sechziger Jahre, also der Zeitraum zwischen etwa 1958 und 1973, waren in Westdeutschland ›goldene Jahre‹ des wirtschaftlichen Wohlstands, der zunehmenden Freizeit, der Entformalisierung gesellschaftlicher Beziehungen, der politischen Liberalisierung.«[12]

Die Nettoeinkommen durchschnittlicher Arbeitnehmer stiegen in dieser Dekade um 50 Prozent, gleichzeitig reduzierte sich die Arbeitszeit um fünf Stunden, und die Fünftagewoche wurde Standard.[13] Ich erinnere mich noch, dass ich in meinen ersten beiden Grundschuljahren noch jeden zweiten Samstag im Monat zur Schule musste, was meinen Eltern gar nicht gefiel, weil es auch für sie immer normaler wurde, am Wochenende etwas mit den Kindern zu unternehmen (auch wenn mein Vater immer wieder samstags arbeitete und die Familie dann mit ins Büro nahm). Es gab einen »Eigenheimbauboom«; in nur sieben Jahren (1961 bis 1968) erhöhte sich die Zahl der Wohnungsbesitzenden um 18 Prozent.[14] Gleichzeitig wurde Westdeutschland zur automobilen Gesellschaft – die Anzahl der PKW verdreifachte sich im Laufe der 60er Jahre von vier Millionen auf 13 Millionen.

So entstanden neue Lebensstile – automobil, suburban, konsum- und freizeitorientiert. Für die Eltern der Cold-War-Generation war das alles neu, aber die Cold-War-Generation selbst wurde in diese Welt hineingeboren – so haben wir es einfach gelernt. Es entwickelte sich eine Urlaubskultur jenseits von Wanderungen, Ausflügen zum Baggersee oder Verwandtenbesuchen auf dem Land. Nicht alle, aber sehr viele Menschen hatten mehr Geld und mehr Freizeit. 1963 wurde der gesetzliche Urlaubsanspruch auf drei Wochen erhöht, aber in vielen Fällen hatten die Gewerkschaften schon bald vier Wochen Jahresurlaub ausgehandelt (in den späteren 1970ern dann fünf bis sechs).[15] Bis in die 1970er blieb Österreich das beliebteste Urlaubsland, dann holten Italien und Spanien rasch auf. Mitte der 1960er gab es die ersten Neckermann-Pauschalreisen nach Mallorca mit »allem inbegriffen«, darunter »saubere[n] Zimmer[n], reichlich Hauptmahlzeiten, eifrige[n] Bedienungen und eine[r] kleine[n] Bar, in der Sie viel für wenig Geld erhalten«.[16] Alles war also doch nicht inbegriffen, Getränke mussten bezahlt werden. Zum Beispiel 22 Pfennige für ein Glas Brandy. Das klingt wirklich wenig und ist es auch, sogar nach heutigen Maßstäben, wenn man dem Kaufkraftrechner glauben darf, nämlich 1,28 Euro.[17]

In den goldenen Jahren ging es nicht mehr ums Überleben, sondern ums *Erleben*. Viele neue Erlebnisdimensionen eröffnete auch das Fernsehen. Gab es 1961 nur 4,6 Millionen Fernsehgeräte in deutschen Haushalten, waren es 1970 schon 16,7 Millionen und 1974 fast 19 Millionen.[18] Damit besaßen 1970 84 Prozent und 1974 sogar 93 Prozent der Haushalte ein Fernsehgerät, eine nahezu vollständige Abdeckung. Die Herren-Fußball-Weltmeisterschaft 1970 in Mexiko war die erste, die in Farbe und live aus Übersee ausgestrahlt wurde; die WM 1974 löste dann einen regelrechten Boom beim Verkauf von Farbfernsehern aus.[19] Und dass Westdeutschland diese WM gewann, nachdem es schon die Europameisterschaft zwei Jahre zuvor als Sieger beendet hatte, ist für viele ältere Angehörige der Cold-War-Generation ein prägendes Ereignis. Die Spielfreude und Brillanz der Mannschaft befriedigte das Bedürfnis nach Unterhaltung, Aufregung und Erleben; ihre Überlegenheit und schließlich die Siege bestätigten die Erfahrung des Aufstiegs, des Fortschritts und der zunehmenden Anerkennung. (Der Sieg bei der EM gelang ausgerechnet gegen die Sowjetunion; dem »Bomber der Nation«, Gerd Müller, glückten zwei Treffer. Der Bomber? Besiegte die Sowjetunion? So martialisch war die Sprache, und kein Schelm dachte etwas Böses dabei.)

Das Fernsehen erlaubte einen Zugang zu vielen neuen, räumlich und sozial entfernten Welten, weitete den Blick und ermöglichte andere Perspektiven. Vor allem war es in den Sechzigern – ganz anders als heute – wirklich noch gemeinschaftsstiftend. Es gab zunächst nur ein Programm der ARD, dann noch das ZDF, aber es wurde nur wenige Stunden vom Nachmittag an gesendet. Auswahl gab es so gut wie keine, ganz Westdeutschland schaute das gleiche Programm, über das man dann am nächsten Tag am Arbeitsplatz oder in der Schule sprach. Unterhaltungsshows wie *Mainz bleibt Mainz* oder *Drei mal neun* erreichten Quoten von weit über 80, beinahe 90 (!) Prozent, auch Krimis wie *Die Gentlemen bitten zur Kasse* oder der Dreiteiler *Das Messer*.[20] Familien verabredeten sich zum gemeinsamen »Fernsehabend«. Mein Bruder und ich freuten uns wie die Schneekönige die ganze Woche auf *Väter der Klamotte* und *Als die Bilder laufen lernten*, halbstündige Sendeformate, die berühmte Szenen von amerikanischen Stummfilmkomödianten zusammenfassten. 30 Minuten am frühen Freitagabend. Das war's, mehr gab es nicht, außer dann später die großen Samstagabendunterhaltungsshows.

Aber nicht nur Unterhaltungsformate wurden geschaut, sondern auch Nachrichtensendungen. *Tagesschau* und *heute* sahen in den Sechzigern regelmäßig drei Viertel der Fernsehzuschauer; es galt als grob unhöflich, jemanden zwischen 20 und 20:15 Uhr, also zur Tagesschauzeit, anzurufen. Auch aktuelle Sendungen wie zum Staatsbesuch der Königin von England oder dem Einmarsch der sowjetischen Armee in der Tschechoslowakei 1968 erreichten eine große Mehrheit der Bevölkerung. Den Spitzenwert erzielten die Liveübertragungen der Trauerfeierlichkeiten nach Präsident John F. Kennedys Ermordung – 80 Prozent. Und das an einem *Montagnachmittag*. Fernsehen als Vergemeinschaftungserfahrung.

Der junge amerikanische Präsident spielte eine besondere Rolle für viele Westdeutsche in den langen sechziger Jahren. Seine Präsidentschaft symbolisierte das Entstehen einer gemeinsamen westlichen Werteordnung, die liberal und weltoffen war.[21] Fast drei Viertel der Jugendlichen hatten 1963 eine gute oder sehr gute Meinung von den USA, und an einer Gedenkdemonstration nach Kennedys Ermordung in Westberlin nahmen 20 000 Jugendliche teil.

Dass gerade die Jugendlichen eine so hohe Meinung von den USA hatten, ist auch stark mit einem anderen Aspekt verbunden, der für die Gefühlswelt der Zeit wichtig war: die Popkultur, und hier vor allem die Musik.

Dies begann schon um das Jahr 1956 mit dem Rock 'n' Roll. Mit Stars wie Elvis Presley und Bill Haley wurde er gerade bei männlichen Arbeiterjugendlichen zu einer eigenen Subkultur. Ältere nahmen die neue, »wilde« Musik aus Amerika durchaus als Bedrohung wahr. Dass der Rock 'n' Roll so offensichtlich auf Lebensgenuss, Körperlichkeit und Sinnlichkeit ausgerichtet war, brach für viele einfach zu stark mit überkommenen, konservativ-hierarchischen Normen.[22] In den 1960ern dann kam die Teenagerkultur mit ersten deutschen Stars wie Peter Kraus und Conny Froboess auf, und 1964 erreichte der Kult um die Beatles, die Beatlemania, seinen Höhepunkt. »Orkanartiges Kreischen« und reihenweise Ohnmachtsanfälle vor allem weiblicher Fans begleiteten die Livekonzerte der Band. Die Gefühlsausbrüche der Fans wurden selbst von den Beatles als so extrem empfunden, dass die Band 1966 beschloss, keine Livekonzerte mehr zu geben.[23] Die Beatlemania war ein weltweites

Phänomen; die westdeutschen Jugendlichen hatten sich endgültig in die globale, angelsächsisch geprägte Teenagerkultur eingereiht: Freiheit, Vergnügen und Konsum standen für viele im Mittelpunkt.

Die Gesellschaft wurde offener und liberaler – und sie politisierte sich. War 1952 nur gut ein Viertel der Bevölkerung an Politik interessiert, so war es 20 Jahre später etwa die Hälfte.[24] Schon 1961 hatten 50 000 Menschen an Veranstaltungen der evangelischen Akademien teilgenommen,[25] privat und an Stammtischen wurde zunehmend politisch diskutiert, Diskussionssendungen im Fernsehen wie *Der internationale Frühschoppen* oder Politmagazine wie *Panorama* (seit 1961) und *Monitor* (seit 1965) wurden gerne geschaut und waren anschließend noch Gesprächsthema. Der Blick weitete sich, die Freiräume wurden größer.

Das Zauberwort der 60er Jahre hieß »Reform«, besonders nach dem Ende der überlangen autoritär-patriarchalischen Kanzlerschaft Konrad Adenauers und dem kurzen Nachspiel des angeblichen Widerstandskämpfers, in Wahrheit aber Nazi-Profiteurs und Opportunisten Ludwig Erhard. (Er hatte sein »Widerstandsmärchen« selbst erfunden.)[26] Dass mit Willy Brandt 20 Jahre nach Gründung der Bundesrepublik zum ersten Mal ein Nichtchristdemokrat zum Kanzler gewählt wurde, ein Remigrant gar, der das Dritte Reich im norwegischen Exil überlebt hatte, kann als Zäsur gelten. Schon 1966 hatte das sozialdemokratische Ideal einer »mündigen Gesellschaft« mehr Menschen angesprochen als die konservative Idee einer »formierten Gesellschaft«.[27] Wichtige Reformen fanden in den Bereichen der Gesundheits- und Sozialpolitik statt, vor allem Schutzfunktionen bei Krankheit, Unfall, Invalidität, Arbeitslosigkeit und Alter, die uns heute völlig normal erscheinen, wurden damals erst ausgedehnt.[28] Die Vorsorgeuntersuchungen für Kinder wurden 1971 eingeführt; daher bin ich wie viele Kinder der Cold-War-Generation noch nicht in deren Genuss gekommen. Die »Humanisierung des Arbeitslebens« wurde zu einem innovativen Leitbegriff. Eine besonders wichtige Stelle nahm die Bildungsreform ein. Schon 1965 hatten Studentinnen und Studenten gegen den »Bildungsnotstand« demonstriert, und der Heidelberger Theologieprofessor Georg Picht sprach von der »Bildungskatastrophe«: Während in Frankreich und Skandinavien 1970 etwa 20 Prozent eines Jahrgangs das Abitur ablegten, waren es in Deutschland keine sieben Prozent![29] Zahlreiche neue Universitäten wurden in den 1960er und 1970er Jahren im Rahmen der »Bildungsexpansion« gegründet. Willy Brandt wollte bekanntlich »mehr Demokratie wagen« und eine Bildungsreform auf den Weg bringen, die den preußischen Untertanengeist überwinden und zwei Dinge erreichen sollte: soziale Gleichstellung über Bildung und Zivilisierung der Deutschen.[30] In seiner Regierungserklärung drückte er das folgendermaßen aus: »Das Ziel ist die Erziehung eines kritischen, urteilsfähigen Bürgers, der imstande ist, durch einen permanenten Lernprozess die Bedingungen seiner sozialen Existenz zu erkennen und sich ihnen entsprechend zu verhalten.«[31] Das war durchaus ein normatives Programm, und es war sicher auch ganz im Sinne der USA und der westlichen Alliierten, vertiefte es doch die Integration Westdeutschlands in die westlich-liberale Lebenswelt an der Frontlinie zum realsozialistischen Osten.

Eine andere wichtige Weichenstellung in der zweiten Hälfte der 60er Jahre kann man noch deutlicher als eine direkte Folge des Kalten Krieges, des Konflikts zwischen USA und Sowjetunion ansehen: die Neuausrichtung der Deutschlandpolitik. Die USA wollten nach der Kuba-Krise 1962 ähnliche gefährliche Eskalationen, die zu einem Dritten Weltkrieg hätten führen können, vermeiden und zu einem regelbasierten Umgang und direkten Gesprächen mit der Sowjetunion gelangen. Die Nichtanerkennung der DDR und der Oder-Neiße-Linie als deutsche Ostgrenze durch die konservativen Regierungen Adenauer und Erhard wurde zunehmend als Bürde, als Stolperstein im Bemühen um Entspannung angesehen. Adenauers ausgeprägte katholisch-rheinländische Antipathie gegen den »preußischen« Osten Deutschlands (»Hinter Kassel«, behauptete er, »beginnt die Walachei«, und »wenn ich bei Magdeburg in die norddeutsche Tiefebene komme, beginnt für mich Asien«)[32] tat ihr Übriges. Die Wende zu einer Politik des »Wandels durch Annäherung«, die Willy Brandts Mitarbeiter Egon Bahr entwickelt hatte und die auf eine Anerkennung der DDR hinauslief, passte weitaus besser zu den Interessen der USA. Damit wurde der Anspruch auf Wiedervereinigung zwar nicht aufgegeben, aber die Tatsache der Teilung erst einmal akzeptiert und eine pragmatische Politik ermöglicht. Auch die Mehrheit der Bevölkerung hatte einen nüchternen Blick auf die Realität: 1967 glaubten nur noch 18 Prozent, dass die ehemaligen deutschen Ostgebiete Pommern, Schlesien, West- und Ostpreußen eines Tages wieder zu Deutschland gehören würden – eine Halbierung innerhalb von acht Jahren.[33] Noch krasser war die Einstellungsänderung in Bezug auf die deutsche Teilung: 1965 hielten 45 Prozent der Westdeutschen die Wiedervereinigung für die wichtigste Frage, mit der sich die Bundesrepublik befassen müsse. 1975 waren es: null (!) Prozent.[34] Und dieser Wert blieb fortan konstant (zumindest bis 1982, danach wurde er gar nicht mehr erhoben).

Die Cold-War-Generation wuchs also in einem Westdeutschland auf, das bereits eine starke Westorientierung aufwies, immer wohlhabender wurde, konsum-, freizeit- und erlebnisorientiert war und durch den wirtschaftlichen Aufschwung auch die materiellen Möglichkeiten dazu hatte. Die Menschen erweiterten medial, durch Reisen und durch verstärkte politische Teilhabe ihren Horizont und entwickelten neue Perspektiven auf das Land, die Welt, die Geschichte und die Zukunft. Den Rahmen dafür schufen die relative Stabilität und das Gleichgewicht zwischen den Supermächten, die zwar im Kalten Krieg verharrten, aber nach der Kuba-Krise 1962 deeskalierten und bis in die 1980er Jahre hinein durch wechselseitig erwartbares Verhalten für Beständigkeit sorgten. Die Gesellschaft, in die die Cold-War-Generation hinein- und in der sie aufwuchs, entwickelte sich so weg von einer Untertanenkultur hin zu einer Kultur mündiger Bürger. Die Welt wurde dadurch vielfältiger und bunter.

Das ist die schöne bunte, gern erzählte Fortschrittsgeschichte der langen sechziger Jahre. Es gibt aber auch noch die andere, die Geschichte vom Grauen. Und die hat zwei wesentliche Aspekte. Zum einen, dass die schöne bunte Geschichte sich nicht einfach linear entwickelte, sondern in vielen Konflikten gegen erbitterten Widerstand erkämpft werden musste. Und zum anderen, dass das Grau nicht überall verschwunden war und immer wieder hinter dem Bunten hervorlugte. Mehr noch in den Herzen der Menschen als in ihren Köpfen.

Das Graue hinter dem Buntem: »Seuchen«, »Entartungen«, »Gammler« und »Pinscher«

All die gesellschaftlichen Entwicklungen, die wir eben beschrieben haben, gingen nicht einfach Schritt für Schritt und linear voran, sondern entwickelten sich gegen teilweise erhebliche Widerstände und im permanenten Widerstreit. Dies kann man vor allem in den Feldern der Politik und der Kultur beobachten. Immer wieder ging es dabei auch um Konflikte zwischen den Generationen.

Detlef Siegfried hat darauf hingewiesen, dass in den langen sechziger Jahren fünf Generationen politisch aktiv gewesen sind: zunächst noch die zum Teil lange vor der Wende zum 20. Jahrhundert geborenen und in der Kaiserzeit sozialisierten wie die Kanzler Adenauer und Erhard. Dann die zwischen 1900 und 1914 Geborenen und durch den Ersten Weltkrieg und die Weimarer Republik Sozialisierten. Sehr groß war die Generation der im Dritten Reich geborenen Kriegskinder. Und schließlich die in der unmittelbaren Nachkriegszeit geborenen Angehörigen der 68er und der Counter Culture.[35] Zwischen diesen Generationen kam es immer wieder zu Konflikten. Dies zeigte sich deutlich auf dem Feld der Kultur.

Bereits 1949 hatten die Alliierten den Lizenzierungszwang für Printmedien aufgehoben. In der Folge wurde der Markt überschwemmt mit hunderten von Zeitschriften und anderen Heften, die an den Kiosken verkauft wurden. Besonders der CDU/CSU war das ein Dorn im Auge. Sie forderte eine staatliche Kontrolle und verabschiedete mit ihrer Mehrheit im Deutschen Bundestag am 9. Mai 1953 das Gesetz über die Verbreitung jugendgefährdender Schriften.

Bundesinnenminister Robert Lehr von der CDU argumentierte in der Debatte mit einer aktuellen Gefährdung der Jugend: »Es ist nicht übertrieben zu sagen, dass zurzeit bei unserer Jugend eine wirkliche Seuche grassiert. Und wer die Augen davor verschließt, sieht nicht die ganze furchtbare Wirklichkeit. [...] Die bisherigen Gesetze werden nicht den raschen und wirksamen Schutz gegen die bedenkenlose Geschäftemacherei schaffen, gegen den sich [das neue] Gesetz wendet.«[36]

Mit der »wirklichen Seuche« bezog sich Robert Lehr nicht auf die publizistischen Aktivitäten von Alt- und Jungnazis (obwohl solche Machwerke ebenfalls vom Gesetz abgedeckt wurden). Nein, Herr Lehr hatte vielmehr amerikanische Comichefte im Sinn, die seiner Ansicht nach die deutsche Jugend verseuchten. Sein Nachfolger Gerhard Schröder (nicht zu verwechseln mit dem späteren Bundeskanzler), langjähriger CDU-Minister und in den 1960er Jahren beinahe zum Bundespräsidenten gewählt, belegte die Comics *Tarzan* und *Der kleine Sheriff* mit folgenden Attributen: »Nervenaufpeitschend, verrohend, Ergebnis einer entarteten Phantasie«.[37] Aus ähnlichen Gründen standen auch die Märchen aus Tausendundeiner Nacht auf dem Index.[38]

Wow. »Entartet.« Dieses Wort lässt uns heute zusammenzucken. Das ist der Sprachgebrauch der Nazis. Es wäre aber unrichtig und daher unangemessen, die beiden Minister in diese Schublade zu stecken. Altnazis gab es zwar auch, und zwar zuhauf, aber solche waren der Minister Schröder nicht wirklich und der Minister Lehr sicher nicht. Lehr, ein deutschnationaler Protestant, war als Düsseldorfer Oberbürgermeister bereits 1933 von den Nazis abgesetzt worden und hatte sich einer katholischen Widerstandsgruppe angeschlossen. Bis zum Ende der Nazi-Zeit lebte er als Privatmann im Sauerland.[39] Was sich hier vielmehr zeigt – und das wird auch die langen sechziger Jahre prägen –, ist ein Kulturkampf. Zunächst herrschte noch eine »konservative Abendland-Ideologie« vor, der zufolge sich der christliche Westen seit Jahrhunderten eines Ansturms des atheistisch-kollektivistischen Ostens erwehren muss.[40] Zugleich zeigte sich in der Indizierung von *Tarzan* und *Der kleine Sheriff* aber auch eine Kritik am angelsächsischen Kapitalismus, gegen die – wie Lehr meinte – »bedenkenlose Geschäftemacherei«, gegen den – so hieß es auch oft – »amerikanischen Kulturimperialismus«.

Vor allem Jugendliche wollten die verkrampfte politische Kultur der 50er Jahre aber nicht mehr mitmachen. 1956 bis 1960 – immerhin vier Jahre lang – kam es immer wieder zu so genannten »Halbstarkenkrawallen«. Als »Halbstarke« galten Jugendliche, die sich von Schauspielern wie James Dean, Marlon Brando und Horst Buchholz und dem von ihnen verkörperten Lebensgefühl der Freiheit, der Rebellion, der Körperlichkeit leiten ließen und Anhänger des Rock'n'Roll waren. Viele von ihnen kamen aus dem Arbeitermilieu. Immer wieder kam es zu Vandalismus und zu Schlägereien mit der Polizei. So im Anschluss an die Vorführung von Bill Haleys Film *Außer Rand und Band* im Dezember 1956 im Dortmunder Kino Capitol. 4000 Jugendliche zogen durch die Innenstadt, belästigten Passanten und lieferten sich Auseinandersetzungen mit der Polizei. Großkrawalle fanden besonders von 1956 bis 1958 statt. »Während der Vorstellung brachen randalierende ›Halbstarke‹ Stuhlreihen kaputt, anschließend demolierten sie Telefonhäuschen und riefen Sprechchöre wie ›Rock and Roll‹.«[41]

Konservative und die Springer-Presse sahen hier den Untergang des Abendlandes nahen und den Hedonismus obsiegen. Schuld daran waren natürlich wieder die USA und ihre »Urwaldmusik«. Dass alle diese »Halbstarken« Kriegskinder waren, dass viele von ihnen und auch ihre Eltern vermutlich Furchtbares, Traumatisches erlebt hatten, war kein Thema. Auch nicht, dass sie genug hatten von Adenauers autoritärer, patriarchalischer »Kanzlerdemokratie«. Der hatte aber immer noch viele Anhänger und gewann noch einmal die absolute Mehrheit für die CDU/CSU. Und zwar mit dem Slogan »Keine Experimente!«. (Und durch seine taktische Klugheit, 1957 das bis heute gültige umlagenfinanzierte Rentensystem einzuführen, das mit Begeisterung aufgenommen wurde.[42] Wie wir im vierten Kapitel sehen werden, hat er damit den Grundstein für die Rentenkrise gelegt.)

Eine andere Hassfigur der Konservativen und weiter Teile des Bürgertums waren die so genannten »Gammler«, die nach den »Halbstarken« auftauchten und eher der bürgerlichen Mittelschicht entstammten. Ich erinnere mich noch gut an einige, die ich auf dem Weg zur Grundschule sah und die mir durch ihre langen Haare, nachlässige Kleidung und Eckensteherei auffielen. Dies allein reichte für viele schon aus, sie zu verdammen. Ihre Demonstration der Ablehnung bürgerlicher Normen, der gewollte Nonkonformismus und das absichtsvolle Rumhängen an öffentlichen Plätzen (das für die meisten »Gammler« in deren Freizeit stattfand, weil sie brav einer Arbeit nachgingen oder studierten), war für die immer noch autoritär strukturierten Teile der Gesellschaft nur schwer zu ertragen. Oftmals wurde Zwangshaareschneiden oder gar Arbeitslager gefordert.[43]

1966 brachte Freddy Quinn ein neues Lied auf den Markt. Quinn war der erfolgreichste Sänger jener Zeit; mit mehr als 60 Millionen Tonträgern verkaufte er mehr als Herbert Grönemeyer, Helene Fischer und Rammstein zusammen. Viele seiner Lieder waren melancholisch; sie handelten vom Meer, der Seefahrt, Heimat und Fernweh. Aber er konnte auch anders. In seinem Lied mit dem Titel *Wir* finden wir folgende Zeilen:

»Wer will nicht mit Gammlern verwechselt werden? WIR! /
Wer sorgt sich um den Frieden auf Erden? WIR! /
Ihr lungert herum in Parks und in Gassen, /
Wer kann eure sinnlose Faulheit nicht fassen? WIR! WIR!
    WIR!«[44]

Das Lied schien vielen zu gefallen. Sowohl in Deutschland als auch in Österreich kam es (als B-Seite eines anderen Titels) in die Top 10; in Deutschland hielt es sich zwölf Wochen in den Charts.[45] Dass sich ein so weite Kreise ansprechender Sänger mit einer solch klaren gesellschaftspolitischen Positionierung an die Öffentlichkeit wagte, ohne einen Shitstorm und den Abfall eines Teils seiner Fans zu befürchten, sagt einiges über die Polarisierung der Gesellschaft, die Schärfe der Konflikte und die Klarheit der Frontlinien. Man stelle sich vor, der Schlagerstar Helene Fischer würde heute ein ähnlich grobschlächtiges, bösartiges Lied über Punks oder Transgender-Aktivistinnen schreiben. Es wäre das Ende ihrer bisherigen Karriere; fortan müsste sie ihr Publikum im AfD-Umfeld suchen. So viel Illiberalität gegenüber abweichenden Lebensformen könnte heute nicht mehr ungestraft besungen werden. Und Quinn sang sein Lied immerhin 20 Jahre nach Ende des Krieges, am Vorabend der 1968er Studentenunruhen!

Die politischen Auseinandersetzungen hatten weit vor den Studentenunruhen begonnen, und deswegen stellen diese gar nicht einen so radikalen Einschnitt dar. Gerade in den frühen 60er Jahren entwickelte sich eine starke Dynamik im Hinblick auf die Vergangenheitspolitik. Die 1960 ausgestrahlte Fernsehserie *Das Dritte Reich* erzielte hohe Einschaltquoten, der Eichmann-Prozess in Jerusalem 1961 und die Frankfurter Auschwitz-Prozesse 1963 bis 1965 wurden genau beobachtet und viel diskutiert. Ebenso die Bundestagsdebatten über die Verjährung von NS-Verbrechen und die NS-Vergangenheit Bonner Politiker.[46] Doch immer wieder kam es zu Gegenbewegungen und Widerstand: Als die Verjährung von

NS-Verbrechen diskutiert wurde, forderte die breite Mehrheit der Deutschen einen »Schlussstrich«. Die NPD erzielte eine Reihe von spektakulären Erfolgen mit ihren Ressentiments gegen »Verzichts-politiker« und den »Kulturbolschewismus«. Kanzler Ludwig Er-hard, den Adenauer für »faul«, »unerträglich selbstverliebt« und eine »ahnungslose Plaudertasche«[47] hielt, nannte seine intellektuel-len Kritiker »Banausen und Nichtskönner«, wahlweise »ganz kleine Pinscher« und sprach von den »unappetitlichen Entartungsformen der modernen Kunst«.[48]

Es wurden also noch lange grobe Keile gesetzt, und auch ein Ge-fühl für die Unangemessenheit der Sprache der Nazis stellte sich erst sehr allmählich ein. Einen Angriff auf die Pressefreiheit gab es 1962: die Spiegel-Affäre. Nach einem kritischen Artikel über die Bundeswehr wurden Redakteure des Nachrichtenmagazins *Der Spiegel* wegen mutmaßlichen Landesverrats verhaftet. Die öffent-liche Empörung war gewaltig, der CSU-Verteidigungsminister Franz-Josef Strauß musste zurücktreten. (Dass der von der CSU bis heute kultisch verehrte Strauß, der als Student Mitglied im Na-tionalsozialistischen Deutschen Studentenbund gewesen war, noch 1983 meinte, mit »Ratten und Schmeißfliegen führt man keinen Prozess«, kann eher als peinlich-reaktionärer Nachläufer aufgefasst werden. Er war zu jenem Zeitpunkt längst aus der Zeit gefallen.)

Erst im Laufe der 60er, 70er Jahre entkrampfte sich das plakative Freund-Feind-Denken allmählich und führte zu der weiter oben bereits beschriebenen dialogbereiteren politischen Kultur. Erste Aktivitäten der Friedens- und Umweltbewegung entfalteten sich: 1960 die ersten Ostermärsche, 1962 die Gründung der Schutzsta-tion Wattenmeer.

Auch die Geschlechterrollen änderten sich ganz allmählich. An-ders als in der DDR kamen Frauen in Westdeutschland erst durch das Gleichberechtigungsgesetz von 1958 zu mehr Rechten. »Vorher galt bei Ehepaaren das ›Letztentscheidungsrecht des Ehemanns‹, er konnte also über Wohnort, Beruf der Frau, Kindererziehung und vieles mehr bestimmen. Das wurde nun abgeschafft, ebenso die Regelung, dass der Mann über das von der Frau in die Ehe einge-brachte Geld verfügte. In der Folge durften Frauen auch selbst ein Konto eröffnen – kaum noch vorstellbar, aber auch das ging vor-her nicht.«[49] Auch einen Führerschein durften Frauen erst nach 1958 unabhängig von der Erlaubnis ihres Mannes machen. Abtrei-bungen wurden hingegen – unter bestimmten Voraussetzungen – erst 1974 straffrei gestellt, und tatsächlich erst 1977 durften Frauen einfach so arbeiten, wenn sie es wollten. Vorher war ihnen das nur erlaubt, »soweit dies mit ihren Pflichten in Ehe und Familie ver-einbar« war. Wer bis 1977 darüber entschied, kann man sich vor-stellen: der Gatte.[50]

Zur gleichen Zeit, als die 68er die sexuelle Revolution ausriefen, Uschi Obermaier und Rainer Langhans in der Kommune 1 die freie Liebe praktizierten und sich Günter Amendts Aufklärungsbuch *Sexfront* (»Trimm dich: Fick mal wieder!«) allein bis 1973 150 000 Mal verkaufte,[51] warb die Wäschefirma Hengella in der Frauenzeit-schrift *Neue Mode* mit etwas anderer Stoßrichtung: »Unter Män-nern spricht man nicht über Unterwäsche, meine Damen! Die Her-ren der Schöpfung drücken sich gerne davor, ihre Unterwäsche selbst zu kaufen. Sie überlassen Ihnen diese Aufgabe, meine Da-men! Aber wehe, Sie wählen falsch!«[52] Also aufgepasst, sonst gibt es Ärger mit dem »Herrn der Schöpfung«! Ebenfalls im Sommer 1968 gab »Frau Christine« in der *Neuen Mode* Ratschläge »von Frau zu Frau« an Leserinnen, die sich mit ihren Problemen an sie wandten. Zum Beispiel Lilo G. Die ist 34 und mit dem fünften Kind schwan-ger: »Ich bin ganz verzweifelt«, schreibt sie, aber »nicht über mei-nen Zustand [...] Der Grund ist vielmehr mein Mann [...] Ich habe wirklich alles für ihn getan.« Sie habe ihm sogar durch ihre Mitgift das Studium ermöglicht. Aber er komme und gehe, wann er wolle, und lasse sie und die Kinder auch am Wochenende allein. Daher wolle sie sich »für kurze Zeit trennen«. Davon aber rät »Frau Chris-tine« deutlich ab. Sie behauptet zunächst, dass sich Lilo wegen der

Schwangerschaft »in einer seelischen Krise« befinde – was diese ja bestritten hatte. Dann rät sie: »Vielleicht haben Sie Ihren Mann vernachlässigt, und er geht deshalb abends allein fort … Verleben Sie ein paar Tage allein mit ihrem Mann … Noch eins: Lassen Sie ihren Mann nie fühlen, daß er Ihnen seine heutige Position verdankt. Schließlich haben Sie ihn gewiß während seiner Ausbildung gern unterstützt.«[53] Da ist es wieder, das Grau(en) hinter dem Bunten.

Doch auch Frau Christine, die weiterhin gegen die rebellierenden Studentinnen hetzende Springer-Presse, prügelnde Polizisten und die gezielte Ermordung des Studenten Benno Ohnesorg durch einen Polizisten (und Stasi-Mitarbeiter) bei den Demonstrationen gegen den Besuch des Schahs von Persien konnten den Lauf der Zeit nicht aufhalten: Am Ende der langen sechziger Jahre, nach der 1968er-Studentenbewegung und mit dem Ende des langanhaltenden wirtschaftlichen Aufschwungs hatte eine gesellschaftliche Transformation stattgefunden: Die Gesellschaft war demokratischer, offener, liberaler, moderner, gleichberechtigter, angelsächsischer geworden.

Auch Frau Christine war 1970 aus der *Neuen Mode* verschwunden. Dafür gab es dort nun »Mode fürs Büro« (sogar »für Mollige«) und »Nachtwäsche im Herrenstil«.[54] Im Jahr darauf heuerte der junge Wolfgang Joop bei der *Neuen Mode* als redaktioneller Designer für das Schnittmusterheft an. Dort ging es inzwischen – wie er rückblickend befand – »verrückt« zu.[55] 1973 schließlich wurden in Westdeutschland erstmals mehr Damenhosen als Röcke verkauft. 1972 wurde das Wahlalter zur Teilnahme an Bundestagswahlen auf 18 Jahre herabgesetzt. Und dass zum 1. Januar 1975 – wiederum nach jahrelangen Debatten – der Eintritt in die Volljährigkeit endlich ebenfalls um drei Jahre gesenkt wurde, fortan also 18-Jährige über sich selbst bestimmen konnten, kann als krönender Abschluss der Entwicklung angesehen werden.

Cold-War-Generation = Kriegskinder-Kinder

Aber es gibt noch einen anderen Teil der grauen Geschichte, der in diesem Zusammenhang kaum erzählt wird, aber zum Verständnis der Lebensrealität vieler Angehöriger der Cold-War-Generation unverzichtbar ist. Und der betrifft ihre Eltern. Und damit die zentralen Bezugspersonen, mit denen die Meisten von uns ihre unmittelbaren und wesentlichen Welterfahrungen machen.

All diese Eltern sind Kriegskinder bzw. Kinder der direkten Nachkriegszeit. Dies ist auf der einen Seite ein triviales Faktum, das sich aus der puren Altersdifferenz ergibt. Die Eltern der Cold-War-Generation dürften in der Regel zwischen 1930 und 1950 geboren worden sein, das Gros in der Zeit des Nationalsozialismus.

Die Kinder des Kalten Krieges sind also Kinder der Kinder des Krieges oder der Zeit unmittelbar nach dem Krieg. Sehr viel Krieg. Die größte lebende Generation in Deutschland ist demnach von Eltern erzogen worden, die selbst in der Nazi-Zeit und durch den Krieg geprägt worden sind. Was hat das mit diesen Menschen gemacht?

Seltsamerweise ist diese Frage jahrzehntelang überhaupt nicht gestellt worden. Erst zu Beginn des 21. Jahrhunderts rückte sie durch die Arbeiten der Journalistin Sabine Bode mehr in den Fokus – fast 50 Jahre nach Kriegsende.[56] Auch in den Familien wurde darüber so gut wie nie gesprochen; die Kriegskinder wollten diese Zeit hinter sich lassen und sich in den angeblich »goldenen Jahren« des Wirtschaftswunders freudigeren Dingen zuwenden.[57]

Dass die Kriegs- und Nachkriegszeit eine Welt des Grauens, des Chaos und der Unsicherheit war – daran kann kein Zweifel bestehen. Sehr viele Kriegskinder haben Erfahrungen von Mangel, Hunger, Bomben, Vertreibung, Flucht, Angst, Tod, Verschickung, Evakuierung und Gewalt gemacht. Dies war sicher regional unterschiedlich, die Kinder in den Städten haben oft Schlimmeres erlebt als die auf dem Land. Zum Beispiel die »Kinderlandverschickung«

(KLV) – das war ein Euphemismus für Evakuierungsmaßnahmen von Kindern aus Großstädten, die besonders unter dem Bombenhagel litten. Schon Anfang 1941 waren bis zu 300 000 Kinder Teil dieses Programms, mehr als die Hälfte in KLV-Lagern.[58] Mit einem Schild um den Hals fuhren viele durch das halbe Land, stapften allein durch überfüllte Bahnhöfe, in Zügen voller Soldaten. Fremde Menschen holten sie an unbekannten Bahnhöfen ab. Wie es ihnen dann ergehen würde, das wussten sie nicht. Kontakt zu den Eltern gab es jedenfalls kaum, abgesehen von gelegentlichen Briefen.

Es sind die Eltern der Cold-War-Generation, die das erlebt haben, und wir wissen kaum etwas darüber.

Über die wenig beschriebene Periode der unmittelbaren Nachkriegszeit bemerkt der Journalist Harald Jähner in seinem preisgekrönten Buch *Wolfszeit*:

Über die Hälfte der Menschen in Deutschland waren nach dem Krieg nicht dort, wo sie hingehörten oder hinwollten, darunter neun Millionen Ausgebombte und Evakuierte, vierzehn Millionen Flüchtlinge und Vertriebene, zehn Millionen entlassene Zwangsarbeiter und Häftlinge, Abermillionen nach und nach zurückkehrende Kriegsgefangene.[59]

Für Rückblicke blieb keine Zeit, kein geistiger Raum, keine emotionale Kraft.

Mehrere Millionen Kinder in Deutschland wurden im Zweiten Weltkrieg von ihren Eltern getrennt. Bode zufolge schätzen die Expertinnen, dass etwa die Hälfte der Kinder eine normale Kindheit hatte, die andere Hälfte nicht. Von dieser Hälfte hätten wiederum die Hälfte einmalig oder mehrfach traumatische Erfahrungen gemacht – das sind etwa 25 Prozent der Eltern der Cold-War-Generation. Nach anderen Schätzungen sind es etwa 30 Prozent.[60] Bode meint, die Rate sei damit zehn Mal so hoch wie in der Schweiz. Gerade Kinder zwischen fünf und neun Jahren weisen die größte Vulnerabilität auf, weil sie die Ereignisse bereits bewusst wahrneh-

men, aber zumeist noch nicht über ausreichende Bewältigungs-
mechanismen verfügen. In diese Altersgruppe fallen alle Kriegskinder, die zwischen 1930 und 1940 geboren wurden, also die Mehrheit der Kriegskindergeneration. »Je jünger das Kind war, desto
eher der Rückzug – und damit auch das Nichtverarbeiten der Vergangenheit.«[61]

Auffälligkeiten zeigen sich oft in »Schrullen« oder Überemp-
findlichkeiten. Viele Kriegskinder ertragen es zum Beispiel nicht,
in flackerndes Kerzenlicht zu blicken oder sich in großen, dicht-
gedrängten Menschenmengen aufzuhalten. Sie können unmöglich Lebensmittel wegwerfen und essen alle Reste komplett auf
oder horten sie, bis sie verdorben sind. Im Streit oder auch nur in
schlechter Stimmung auseinanderzugehen, ist vielen unmöglich,
»weil man ja nie weiß, ob man sich noch einmal wiedersieht«.

Posttraumatische Belastungsstörungen (PTBS) konnten bei den
Kriegskindern allein deswegen schon nicht diagnostiziert werden,
weil die PTBS erst 1980 in das Diagnosemanual DSM III aufgenommen wurde. Es hatte aber auch niemand Interesse daran. Der
kürzlich verstorbene Kasseler Psychiatrieprofessor Hartmut Radebold, Begründer der Alterspsychotherapie und selbst ein Kriegskind, das ohne Vater aufwuchs, schrieb dazu: »[Ü]brig blieb ab
1950 das Wissen um die Fakten, aber nicht mehr um die Gefühle.
Sich selbst, ihren Eltern und der Umwelt haben sie [die Kriegskinder, GV] angeboten: ›Es ist alles vorbei, wir haben alles bewältigt
und wir funktionieren wieder.‹«[62] Weiter führt er aus, dass es in
Deutschland und in anderen von Krieg betroffenen Ländern besonders auffallende Raten von leichten bis mittleren depressiven
Störungen sowie Störungen mit einer Angstsymptomatik gebe. Ein
weiterer Bereich »sind die Beziehungs- und Bindungsstörungen,
die es den Leuten schwergemacht haben, überhaupt Bindungen
einzugehen, sie auch entsprechend zu gestalten«.[63]

Auf einer Verhaltensebene fielen Dinge auf, »die wir alle kennen:
sparsam und fleißig sein, funktionieren, planen, organisieren, alt-

ruistisch sein, also sich um andere kümmern und nicht um sich«.[64]
Die Kriegskinder haben außerdem kaum gelernt, auf ihren Körper
Rücksicht zu nehmen. Das mag eine notwendige Reaktion auf die
Umstände gewesen sein: Hunger, Krankheiten, schlechte Hygiene
und unzureichende medizinische Versorgung. Aber hier tritt sicher
noch ein anderer Faktor hinzu, der nicht direkt mit dem Krieg zusammenhängt, und das ist die Ideologie des Nationalsozialismus.

Die Cold-War-Generation kennt diese Sprüche noch: »Zäh wie
Leder, hart wie Kruppstahl.« – »Was uns nicht umbringt, macht
uns stark.« Oder auch ganz einfach: »Stell dich nicht so an.« Sie
sind ja von Eltern erzogen worden, die ihrerseits im Rahmen der
Nazi-Ideologie und deren Erziehungsidealen aufwuchsen. Und die
wiederum schloss an die preußische Erziehung der Härte und des
Drills an. Eine besonders einflussreiche und unrühmliche Rolle
spielte dabei der Erziehungsratgeber *Die deutsche Mutter und ihr
erstes Kind*, mit einer Auflage von fast 700 000 *der* Erziehungsbest-
seller der Nazi-Zeit. Geschrieben wurde er 1934 von Dr. Johanna
Haarer, einer jungen Lungenärztin, die keine pädagogische oder
pädiatrische Ausbildung hatte und die bis zu ihrem Tod überzeugte
Nationalsozialistin blieb. Sie starb 1988, alkohol- und tabletten-
abhängig; ihre Kinder beschreiben sie als gefühlskalt und als eine
Mutter, die innerfamiliäre Probleme mit Gewalt löste.[65] In ihrem
Bestseller und weiteren Büchern (darunter auch das Kinderbuch
Mutter, erzähl von Adolf Hitler!) verfocht sie eine Erziehung der
Kälte, der Härte und der Unkörperlichkeit. »Das Kind wird gefüt-
tert, gebadet und trockengelegt, im Übrigen aber vollkommen in
Ruhe gelassen«, empfahl sie, denn die »Überschüttung des Kindes
mit Zärtlichkeiten, etwa gar von Dritten, kann verderblich sein und
muss auf die Dauer verweichlichen«.[66]

»Statt in einer ›läppisch-verballhornten Kindersprache‹ solle die
Mutter ausschließlich in ›vernünftigem Deutsch‹ mit ihm sprechen,
und wenn es schreie, solle man es schreien lassen. Das kräftige die
Lungen und härte ab.«[67] Eine deutsche Mutter solle ihre Kinder

möglichst wenig berühren und ihnen nicht in die Augen sehen. Wenn sie das Kind auf dem Arm tragen müsse, solle sie deswegen eine bestimmte, unnatürliche Körperhaltung einnehmen, um Blickkontakt zu vermeiden.

Psychologinnen sind sich einig, dass eine solche Erziehung zu Beziehungs- und Bindungsstörungen führt. Der Psychologieprofessor Klaus Grossmann, einer der Pioniere der Bindungsforschung in Deutschland, meint dazu: »Alle Daten, die wir haben, deuten auf Folgendes hin: Wenn man einem Kind in den ersten ein oder zwei Lebensjahren eine feinfühlige Ansprache vorenthalten würde – so, wie Johanna Haarer es propagiert hat –, bekäme man die eingeschränkten, emotions- und reflexionsunfähigen Kinder, die wir aus der Forschung kennen.«[68] Diese Kinder weisen absolute Loyalität zu ihren Familien auf und können keine Konflikte austragen. Sie sind leicht verführbar und bestens geeignet für eine Kriegernation. Auch in Sparta, darauf weist der Psychiater Karl-Heinz Brisch hin, habe man mit einem solchen Ziel erzogen.[69]

Natürlich haben nicht alle Eltern Haarers Ratschläge befolgt, aber allein bis 1943 haben drei Millionen junge Mütter an »Reichsmütterschulungen« teilgenommen, in denen nach Haarer unterrichtet wurde. Außerdem war der Ratgeber die Erziehungsgrundlage in den Kindergärten und Heimen. Besonders in den preußischen Teilen des Deutschen Reiches schloss er beinahe nahtlos an eine Erziehungstradition der Härte und des Drills an. Hier ist eine Untersuchung aus den 1970er Jahren einschlägig: Die Befunde deuten darauf hin, »dass im norddeutschen Bielefeld damals etwa jedes zweite Kind ein unsicheres Bindungsverhalten aufwies, im süddeutschen Regensburg, das nie zum preußischen Einflussgebiet gehört hat, hingegen nicht einmal jedes dritte.«[70] Und Studien aus den Jahren 1998 und 2016 legen nahe, dass das eigene Bindungsverhalten an die nächste Generation weitergegeben wird, in bis zu 80 Prozent der Fälle.[71]

Kontinuitäten

Lassen Sie uns einen Moment innehalten. Warum sind diese Dinge für uns eigentlich relevant? Es geht uns in diesem Buch doch um die Cold-War-Generation, und dabei vor allem um die Hinterlassenschaften dieser Generation. Um die Frage, welche Verantwortung sie für die multiplen Krisen trägt, mit denen wir uns heute konfrontiert sehen. Warum müssen wir uns dann so ausführlich mit der Generation der Eltern beschäftigen?

Weil es Kontinuitäten gibt. Und weil wir auch verstehen sollten, unter welchen familiären Bedingungen die Cold-War-Generation aufgewachsen ist, um ihre »Generationslage«, ihre historisch-soziale Prägung möglichst umfassend in den Blick zu bekommen. Was wiederum die Grundlage für das Psychogramm der Generation ist.

Die Eltern der Cold-War-Generation sind Kinder der Nazi-Zeit, und eine Aufarbeitung oder gar Bewältigung fand so gut wie nicht statt. Johanna Haarers Nazi-Erziehungsbuch erschien – man kann und will es eigentlich nicht glauben! – bis 1987 in Westdeutschland, nur von den schlimmsten Nazi-Phrasen bereinigt, in diversen Auflagen. Es hieß nun nicht mehr *Die deutsche Mutter und ihr erstes Kind*, sondern – man machte es sich leicht und ließ einfach nur ein Wörtchen weg – *Die Mutter und ihr erstes Kind*, gleicher Inhalt hinter gefühligem Cover. Die Auflage war beinahe noch einmal so hoch wie in der Nazi-Zeit – 600 000 Exemplare wurden in der Bundesrepublik verkauft, vermutlich Millionen Kinder danach erzogen. Noch in den 70er Jahren wurden Kinder kaum gestillt, und 60 Prozent der Kleinkinder waren vor ihrem zweiten Lebensjahr »trocken« bzw. »sauber«.

Auch in Kindergärten und Schulen gab es Kontinuität. Die älteren (zumeist unausgebildeten) »Kindergärtnerinnen« und Lehrer, bei denen wir in den 60er und 70er Jahren im Kindergarten oder in der Schule unsere Tage verbrachten, hatten diese Jobs zum

Teil auch schon in der Nazi-Zeit gemacht. Im Dritten Reich waren die Kindergärten ein Kern der nationalsozialistischen Erziehung, die der Leiter des »Instituts für Nationalsozialistische Volkspflege«, der Medizinprofessor Richard Benzing, so zusammenfasste: »Wir wollen ein hartes Geschlecht heranziehen, das stark ist, zuverlässig, treu, gehorsam und anständig. Der kleine Junge wird einmal ein deutscher Soldat werden, das kleine Mädchen eine deutsche Mutter.«[72]

Nach Kriegsende wurden die meisten Erzieherinnen und Lehrer in den Schuldienst übernommen, die Entnazifizierung war misslungen, beziehungsweise die Netzwerke der Nazilehrer hatten sich durchgesetzt. Viele von ihnen unterrichteten noch bis weit in die 60er, ja 70er Jahre, wie der ehemalige Hamburger Schulrat Hans-Peter de Lorent in mühevoller Recherche herausgearbeitet hat.[73] Ich selbst habe einige Erinnerungen an solche Erzieherinnen und einen prügelnden Schulpfarrer an meiner katholischen Grundschule.

Erst im Jahr 2009 beschäftigte sich ein vom Bundestag eingesetzter »Runder Tisch Heimerziehung« mit den Kinder- und Erziehungsheimen der Bundesrepublik in den 1950er und 1960er Jahren. Fast 800 000 Kinder waren dort untergebracht, mehr als die Hälfte gegen den Willen ihrer Eltern. 80 Prozent der Kinder erlebten dort Demütigungen, 75 Prozent wurden geprügelt, ein Viertel wurde mit Schlafentzug bestraft und ein Fünftel häufig oder sehr häufig sexuell missbraucht.[74] Über 50 Prozent wurden häufig oder sehr häufig zum Essen gezwungen, 20 Prozent gar zum Essen von Erbrochenem.[75] Einsperren war in den 1950er und 1960er Jahren eine sehr häufige Erziehungsmethode, die ich selbst im Kindergarten noch erlebt habe. In dem Heimen waren es weit über 50 Prozent.[76] »In-die-Ecke-stellen« gehörte zum Standard.

Die Situation in den Heimen war sicherlich extrem, aber auch allgemein in der Gesellschaft herrschten in weiten Teilen traditionelle Erziehungsmethoden und weltanschauliche Einstellungen vor.

So sprach sich noch bis 1967 eine absolute Mehrheit grundsätzlich für die Todesstrafe aus; erst in den 1970er Jahren gab es eine knappe Mehrheit dagegen.[77] Und das, obwohl der letzte Mensch in Deutschland 1949 hingerichtet und mit Inkrafttreten des Grundgesetzes am 24. Mai 1949 die Todesstrafe abgeschafft worden war.

Zwischen 1955 und 1976 (für später liegen mir keine Zahlen vor) glaubten immer zwischen 40 und 60 Prozent der Westdeutschen, »dass wir tüchtiger und begabter sind als andere Völker«; selbst 1976 waren es noch 49 Prozent.[78] Die Deutschen, das auserwählte Volk – 30 Jahre nach Ende des Tausendjährigen Reiches für die Hälfte immer noch wahr.

Auf die Frage, ob Eltern ihre Kinder schlagen sollen, antworteten noch 1970 68 Prozent der Deutschen, dass Schläge grundsätzlich zur Kindeserziehung gehörten oder zumindest als letztes Mittel in Frage kämen; nur 28 Prozent hielten das für grundsätzlich verkehrt.[79] Das war zwar ein Rückgang von über zehn Prozentpunkten gegenüber 1965, dennoch kann man davon ausgehen, dass die Mehrheit der Cold-War-Generation noch geschlagen worden ist.

Gegen all diese restaurativen, reaktionären Tendenzen wurde vom progressiven Teil der Bevölkerung angegangen. Aber auf die konkreten Auswirkungen der Nazi-Erziehungsideologie in den Familien wurde auch von Seiten der 68er nicht genau geschaut, weil sie die »bürgerliche Kleinfamilie« an sich ablehnten. Und besonders eine kritische Auseinandersetzung mit den psychischen Folgen des Krieges für die Kriegskinder musste Jahrzehnte auf sich warten lassen. Ein wichtiger Grund bestand darin, dass unter allen Umständen vermieden werden sollte, das Leid der Kriegskinder als eine Relativierung der deutschen Schuld am Krieg und am Holocaust zu interpretieren. Noch 2005 gab es hier Vorbehalte.[80] Ähnliches gilt für die 14 Millionen deutschen Flüchtlinge und Vertriebenen nach dem Zweiten Weltkrieg, eine der größten Fluchtbewegungen des 20. Jahrhunderts, die in ihrem Ausmaß nur noch wenigen bekannt ist.

Das sind sie also, die langen sechziger Jahre. Sehr viel Licht, aber auch viel Schatten. Es wurde immer bunter, aber der Hintergrund verblieb lange im Grauen. Was bedeutet die Lebenswelt der langen sechziger Jahre, in der die Cold-War-Generation geboren wurde, für deren Persönlichkeit? Welche gemeinsamen Prägungen haben sie erfahren und welche Spuren hat das in ihnen hinterlassen? Das ist der Gegenstand des nächsten Kapitels.

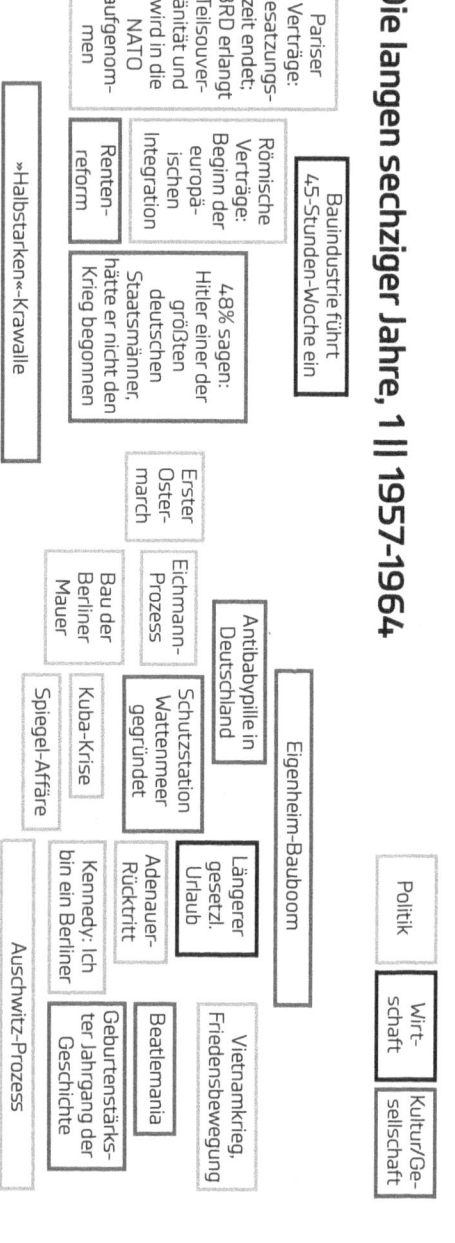

Die langen sechziger Jahre, 1 || 1957-1964

Legende: Politik | Wirtschaft | Kultur/Gesellschaft

1955 — 1957 — 1958 — 1959 — 1960 — 1961 — 1962 — 1963 — 1964

- **Pariser Verträge:** Besatzungszeit endet; BRD erlangt Teilsouveränität und wird in die NATO aufgenommen
- **Römische Verträge:** Beginn der europäischen Integration
- Rentenreform
- Bauindustrie führt 45-Stunden-Woche ein
- 48% sagen: Hitler einer der größten deutschen Staatsmänner, hätte er nicht den Krieg begonnen
- »Halbstarken«-Krawalle
- Rekonstruktions- und Aufholphase der Wirtschaft, starke Wachstums- und Wohlstandsgewinne
- Erster Ostermarch
- Eichmann-Prozess
- Bau der Berliner Mauer
- Antibabypille in Deutschland
- Schutzstation Wattenmeer gegründet
- Kuba-Krise
- Spiegel-Affäre
- Eigenheim-Bauboom
- Längerer gesetzl. Urlaub
- Adenauer-Rücktritt
- Kennedy: Ich bin ein Berliner
- Vietnamkrieg, Friedensbewegung
- Beatlemania
- Geburtenstärkster Jahrgang der Geschichte
- Auschwitz-Prozess

Die Cold-War-Generation – Wie sie wurde, wer sie ist

Die langen sechziger Jahre, 2 || 1965-1973

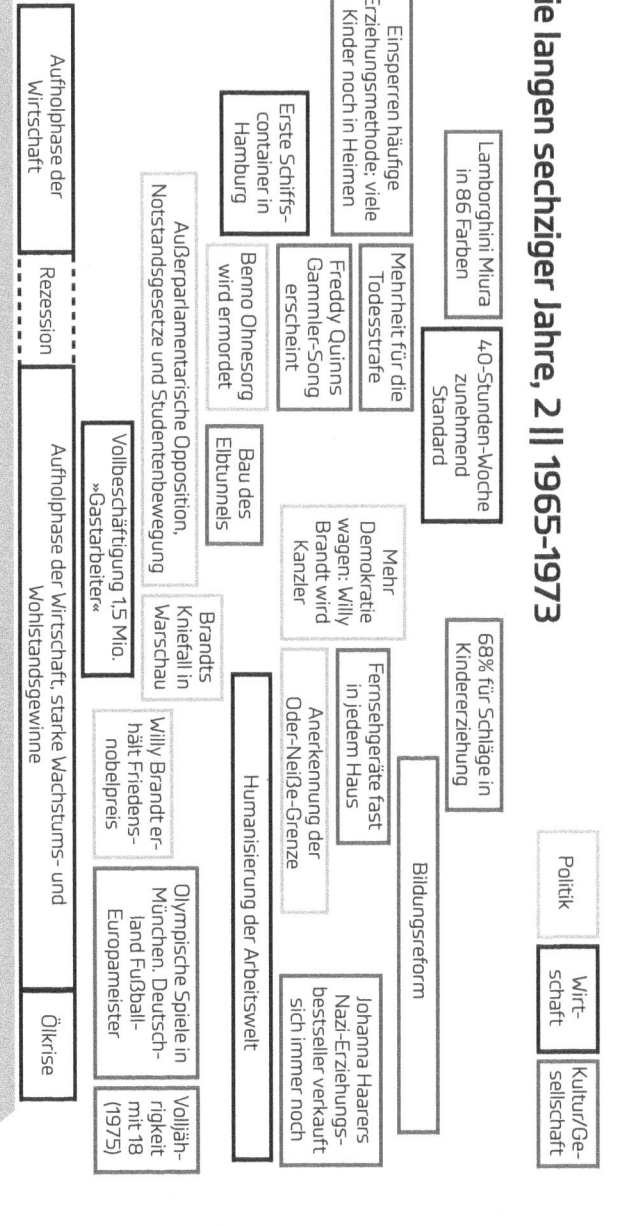

1965 1966 1967 1968 1969 1970 1971 1972 1973

Aufholphase der Wirtschaft

Rezession

Aufholphase der Wirtschaft, starke Wachstums- und Wohlstandsgewinne

Ölkrise

Einsperren häufige Erziehungsmethode: viele Kinder noch in Heimen

Erste Schiffscontainer in Hamburg

Lamborghini Miura in 86 Farben

Mehrheit für die Todesstrafe

Freddy Quinns Gammler-Song erscheint

Benno Ohnesorg wird ermordet

40-Stunden-Woche zunehmend Standard

Außerparlamentarische Opposition, Notstandsgesetze und Studentenbewegung

Bau des Elbtunnels

Mehr Demokratie wagen: Willy Brandt wird Kanzler

Vollbeschäftigung 1,5 Mio. »Gastarbeiter«

Brandts Kniefall in Warschau

68% für Schläge in Kindererziehung

Fernsehgeräte fast in jedem Haus

Anerkennung der Oder-Neiße-Grenze

Humanisierung der Arbeitswelt

Willy Brandt erhält Friedensnobelpreis

Olympische Spiele in München, Deutschland Fußball-Europameister

Bildungsreform

Johanna Haarers Nazi-Erziehungsbestseller verkauft sich immer noch

Volljährigkeit mit 18 (1975)

Politik

Wirtschaft

Kultur/Gesellschaft

2

Selbstzufriedene Aufsteiger – Ein Psychogramm der Cold-War-Generation

Das Psychogramm einer ganzen Generation erstellen zu wollen, zumal einer so großen – einige werden da kopfschüttelnd abwinken. Ist das nicht Hokuspokus? In der Generation gab und gibt es Nazis und Sozialistinnen, Ökologinnen und Autofans, Rassistinnen und Multikulturalisten – wie will man die alle auf einen Nenner bringen? Aber das wollen wir gar nicht. Die Generationenforschung kann zeigen, dass über viele Generationen hinweg die Menschen sehr ähnliche Einstellungen hatten, beispielsweise in Bezug auf Selbstverwirklichung oder die Wichtigkeit, Erfolg im Beruf oder eine glückliche Partnerschaft zu haben. Aber zum einen kann man auf diesem abstrakten Niveau die gleichen Einstellungen haben und dann auf der Verhaltensebene darunter etwas völlig anderes verstehen. So steht zu vermuten, dass zum Beispiel Till Lindemann (Jahrgang 1963), der Leadsänger von Rammstein, Erfolg im Beruf und Glück in der Beziehung völlig anders operationalisiert als – sagen wir – Robert Habeck (Jahrgang 1969), Rudi Völler (Jahrgang 1960) oder Anne Will (Jahrgang 1966). Und zum anderen geht es uns nicht in erster Linie um das, was Karl Mannheim »Generationseinheit« genannt hat, also eine spezifische Gruppe einer Generation, die in Bezug auf wichtige Ereignisse der Zeit dieselben Einstellungen, Meinungen und Haltungen vertritt. Es geht uns vielmehr um die »Generationslage«, das heißt, den historisch-gesellschaftlichen Raum, in den Menschen hineingeboren werden und der den Rahmen für ihre »spezifische Art des Erlebens und Denkens«, ihres Empfindens und Handelns setzt.

Diese gesellschaftliche Prägung bedeutet noch nicht, dass die Menschen ähnlicher Geburtsjahrgänge sich als eine Generation (jenseits des Alters) wahrnehmen und verstehen. Wohl aber, dass sie *als Generation* auf der Basis ähnlicher Grunderfahrungen ähnliche Weisen zu denken, zu fühlen und zu handeln ausgebildet haben. Die historische Lage setzt den Rahmen, den Frame, innerhalb dessen wir uns kognitiv, sozial und emotional bewegen und durch den wir die Cold-War-Generation von anderen Generationen abgrenzen können. Dadurch wird diese Generation sichtbar, und wir können den Lauf der Dinge damit deuten und reflektieren.

Was also sind wichtige kognitive und emotionale Merkmale der Cold-War-Generation? Für ein Psychogramm der Cold-War-Generation können wir auf unsere Analyse der langen sechziger Jahre aufbauen und an zwei Punkten ansetzen: Zum einen, dass sie die Kinder der Kinder des Krieges sind, und zum anderen, dass sie die Kinder des Kalten Krieges sind. Daraus ergeben sich einige direkte Folgen.

Bedürfnis nach Stabilität / Risikoscheu

Alle Kinder haben ein Grundbedürfnis nach einer stabilen Basis, nach Verlässlichkeit, nach sicherer Bindung. Doch den Wunsch nach Stabilität haben viele Angehörige der Cold-War-Generation sicherlich besonders intensiv schon mit der Muttermilch aufgesogen (obwohl viele von ihnen die gar nicht bekommen haben). Denn es ist plausibel, anzunehmen, dass die Grundbedürfnisse nach Stabilität und Verlässlichkeit in dieser Generation seitens der Eltern weniger befriedigt worden sind als in anderen Generationen.

Dies hat unsere Beschäftigung mit den Kriegskindern, also den Eltern der Cold-War-Generation, gezeigt, dem etwa einem Drittel Traumatisierten, den Millionen vaterlos aufgewachsenen Müttern und »landverschickten Kindern«, den Vertriebenen und Entwurzelten. Hinzu kommt die Nazi-Erziehungsideologie, die noch lange, auch in Ratgeber-Bestsellern, propagiert wurde.

Aufgrund ihrer schwierigen, teils verlorenen Kindheit und Jugend ist es den Eltern der Cold-War-Generation oft sicherlich schwerer gefallen, ihren Kindern als Vorbild zu dienen. Zudem sind sie in der Zeit des Nationalsozialismus oder der Not nach dem Krieg aufgewachsen, während die Cold-War-Generation bereits in der Konsumwelt des neuen Kapitalismus amerikanischer Prägung aufwuchs. Viele der Kriegstraumatisierten waren außerdem »stählerne« Eltern, die mit ihren Kindern nicht viel anzufangen wussten. Der Historiker Detlef Siegfried betont, dass der »Kontrast zwischen den Erfahrungswelten von Eltern und Kindern […] zu kaum einem Zeitpunkt in der Geschichte der Bundesrepublik größer als in den langen sechziger Jahren« war.[1]

Der Wunsch nach personaler Stabilität verbindet sich mit Risikoscheu. Der Psychiater Philipp Kuwert, Leiter der Abteilung für Psychosomatische Medizin an der Uniklinik Greifswald, hat herausgefunden, dass Kinder von Menschen mit Kriegstraumata später in neurobiologischen Studien häufig einen veränderten Umgang mit Stress aufweisen. »Mutmaßlich ein Drittel der Generation der Kriegskinder hatte Beeinträchtigungen, die sie in ihr Leben mitgenommen und meist niemals aufgearbeitet haben. Weitergegeben an die Kriegsenkel-Generation wird nicht dieses Trauma, sondern eine erhöhte Verletzlichkeit.«[2] Sie erholen sich dadurch schlechter von Schicksalsschlägen und neigen dazu, weniger Risiken einzugehen. Die Familie wird oft nicht kritisiert und gilt als heilig, Konflikte werden nicht ausgetragen.

Insgesamt glauben Soziologinnen und Psychologen, dass sich die Beziehungen zwischen Eltern und ihren Kindern inzwischen tiefgreifend verändert haben und heute viel emotionaler und weniger autoritär sind. Das hat zu einer veränderten Einschätzung der Qualität der elterlichen Erziehung geführt. »[Z]wischen 1985 und 2010 ist der Anteil der jungen Leute, die ihre Kinder so erziehen wollen, wie ihre Eltern sie selbst erzogen haben, von 50 auf 73 Prozent gestiegen.«[3] Von der Cold-War-Generation wollte das also die Hälfte nicht.

Die Spannung zwischen verschiedenen Rollenverständnissen und Erziehungsstilen erlebte die Cold-War-Generation – sicherlich mehr als die Generationen vor und nach ihr – auch jeden Tag in der Schule. Auf der einen Seite gab es die alten, oftmals kriegsversehrten Lehrer. Den Mathelehrer, der, wenn es ihm zu laut wurde, kräftig mit seiner schwarz behandschuhten Handprothese gegen die Tafel schlug: gruselig. Den Geschichtslehrer, der immer und immer wieder von seiner abgefrorenen Nasenspitze erzählte. Seine Erinnerung an Stalingrad, die ihn nicht losließ. Das Trauma so offensichtlich wie unbehandelt. Den Schulleiter Dr. S., ein harter Hund, autoritär und doch irgendwie resigniert, der mit seiner Beinprothese über den Flur schlurfte, des Kämpfens inzwischen müde geworden. Auf der anderen Seite gab es sehr junge maoistische Lehrer, 68er, die uns die *Beijing Rundschau*, die damals noch *Peking Rundschau* hieß, zu lesen gaben und Spitznamen wie »Barrikaden-P.« trugen. Sie brachen die Autorität der Alten und schulten uns darin, wie wir mit der ASchu, der Allgemeinen Schulordnung, in den Schulkonferenzen und bei Schulstreiks mit Verfahrenstricks punkten konnten. Sie erweiterten unsere Perspektiven und wurden zu Vorbildern, ohne dass dies das Bedürfnis nach Stabilität berührte.

Kulturell-emotionale Westbindung

Ich habe die Cold-War-Generation ja deswegen Cold-War-Generation genannt, weil der Kalte Krieg der soziale und historische Raum gewesen ist, in dem sie groß wurde und der sie prägte. Und natürlich ist eine direkte Folge eine ausgeprägte, vielleicht sogar extreme Westorientierung der Generation. Vielleicht noch einmal verstärkt bei Menschen wie mir selbst, die nicht die geringsten verwandtschaftlichen Beziehungen »nach drüben« in die DDR hatten. Bis zum Fall der Mauer, da war ich 25 Jahre alt, war ich nicht ein einziges Mal in der DDR. Abgesehen von gelegentlichen Tagesbesuchen mit Zwangsumtausch in Ostberlin im Rahmen von Westberlin-Trips. Meine einzigen Erfahrungen mit Ostdeutschen waren ausgesprochen unfreundliche, abweisende Grenzsoldaten an der Autobahn in Helmstedt, vor denen wir uns zwar in Acht nahmen, denen wir uns gleichzeitig aber total überlegen fühlten. Die Grenzsoldaten suchten immer nach – wie sie das nannten – »Anhaltspunkten«. Wir fanden es daher einmal sehr witzig, auf ein DIN-A-4-Blatt einen fetten roten Punkt zu malen und »ANHALTSPUNKT!« drunterzuschreiben. Den platzierten wir im Kofferraum wie auf einem Präsentierteller. Auf Aufforderung der Grenzbeamten öffneten wir den Kofferraum, beflissen und breit grinsend. Es kam, wie es kommen musste: Der postpubertäre Überschwang kostete uns etwa drei Stunden, in denen der Wagen zerlegt und wir leibesvisitiert wurden. Danach durften wir dann doch einreisen. Und wir hatten jahrelang eine schöne Anekdote zu erzählen. Das war schon die drei Stunden Ärger an der Grenze Wert, fanden wir. In Wahrheit nahmen wir die Grenzsoldaten nicht ernst, wie wir den ganzen Ostblock nicht ernst nahmen. Großes Mitgefühl jedes Mal vor den Sommerferien gab es für die Mitschülerinnen, die wieder mit Kaffee und allem Möglichen beladen zu den »armen Verwandten« in die DDR reisen mussten, während die anderen nach Italien, Frankreich, die Niederlande oder wo auch immer hinfuhren.

Aber auf jeden Fall in den Westen.

Nicht nur meine Heimatstadt Bochum liegt tief im Westen, die gesamte Cold-War-Generation ist genau dort verankert: tief im Westen. Wir haben es weiter oben gesehen: popkulturell, vom Lebensstil her, in Bezug auf die Werthaltungen. Konsum spielt für viele eine Rolle, Erleben ebenso. Was nicht ausschließt, dass die USA von nicht unbedeutenden Teilen der Generation immer wieder kritisiert wurden. Wir sind gegen die US-amerikanische Invasion 1983 auf der Karibikinsel Grenada ebenso auf die Straße gegangen, wie wir gegen die NATO demonstriert haben. Viele Konservative haben das als »antiamerikanisch« angesehen, vielleicht haben sich auch einige Teilnehmer selbst so verstanden. Und klar richteten sich die Demos gegen die US-amerikanische Politik. Aber ganz ehrlich: Bis auf die »Minigenerationseinheit« der Jung- und Altkommunisten der DKP und anderer Splittergruppen hat sich doch niemand von den Breschnews, Gromykos und anderen Gerontokraten im Kreml mit ihren stumpfen, ausdruckslosen Gesichtern angesprochen gefühlt. Und es war schon allen klar, dass man in Moskau bestimmt nicht auf die Straße gehen konnte. Auch nicht in Ostberlin, von dem wir ja nur deswegen wussten, wo es lag, weil es an Westberlin andockte. Sicher waren nicht alle Mitglieder der Generation Freundinnen der Politik der USA; die kulturell-emotionale Westbindung aber war davon ganz unbenommen. Der Osten war keine Alternative.

Die große Mehrheit dieser Generation ist westgebunden, demokratisch und weit gehend liberal, der unpolitische Teil sowieso, aber auch der politische. Viele hätten sich selbst nicht unbedingt so bezeichnet. Doch die große Mehrheit war – emotional und oft gar nicht bewusst – tief in den Westen eingebunden.

Wunsch nach Fortschritt und Wohlstand

Die Cold-War-Generation neigt nicht zu Extremismus, was eine Wurzel sicher im eben beschriebenen, familiär und intergenerativ erklärbaren Wunsch nach Stabilität und minimalem Risiko hat. Außerdem war sie Nutznießer von Kämpfen, die andere schon vor ihnen ausgetragen hatten: Die Schlachten der »Gammler«, der »Halbstarken« und schließlich der 68er fanden zu einer Zeit statt, als die Cold-War-Generation noch gar nicht geboren oder sehr jung war. Es waren überwiegend die Gefechte der Nachkriegsgeneration. Selbst der »Deutsche Herbst«, die Welle von Entführungen und Anschlägen der Rote Armee Fraktion (RAF) im Rahmen ihrer »Offensive 77«, der Freitod ihrer Anführer Ulrike Meinhof, Gudrun Ensslin, Andreas Baader und Jan-Carl Raspe im Gefängnis von Stuttgart Stammheim, war wohl eher ein prägendes Ereignis für die Vorgängergeneration, vielleicht für die sehr frühen Boomer.[4]

Die andere Wurzel für die weit gehende Distanz zu extremistischen Positionen liegt in der emotionalen Westorientierung durch den Kalten Krieg. Es gibt in dieser Generation eigentlich keine bedeutenden radikaleren Gruppen, sieht man vom »No Future« des Punk und von der Ska-Musik ab, die aber beide in Windeseile in den massentauglicheren und kommerzialisierbaren Post-Punk und New Wave transformiert wurden. Bis heute zeigt sich das in den Wahlergebnissen. Die Kohorten der Cold-War-Generation neigen weniger zu radikalen Parteien wie der AfD als die ihnen nachfolgenden mittleren Jahrgänge.[5]

Dafür gibt es in dieser Generation einen Wunsch nach Wachstum, nach Wohlstand, nach Erlebnissen, vielleicht moderatem Fortschritt, wobei das Gemäßigte wohl in dem Stabilitätswunsch der Kriegsenkel begründet liegt, und der Fortschrittswunsch im Optimismus, im *Can do* der US-amerikanischen Kultur. Das Graue war ja, wie wir gesehen haben, für diese Generation noch sehr sichtbar, aber eben auch die Zunahme des Bunten.

Und die Cold-War-Generation hatte Glück: Beide Wünsche, der nach Stabilität und der nach moderatem Wachstum und Fortschritt, wurden gesellschaftlich erfüllt. Genau diese Erfahrungen haben sie gemacht, und sie verknüpften sich sogar miteinander.

Dreifache Stabilitätserfahrung

Natürlich durchläuft jeder Mensch Phasen der Instabilität und erlebt persönliche Krisen. Insgesamt kann man aber sagen, dass die Cold-War-Generation ihre prägenden Jahre der Kindheit und Jugend in recht stabilen und sich immer weiter entwickelnden gesellschaftlichen Umgebungsverhältnissen verbracht hat, und dies gleich in mehrerlei Hinsicht. Das häufig durch die unsichere Bindung an die Eltern stark ausgeprägte Bedürfnis nach Stabilität wurde dadurch – schaut man auf die Generation als Ganzes – befriedigt, und zwar gleich in dreierlei Hinsicht: politisch, wirtschaftlich und sozial.

Weitgehende politische Stabilität

Den geopolitischen Rahmen für die Stabilitätserfahrung bietet gerade der Kalte Krieg. Das mag auf den ersten Blick überraschen, gar paradox klingen, gilt das gegenseitige atomare Hochrüsten im Kalten Krieg doch als supergefährlich, da jederzeit ein, vielleicht auch versehentlich ausgelöster, Atomkrieg möglich war.

Krieg war allein schon deswegen ein Thema, weil sich zumindest jeder Junge mit der Frage auseinandersetzen musste, ob er »zum Bund gehen« oder den Kriegsdienst verweigern würde. Dass darin ja auch eine massive geschlechtsspezifische Diskriminierung der Mädchen (oder eben der Jungen, je nach Haltung zur Bundeswehr) lag, fand zu jener Zeit eigentlich nur die F.D.P., damals noch mit Punkten zwischen den Buchstaben. So viel Genauigkeit musste sein. Es herrschte die allgemeine Wehrpflicht, und verweigern konnte man nur, wenn man durch ein Verfahren ging, das tatsächlich einem Gerichtsprozess mit bis zu drei Instanzen glich: die »Gewissensprüfung«. Am Ende stand dann das abschließende Urteil. Die ersten Verhandlungen fanden vor dem Kreiswehrersatzamt statt, und man musste dort glaubhaft darlegen, dass man aus Gewissensgründen den Kriegsdienst nicht anzutreten in der Lage war. Als solche zählten nur zwei: Pazifismus und religiöser Glaube. Letzterer kam nur für wenige in Frage, also wurden in den Verhandlungen alle zu Pazifisten.

Während die Beisitzerinnen gelegentlich schliefen, versuchte der Vorsitzende, ein Veteran vom Kreiswehrersatzamt, einen aufs Glatteis zu führen. Manchmal auf eine zynische, grenzüberschreitende Weise, die einen rückblickend ziemlich fassungslos macht:

»Stellen Sie sich vor, ein russischer Soldat will Ihre Mutter vergewaltigen. Sie haben zufällig eine Maschinenpistole in der Hand. Was tun Sie?«

Wow. Diese Frage ist mir tatsächlich genau so gestellt worden. Ob dem Mann, selbst ein Kriegskind, bewusst war, dass die Wahrscheinlichkeit nicht gerade bei null Prozent lag, dass einer der Mütter der von ihm zu Richtenden genau das passiert war? Wahrscheinlich nicht, und wir hatten das auch nicht im Kopf.

Die Verhandlungen vor dem Kreiswehrersatzamt prüften vieles: Wissensaneignung, sprachliche Kompetenz, Verstellungskunst, taktisches Verhalten. Kurz gesagt, wie viel kulturelles Kapital der bürgerlichen Mittelschicht man bereits angehäuft hatte. War man zu *working class*, fiel man durch.

Eines aber wurde sicherlich nicht überprüft. Ob man nämlich Pazifist war. (Der einzige echte Pazifist in meinem Bekanntenkreis war auch der Einzige, der drei Mal durchfiel. Er galt als nicht glaubwürdig. Heute ist er übrigens ein evangelikaler Christ.)

Viele waren politisch, gegen die Bundeswehr, aber nicht gegen das, was als Befreiungskrieg erschien – weit weg. Die Cold-War-Generation hat nach der Kuba-Krise – und die war ja schon 1962 – in der prägenden Kindheits- und Jugendphase beinahe 20 Jahre lang

die Erfahrung gemacht, dass im Kalten Krieg nicht viel, in Westeuropa eigentlich nichts passierte: die lange Phase der Entspan-
nungspolitik. Die Stellvertreterkriege in Afrika und Asien, die hun-
derttausenden von Toten dort – das war ja ganz weit weg. In Europa
blieb der Krieg kalt; es gab rote Telefone, die verfeindeten Mächte
redeten miteinander, und beide Seiten hatten den Eindruck, der
andere verhalte sich erwartbar und daher verlässlich. Wir bekamen
davon kaum etwas mit. Es herrschte das Gleichgewicht des Schreckens. Mit der Zeit wurde der Schrecken abstrakt, das Gleichgewicht
aber blieb. Vielleicht war es in Wahrheit ein labiles Gleichgewicht,
aber nach so langer Zeit erschien es dann doch äußerst stabil.

Diese politische Stabilität hatten die geburtenstärksten Jahrgänge
in den ersten 15, 20 Jahren ihres Lebens erfahren. Dann aber, in den
frühen 80ern, kam doch ein »Gefühl für den Ernstfall« auf.[6] In den
USA regierte der Antikommunist Ronald Reagan. Ihm fiel für die
Sowjetunion nur ein Label ein: *the evil empire*, das Reich des Bösen, in dem die Menschen in »totalitärer Dunkelheit« leben mussten.[7] Die Sowjetunion war nach ihrem Einmarsch in Afghanistan,
dem baldigen Tod des Langzeit-Generalsekretärs Leonid Bresch-
new und mit schwerkranken Übergangsführern[8] an der Spitze an-
geschlagen, lag technologisch weit zurück und war – auch durch
die Hochrüstung – knapp bei Kasse. Sie fühlte sich zu Recht in der
Defensive und war entsprechend verunsichert, besonders, nachdem die NATO im Rahmen des NATO-Doppelbeschlusses neue
Atomwaffen – Pershing II und Cruise Missiles – als Reaktion auf
die sowjetischen SS-20-Raketen in Westeuropa stationieren wollte.
Eine neue Eiszeit zog auf, sinnbildlich dafür die wechselseitigen
Boykotte der Olympischen Spiele 1980 in Moskau und 1984 in Los
Angeles.

Diese Phase fiel zufällig genau in die Zeit, als die geburtenstärksten Jahrgänge zu jungen Erwachsenen wurden und sich nicht wenige politisierten. Viele waren gegen die Aufrüstung, gegen Pershing II und Cruise Missiles, aber immerhin auch gegen die Waffen

der Sowjets, die SS 20. Das unterschied die allermeisten von der DKP und den Mitgliedern des MSB Spartakus, dem DDR-treuen Studentenverband, der gern auch »die Spacken« genannt wurde. Was man sicherlich heute auch nicht mehr täte. Alle waren für den Frieden, viele gingen auf die großen Friedensdemos in Bonn und kleinere überall. In Bochum betrat Udo Lindenberg schlurfend die Bühne. Bevor er seinen Song *Wozu sind Kriege da?* anstimmte, begrüßte er uns alle mit: »Ey Leute, Raketen sind ungeil!« Fanden wir auch. Aber eigentlich war es nicht lustig, denn wir hatten in den frühen 80ern wirklich Angst vorm Krieg. Der Film *The Day After*, der in drastischer Weise die dystopischen Folgen eines Atomkriegs ausmalte und in den USA 100 Millionen (!) Menschen vor die Fernsehgeräte gebannt hatte, war 1983 einer der fünf erfolgreichsten Kinofilme in Deutschland.[9] Im selben Jahr erschien der oscarnominierte Film *WarGames*, in dem es um die Gefahr eines durch Software-Fehler ausgelösten Atomkriegs zwischen den USA und der Sowjetunion ging. Er wurde in Cannes gezeigt und war mit einem Einspielergebnis von mehr als 120 Millionen Dollar einer der erfolgreichsten Filme des Jahres.[10] Die britische New Wave-Band *Fischer Z* veröffentlichte 1981 ihr Album *Red Skies Over Paradise*; das Cover zeigte einen rotglühenden Himmel über einer nächtlichen Stadtsilhouette, und Frontman John Watts – bezeichnenderweise ein studierter klinischer Psychologe – besang die Apokalypse:

Out in the park children were playing / Though it was dark the sky glowed red […] / Down in their bunkers under the sea / Men pressing buttons don't care about me.

In dem Song *Cruise Missiles* schwante Watts: *They're not five years away* – und er behielt Recht, die Marschflugkörper wurden schon ab Dezember 1983 aufgestellt. Die *Fehlfarben* wehrten sich 1980 in dem Song *Apokalypse* gegen das *Zentrum der Unzivilisation* und riefen den *Ernstfall* als *Normalzustand seit langer Zeit* aus.

Zum Glück wussten wir damals nicht, wie nah wir all dem waren. Die Nato führte 1983 ihre Militärübung *Able Archer* durch, in der ein

Atomkrieg simuliert wurde. Die Spitze des KGB war wohl – fälschlich – überzeugt, dass dies die ernsthafte Vorbereitung auf einen atomaren Angriffskrieg des Westens war.[11] Im selben Jahr meldeten die Luftabwehrsysteme der UdSSR einen Angriff der USA mit nuklearen Interkontinentalraketen. Der zuständige Offizier Stanislaw Petrow hatte 15 Minuten Zeit, seine Vorgesetzten zu informieren, um den sofortigen Zweitschlag einzuleiten. Auf Basis völlig unzureichender Informationen meldete er einen Fehlalarm. Das System meldete einen zweiten, einen dritten, einen vierten, einen fünften Raketenstart. Petrow behielt die Nerven, blieb bei seiner – korrekten – Einschätzung und hat damit wohl einen Atomkrieg verhindert. Die technisch unzureichenden sowjetischen Frühwarnsysteme hatten Sonnenreflexionen auf Wolken als Raketenstarts fehlinterpretiert.[12]

Die frühen Achtziger brechen also aus den weit gehenden Stabilitätserfahrungen aus, die die Cold-War-Generation vorher über Jahrzehnte gemacht hatte. Hier lauerte einmal mehr das Grauen hinter dem Bunten. Es war eine Zeit der Unruhe, aber anders als heute blieben die Mächte beinahe während der ganzen Zeit im Gespräch, auch wenn es viele Finten und Scheinverhandlungen gab. Schon 1981 begannen Abrüstungsgespräche in Genf, die zwar scheiterten, aber neue Verhandlungen folgten, und nach der Machtübernahme Michail Gorbatschows 1985 kam es zu weit reichenden Zugeständnissen der UdSSR, auch aufgrund ihrer katastrophalen Haushaltslage.

Die Cold-War-Generation konnte lange Zeit von einem Vorteil bipolarer weltpolitischer Systeme profitieren. Solange kein Dritter ins Spiel kommt, der diese Konstellation angreift und solange nicht einer der beiden Pole untergeht, neigen sie zu Machtgleichgewicht und verleihen dadurch Stabilität[13] – weltpolitisch, regional, aber eben auch auf einer individuellen Ebene, kognitiv und emotional. Und in genau so einer Phase sind große Teile der Cold-War-Generation aufgewachsen.

Die Zeit der Unruhe in den 80er Jahren fällt mit dem Untergang der Sowjetunion zusammen. Aufgrund des besonderen Stabilitätsbedürfnisses und der Risikoscheu weiter Teile der Generation war diese Zeit besonders belastend. Gleichzeitig wurde dadurch aber eine andere Erfahrung bestärkt, auf die wir weiter unten eingehen: dass wir Störungen und Krisen managen können. Und dass wir am Ende als Gewinner dastehen.

Wirtschaftliche Stabilität

Der politische Rahmen also war lange Zeit stabil, und mit der Wirtschaft ging es – mit einer kurzen Ausnahme 1966 – bis 1973 auch nur bergauf. Das hat die Kindheit vieler Angehöriger der Cold-War-Generation geprägt. Danach gab es Ups und Downs, doch als die Marktschreier am Ende der überlangen Kohl-Ära Deutschland zum »kranken Mann Europas« ausriefen, war diese Generation längst sozialisiert und überwiegend in stabilen wirtschaftlichen Verhältnissen aufgewachsen.

Hinzu kommt, dass die Wirtschaft – und damit die Welt insgesamt – noch wesentlich weniger komplex war als heute. Sehr vieles, was wir konsumierten, kam aus der unmittelbaren Nähe: Autos, Spielzeug, Waschmaschinen, Kleidung – alles *made in Germany*. Dass die Matchbox-Autos, mit denen die meisten Jungen spielten, *made in England* waren, war schon ziemlich exotisch und etwas Besonderes.

1970 betrug der deutsche Außenhandel 34 Milliarden Euro an Exporten und 30 Milliarden Euro an Importen. 2021 waren es 1 632 Milliarden Euro bzw. 1 420 Milliarden Euro.[14] China exportierte 1970 Waren im Wert von gerade einmal 2,3 Milliarden US-Dollar. Heute schafft es das in sechs (!) Stunden (3 364 Milliarden US-Dollar Exportvolumen im Jahr 2021).[15] Die Welt war überschaubarer, näher, einfacher zu verstehen.

Denn die Cold-War-Generation ist aufgewachsen noch bevor die Globalisierung richtig Fahrt aufgenommen hatte. Dafür bedurfte es erst weit reichender Liberalisierungen in der Finanz-, Kapital- und Handelspolitik sowie technologischer Innovationen, darunter schnelle Nachrichten- und Wissensübermittlung und Neuerungen im Frachtverkehr. Von Computern war noch nicht wirklich die Rede, Nachrichten wurden über Briefe, Telefon und Fernschreiber übermittelt. Als im Mai 1966 im Hamburger Hafen die ersten Schiffscontainer umgeschlagen wurden, kamen sie wenig beachtet als »Deckslaudung« an. Von deutschen Reedern wurden sie belächelt. Keiner hat gesehen, dass die Erfindung der Containerschifffahrt zur Explosion im globalen Handel führen würde.[16] Die weltweite Warenproduktion hat sich zwischen 1960 und 2021 zwar etwa versiebenfacht, aber die weltweiten Warenexporte haben sich fast verzwanzigfacht.[17] Ohne Container wäre das unmöglich gewesen.

Die weite Welt war eben genau dies – noch weit weg – und die eigene recht nah und überschaubar. Deutschland war erst auf dem Weg zu einer führenden Exportnation, die meisten Menschen waren noch sehr inländisch orientiert, obwohl für viele die USA gerade popkulturell der Leuchtturm war. Kaum erstaunlich, dass ungefähr die Hälfte der Cold-War-Generation kaum oder gar nicht Englisch spricht.[18] Selbst die Landwirtschaft spielte noch eine wichtigere Rolle. Immerhin arbeiteten 1965 noch elf Prozent der Bevölkerung in diesem Sektor, 1970 immer noch neun Prozent.[19] Viele werden sich noch an Urlaubsreisen ins nächste Mittelgebirge zu einem Nebenerwerbshof erinnern, bei dem wir als Kinder mit anpacken konnten: Bullerbü im Sauerland. Diese Höfe gibt es heute nicht mehr, und in der Landwirtschaft arbeiten nur noch knapp zwei Prozent.[20] Der Tübinger Historiker Ewald Frie hat den Untergang der bäuerlichen Lebensweise eindrucksvoll in seinem mit dem Deutschen Sachbuchpreis 2023 ausgezeichneten, auch biografischen Buch *Ein Hof und elf Geschwister* beschrieben.[21]

Soziale Stabilität

Die dritte Stabilitätserfahrung, neben der geopolitischen und der wirtschaftlichen, war die soziale. Wie wir oben gesehen haben, wurde der Sozialstaat immer weiter ausgebaut. Es gab plötzlich erweiterte Sicherheiten für alles: Unfälle, Schwerbehinderung, Krankheiten, Arbeitslosigkeit, Vorsorge. *[A]ll das veränderte das Gesicht der Sozialpolitik, die den Charakter unmittelbarer Nothilfe und Armutsvermeidung zunehmend verlor und sich zu einer umfassenden Politik vorausschauender staatlicher Daseinsvorsorge entwickelte. Für die große Mehrheit der Bevölkerung bedeutete dies einen spürbaren Zuwachs an sozialer Sicherheit und Gleichheit. [...] Hier erreichte die Expansion des Wohlfahrtsstaats ihren Höhepunkt zwischen 1966 und 1974 in der Zeit der Großen Koalition und den ersten Jahren der sozialliberalen Koalition.*[22]

Der Unterschied zwischen der Cold-War-Generation und ihren Eltern liegt dabei wiederum darin, dass für die Jüngeren der Wohlfahrtsstaat – die »staatliche Daseinsvorsorge« – völlig normal war, weil sie schon in den Sozialstaat hineingeboren wurden und gar nichts anderes kannten.

Die Cold-War-Generation hat also quasi von Geburt an in der prägenden Lebensphase eine dreifache Stabilitätserfahrung gemacht, die ihren Eltern noch vorenthalten geblieben war: eine politische, eine wirtschaftliche und eine soziale. Diese erlebte Stabilität fand in einer Welt statt, die noch wesentlich überschaubarer, näher, übersichtlicher war; auch die Technik war in vordigitalisierten Zeiten noch wesentlich weniger komplex und daher verständlicher. Die Erfahrungen von dreifacher Stabilität und Übersichtlichkeit ist meines Erachtens wesentlich zum Verständnis dieser Generation im Allgemeinen und besonders für ihren Umgang mit Herausforderungen und Krisen. Wir werden das später noch sehen.

Doch damit nicht genug. Hinzu tritt nämlich noch eine weitere prägende Erfahrung: die des fortwährenden Wachstums, Wohlstands und Fortschritts.

Wohlstands- und Wachstumserfahrung

Dass die Cold-War-Generation in ihren prägenden Jahren andauernd Erfahrungen des Fortschritts, des Wachstums und der Wohlstandsgewinne machte, liegt nach dem, was wir bisher gesehen haben, auf der Hand: Die Wirtschaft war im Aufschwung und massivem Wachstum, der Wohlstand vergrößerte sich entsprechend. Es gab mehr Freizeit, Urlaube wurden anspruchsvoller, Fernsehen und Automobilität schufen neue Erlebniswelten, Konsum- und Freizeitorientierung nahmen zu. Gesellschaftliche Beziehungen entformalisierten sich, die Welt wurde liberaler, es gab mehr Raum für individuelle Freiheiten, gleichzeitig entwickelte sich der Staat zum Sozial- und Wohlfahrtsstaat. Bildung wurde allgemeiner zugänglich und moderner; sehr viele Angehörige der Generation machten enorme Bildungsaufstiege.

Eigentlich ist die gesamte Kindheit und Jugend der Cold-War-Generation eine einzige Wachstums- und Fortschrittserfahrung. Und das alles fand in sehr moderater Weise statt, innerhalb fester Bahnen und Leitplanken, die gewährleisteten, dass das der Generation eigentümliche ausgeprägte Sicherheits- und Stabilitätsbedürfnis zu seinem Recht kam. Die Cold-War-Generation hat gelernt, dass sie die Akteure, die Gestalter in ihrem Leben sind, das sie Stück für Stück verbesserten. Die Stabilität im Kalten Krieg hat dafür den Rahmen geschaffen. Zwar begannen nach der Veröffentlichung der Studie *Die Grenzen des Wachstums* durch den Club of Rome 1972 und der Ölkrise 1973 erste Diskussionen über die Ethik der Zukunft, und auch der expansive Sozialstaat erfuhr erste Einschnitte.[23] Zu den großen Nachhaltigkeitsdiskussionen kam es aber erst in den 1980er Jahren, und all die wirklich disruptiven Geschehnisse fanden erst statt, als die Persönlichkeitsstrukturen dieser Generation schon weit gehend ausgeprägt waren – die digitale Revolution, der Zerfall des Ostblocks, spürbarer Klimawandel und große Umweltkrisen, die Wiedervereinigung, die jugoslawischen

Nachfolgekriege, der russische Überfall auf die Krim und der Krieg gegen die Ukraine, die High-Speed-Globalisierung. Wobei Letztere der Motor für bedeutende Erfahrungs- und Wohlstandsgewinne nicht weniger Angehöriger der Generation in ihrer erwachsenen Lebensphase war.

Zwei Umweltkrisen gab es allerdings schon zu Ende der prägenden Zeit der Cold-War-Generation. Die eine war der GAU des Atomkraftwerks in Tschernobyl. Tschernobyl erlebte ich 1986 als Student in Marburg. Plötzlich gab es keine Pilze mehr zu kaufen und auch keine unbehandelte Rohmilch. Dafür wurden Sandkästen gesperrt, Kinder sollten vor allem bei Regen nicht draußen spielen. Viele waren schockiert, und Tschernobyl verstärkte die Front der Atomkraftgegner. Die andere Krise war das in den 1980er Jahren festgestellte Waldsterben, ein zentraler Wegbereiter für den Aufstieg der Grünen. Das Waldsterben ängstigte viele, doch letztlich machte die Cold-War-Generation selbst damit eine weitere Erfahrung, die wunderbar zum Psychogramm der stabilen Fortschrittsorientierung, des *Can do* passte. Denn ganz offensichtlich schien es so, als hätte das Waldsterben durch aktives und gezieltes Handeln der Politik (auch infolge der sich gründenden Umwelt- und Naturschutzbewegung) überwunden werden können. Wir wissen heute, dass das nicht der Fall ist und dass der Wald zwar nicht durch das Ende der Geschichte, aber durch das Ende der stinkenden Schlote der DDR-Schwerindustrie gerettet schien. Aber damals erklärte selbst die grüne Umweltministerin Renate Künast das Waldsterben für »beendet«. »Der Wald wächst wieder gesünder«, stellte sie fest, »die Flächen nehmen zu, die Holzwirtschaft hat in Deutschland eine gute Zukunft. Unsere Wälder sind schöner geworden. Ich kann nur dringend empfehlen, einen Waldspaziergang zu unternehmen.«[24] Das haben wir zwar nicht gemacht, aber zumindest unbewusst hat es die Cold-War-Generation darin bestärkt, zu glauben, dass es selbst an so schwierigen Fronten wie dem Umwelt- und Naturschutz Fortschritt gibt. Die scheinbare Überwindung des

Waldsterbens war eine Referenzerfahrung – sie zeigte, dass man durch Handeln Wirkmächtigkeit erzielen kann. Und zwar, ohne die eigene Lebensform grundsätzlich in Frage stellen zu müssen. Das ist der große Unterschied zu heute. (Dieses Thema werden wir im fünften Kapitel weiterverfolgen.)

Sicherheit der Vielen

Eine dritte prägende Erfahrung kommt hinzu, die meines Erachtens eher stabilisierend als verunsichernd wirkte: die Tatsache, dass die Cold-War-Generation einfach wahnsinnig groß ist. Boomer eben. Nie zuvor und nie danach in der Geschichte Deutschlands wurden mehr Kinder im Land geboren. Ich habe es schon im Vorwort erwähnt: Der geburtenstärkste Jahrgang ist mein eigener – 1 357 304 Geburten im Jahr 1964.[25] In jenem Jahr starben aber nur 870 319 Menschen; der so genannte »natürliche Saldo« (also die Differenz zwischen Geburten und Verstorbenen ohne Berücksichtigung von Zu- und Abwanderung) betrug 486 985 Menschen. Betrachten wir die langen sechziger Jahre der Cold-War-Generation für einen Moment als Einheit: Sie besteht aus unfassbaren *20 241 957* Menschen, die zwischen 1957 und 1973 geboren wurden. Eine irrsinnig große Zahl. Und fast fünf Millionen mehr, als in diesem Zeitraum gestorben sind.

Nur zum Vergleich und um die Zahlen einordnen zu können: Die Millenials oder Generation Z, die zwischen 1996 und 2011 geboren wurden, sind nur etwas mehr als halb so viele, 11 528 684 Menschen. Und in diesem Zeitraum sind fast zwei Millionen Menschen mehr gestorben als geboren wurden. Im geburtenschwächsten Jahrgang 2011 wurden sogar weniger als halb so viele Kinder geboren wie im geburtenstärksten 1964.

Deshalb haben alle, die in dieser Zeit aufgewachsen sind, die Erfahrung der Vielen und der großen Mengen gemacht. »Menge«

ist hier wirklich das richtige Wort, denn die Soziologie definiert »Menge« als »eine unüberschaubare Vielzahl von Menschen, die sich zum selben Zeitpunkt am selben Ort befinden, aber nicht miteinander interagieren«.[26]

Und genau so ist es gewesen. Immer gab es überall unüberschaubar viele Menschen ähnlichen Alters zur selben Zeit am selben Ort. Es gab kaum Einzelkinder, man kannte viele, aber nicht alle, und wusste gleichzeitig ganz sicher, dass man nie allein sein würde.

Die Folge: Es war immer alles voll und vieles knapp. Auf dem Klassenfoto meiner Grundschulzeit sehe ich 30 (*by the way*: mit einer Ausnahme ausschließlich biodeutsche) Kinder ordentlich in Reih und Glied aufgereiht. 30! In der Grundschule! Und einige waren krank. Auf dem Gymnasium waren es um die 40. Vier null. Ständig fiel Unterricht aus, weil es nicht genug Lehrerinnen für die Masse an Kindern gab. Chemie hatte ich gerade mal ein halbes Jahr, bei einem Studenten, den wir Pillhuhn nannten, nach einer damals erfolgreichen und heute vergessenen Comicfigur mit Fistelstimme, die der seinen ähnelte, wenn er uns Versuche mit Lachgas vorführte. Das ist das Einzige, was hängen geblieben ist. In den Schulbussen fühlten wir uns wie Ölsardinen in der Büchse. Ging man auf die Straße, traf man sofort Mitschüler oder Brüder und Schwestern von Mitschülerinnen. (Was bei uns noch »Klassenkameraden« hieß, wobei die militärische Konnotation des Wortes »Kamerad« keinem bewusst war.) Alle waren immer auf der Straße, und es war immer voll. Später in den Hörsälen saßen wir, wenn wir Glück hatten, auf der Treppe oder einem Geländer. Manchmal kam man gar nicht rein. Die Massenuniversitäten wurden gegründet, und der Name konnte treffender nicht sein – da war wirklich viel Masse.

Jedenfalls mochte das Gefühl, die Deutschen könnten aussterben, nicht so recht gedeihen in dem Gedränge und der Enge und angesichts von unendlich vielen erfolglosen Bewerbungen um die knappen Jobs nach dem Studium. Wir waren sehr viele, aber hatten wir jemals das Gefühl, *zu viele* zu sein? Daran kann ich mich nicht und können sich auch viele meiner Altersgenossinnen nicht erinnern. Es war einfach normal.

Als Zivildienstleistender belegte ich 1983 einmal ein Seminar mit dem Titel »Sterben die Deutschen aus?«. Der Dozent zeigte eine Statistik nach der anderen, malte recht düstere Langzeittrends an die Wand und sprach von der Notwendigkeit, sich mit Einwanderung zu beschäftigen, um den Lebensstandard in Deutschland halten zu können. Kluger Mann. Die peinliche Wahrheit: Es interessierte uns, die angehenden Studenten der Soziologie und Politologie (-innen waren ja keine dabei, der Zivildienst war eine Männerwelt), nicht die Bohne. Es kümmerte uns einfach nicht. Dass Deutschland einmal ein demografisches Problem haben werde, wie dieser Mann schon vor 40 Jahren richtig vorhersagte, war für uns nicht nur 400 Jahre weit weg, sondern eher wie aus Raum und Zeit gefallen. Eine Parallelwelt, die uns amüsierte und zugleich anödete.

Dass man sich emotional nicht sehr mit dem Aussterben beschäftigt, ist wahrscheinlich nicht so überraschend, wenn man gerade mal der Jugend entschlüpft ist. Und wenn man immer so verdammt viele war. Aber eigentlich taten es die Meisten von uns auch später nicht.

Große Gruppen geben Sicherheit, und meines Erachtens überwiegen die Vorteile der Tatsache, dass diese Generation so groß ist, in den prägenden Jahren die Nachteile. Die gab es natürlich auch: Knappheit, wenig Platz, Überfüllung hier und da. Am eindrücklichsten, und für viele Angehörige der Cold-War-Generation wohl auch am deprimierendsten, zeigte sich das dann wie gesagt Anfang der 1980er Jahre, als die geburtenstärksten Jahrgänge nahezu gleichzeitig auf den Arbeitsmarkt drängten und *the hard way* lernten, was »Nachfrageüberhang« bedeutet und ein Arbeitgebermarkt ist: hunderte von Bewerbungen, erst mal kein angemessener Job, Wartezeiten. Die Arbeitslosigkeit in der Bundesrepublik war zum Beispiel 1983, einem Krisenjahr, in dem der Rekordjahrgang 1964 Abitur machte, mit 8,6 Prozent in der Bundesrepublik recht hoch;[27] es gab etwa 200 000 Jugendliche bis 20 Jahren ohne Arbeit (von denen allerdings fast zwei Drittel keine abgeschlossene Berufsausbildung hatten).[28] Auch die Arbeitslosenquote von (Fach-) Hochschulabsolventinnen hatte binnen Jahresfrist um 28 Prozent auf über 100 000 zugenommen – vor allem wegen der hohen Zahl junger Absolventinnen.[29] Besonders hoch war – man kann es heute kaum glauben – die Arbeitslosigkeit bei Lehrern (auch als Angehöriger der Cold-War-Generation konnte man es nicht glauben, litten wir doch immer alle unter Lehrermangel und Unterrichtsausfall).[30] Ja, 1983 ff. waren schwierige Jahre für die Cold-War-Generation, und die Knappheit an Arbeitsplätzen hat zu einer ausgeprägten Wettbewerbshaltung geführt (die gleichzeitig gut zur Orientierung an der amerikanischen Kultur passte). Aber tatsächlich war es auch so: Die Arbeitslosigkeit lag auch in den schwierigen Jahren bei Akademikerinnen nur bei fünf Prozent. Und sind – rückblickend betrachtet – nicht doch die meisten noch in vernünftigen Jobs gelandet und haben sich ein Auskommen sichern können? Erst recht nach dem, was dann 1989 geschah. Darauf kommen wir gleich zurück.

Selbstzufriedene Binnenperspektive

Das Bedürfnis nach Sicherheit und wenig Risiko, die weit gehenden Stabilitätserfahrungen in politischer, sozialer und wirtschaftlicher Hinsicht, die relative Übersichtlichkeit der Welt, die Erfahrungen von wirtschaftlichem Wachstum, zunehmendem Wohlstand und politischer Liberalität in Westdeutschland, die hohen Bildungsgewinne – all dies, verbunden mit der Gewissheit, immer »viele« zu sein, führte die Cold-War-Generation zu einer selbstbewussten, selbstzufriedenen Binnenperspektive. Es ruckelte zwar manchmal, vor allem beim Berufseinstieg, aber insgesamt kann man doch sagen: Es lief sehr lange ganz gut. Zumindest für sehr viele. Womit natürlich nicht in Abrede gestellt wird, dass es auch damals soziale Ungleichheit, Gewinnerinnen und Verlierer gab.

Immer wieder gab es auch Wirtschaftskrisen, aber eigentlich ging es im Großen und Ganzen doch nach oben. Wachstum ist für diese Generation der natürliche Motor, der das Ganze am Laufen hält. Innerhalb fester Bahnen basteln wir an einer besseren kleinen Welt, aber es darf auch nicht zu sehr die Harmonie stören. Und keinesfalls wehtun. *No extremism, please.* Und warum groß über den Tellerrand schauen? Wir haben doch eine permanente Aufstiegsbewegung gemacht, und von der können doch eher die anderen lernen, oder? Wir sind (gefühlter) Exportweltmeister, wir sind die Gewinner der Globalisierung, wir haben das Waldsterben beendet. Bisher ist noch immer alles gutgegangen! Und im Zweifel konnten wir uns immer auf unsere Maschinenbauer und Ingenieurinnen verlassen. Oder in den Worten der FDP: Technologieoffenheit und technologischer Fortschritt, dann läuft das schon. Denn da sind wir ja auch Weltmeister. Glauben wir.

Das ist die selbstbewusste, selbstzufriedene Binnenperspektive, die die Cold-War-Generation über Jahrzehnte ausgebildet hat. Und die vielleicht jetzt gerade ins Wanken gerät, aber wirklich erst jetzt. Davor aber stand noch eine andere Erfahrung, die die Selbstgewissheit noch einmal verstärkte.

Blasierte Ignoranz / Überlegenheitsgefühl

Und zwar die vom »Ende der Geschichte«. Gemeint ist natürlich nicht, dass wir jetzt alle vom Tellerrand fallen und die Welt untergeht. Die Apokalypse ist bekanntlich bisher ausgeblieben.

Das gilt im engeren Sinne für alle, aber im Weiteren nur für uns im Westen. Denn im Osten ging 1989, 1990, 1991 schon eine Lebenswelt unter, nämlich die realsozialistische. Der Kalte Krieg war vorbei, und das ganz ohne Armageddon, ohne letzte Entscheidungsschlacht: Dem Osten ging einfach das Geld, die Zustimmung, am Ende die Luft aus. Letztlich war das absehbar und nur eine Frage der Zeit gewesen: Man kann eine Volkswirtschaft nicht zentral planen. Man kann seiner Bevölkerung nicht auf Dauer das Reisen verbieten, erst recht, wenn sie permanent Westfernsehen schaut. Und außerdem war alles zu grau, zu wenig bunt.

Die Kriegskinder, also die Eltern der Cold-War-Generation, waren ergriffen. Nicht vom Sieg, sondern von der Wiedervereinigung, die in Wahrheit ein Beitritt der DDR zur BRD war. Bezeichnend dafür Alt-Kanzler Willy Brandt bei seiner Rede am 10. November 1989 vor dem Schöneberger Rathaus, wo er den historisch gewordenen Satz sprach: »Berlin wird leben, und die Mauer wird fallen.«[31] Die ARD berichtete: »... der Rest ist überwältigtes Schweigen.«[32] Und genau so sah Brandt aus, überwältigt und glücklich. Das erstaunt nicht, hatte doch gerade Brandt einst als Regierender Bürgermeister von Berlin den Beginn und die Härte der Teilung aus nächster Nähe erleben müssen. Und wie muss man sich fühlen, wenn eine Prophezeiung, die man 40 Jahre zuvor gemacht und deren Erfüllung man nicht zu träumen gewagt hatte, dann – ziemlich plötzlich – doch wahr wird? Bei einer Maikundgebung 1959 am Brandenburger Tor hatte Brandt nämlich Tausenden von Berlinerinnen zugerufen: »Der Tag wird kommen, an dem das Brandenburger Tor nicht mehr an der Grenze liegt.«[33] Und er hatte Recht behalten.

Doch die Ergriffenheit angesichts der Vereinigung war die der Kriegskinder. Angehörige der Cold-War-Generation brachten vielleicht noch die kognitive Empathie auf, die starken Gefühle der Elterngeneration zu verstehen. Aber emotionale Empathie, also diese Gefühle in sich selbst hervorzurufen? Eher nicht. Zumindest bei sehr vielen, erst recht, wenn sie keine engeren emotionalen Kontakte in die DDR hatten. Nur 13 Prozent der Cold-War-Generation waren für eine Sonderabgabe, ebenfalls nur 13 Prozent hielten vereinigungsbedingt höhere Steuern für angemessen. Nur zwölf Prozent – jeder achte der Generation – meinten, ihre persönliche Opferbereitschaft für die Vereinigung sei groß.[34] Nur knapp die Hälfte der Generation – 47 Prozent – empfand überhaupt Sympathie für die Bürgerinnen der DDR, ein Fünftel nicht, und ein Drittel war unentschieden.[35] Schon der Adressat von Brandts Rede 1989 wird viele in der Cold-War-Generation befremdet haben oder hat ihnen vielleicht sogar ein spöttisches Grinsen auf die Lippen geworfen. Er begann nämlich mit »Liebe Berlinerinnen und Berliner, liebe Landsleute von drüben und hüben«.[36] Für das Gros der Cold-War-Generation gab es keine »Landsleute drüben und hüben«. Es gab nur hüben. Es gab Deutschland und die DDR. Noch heute kann man auf fussball.de den »Teamvergleich Deutschland – DDR« abrufen.[37] So wurde gesprochen. Und so brutal das klingen mag und so befremdlich es uns heute erscheint: Die DDR war für viele von uns vielleicht nicht wirklich Ausland, aber Inland war sie auch nicht. Viele ließ ihr Ende ziemlich kalt. Dass sie uns quasi in den Schoß fiel, hat viele eher befremdet. Und vor allem total überrascht. 1987 erwarteten nur 14 Prozent der Jugendlichen, zu ihren Lebzeiten (das heißt also, in den nächsten 60 bis 70 Jahren!) die Vereinigung zu erleben.[38] Wir lebten räumlich, kognitiv und emotional tief im Westen, wo die Sonne verstaubt und es besser ist, als man glaubt. Und das galt nicht nur für Bochum, sondern quer durch die ganze »alte Bundesrepublik«.

Als dann die Sowjetunion im Begriff war, den Kalten Krieg zu verlieren, und kurz darauf überall im Osten blutig oder unblutig Oppositionelle oder eben Postkommunisten, Reformkommunisten oder Altkommunisten die Macht übernahmen, schrieb Francis Fukuyama seinen Artikel vom »Ende der Geschichte?«. Der junge US-amerikanische Politikwissenschaftler, heute Professor an der Stanford University, arbeitete damals in den Regierungen Reagan und G. H. Bush im Außenministerium der USA. In der kleinen, aber einflussreichen neokonservativen Zeitschrift *National Interest* vertrat er im Sommer 1989 die These, dass der Kampf zwischen Liberalismus und Sozialismus zu Ende sei, mit einem klaren politischen und ökonomischen Sieger, nämlich der liberalen Demokratie westlicher Prägung. Es werde auch kein anderes System mehr kommen, weil es dazu einfach keine Alternative gebe.

Fukuyamas Artikel machte Furore, vielleicht, weil er schon vor dem Untergang des Ostblocks veröffentlicht worden war, und auch, weil er nicht von einem Wissenschaftler in einem kaum gelesenen wissenschaftlichen Journal, sondern von einem Regierungsmitarbeiter in einer wirkmächtigen Publikumszeitschrift veröffentlicht wurde. Er erfuhr viel Kritik, gerade von Expertinnen, und die *New York Times* sprach vom »Beginn des Blödsinns«.[39]

Auch wenn Fukuyamas These vom Ende der Geschichte großer Quatsch war, traf sein Artikel den Nerv der Zeit. Denn es ging nicht darum, ob man triumphierend oder tieftraurig auf den Untergang des real existierenden Sozialismus schaute oder nicht. Tatsache war: Der Westen hatte gewonnen, und mit ihm die Cold-War-Generation. Sie stand auf der Seite der Siegerinnen der Geschichte, und die selbstzufriedene Binnenperspektive erfuhr ein weiteres Mal Bestätigung.

Aus, vorbei, die Demokratie und der Kapitalismus haben gewonnen, unter dem Pflaster liegt kein Strand, und das Diesseits ist das Jenseits. Das war irgendwie total antiutopisch, auch unvisionär, aber in Wahrheit, *let's face it*, kam es uns doch ganz gelegen. Psychologisch betrachtet. Natürlich kritisierten wir weiter, wollten die Welt verbessern, aber – und das war wichtig! – die Unruhe der letzten Jahre war weg, die Angst vorm großen Krieg, die für eine Weile die Stabilitätserfahrungen der Kindheit und Jugend brüchig hatte werden lassen. Denn den Krieg können ja nun mal nur zwei gegeneinander führen, und der eine befand sich in Auflösung. Und China hatte zu diesem Zeitpunkt noch keiner als ernstzunehmenden Gegner auf dem Zettel. Das Land war gerade erst dabei, zum *Sweatshop*, zur »verlängerten Werkbank« der Unternehmen in der

»Ersten Welt« zu werden. (Ja, damals sagte man noch »Erste Welt«, das waren wir, und »Dritte Welt«, das waren die Armen im Süden. Die »Zweite Welt«, der Ostblock im Wesentlichen, löste sich ja gerade auf.)

Selbst das eine wirkliche Problem dieser Generation, nämlich die Schwierigkeit, angesichts der Menge an Menschen leicht einen guten Job zu finden, relativierte sich. Natürlich waren der Wettbewerb und die Leistungsorientierung in dieser Generation hoch, wie es so ist, wenn man um ein knappes Gut, also in diesem Fall Arbeitsplätze, konkurriert. Aber in den Nachwendejahren sank die Arbeitslosigkeit in Westdeutschland bis auf 6,4 Prozent, während sie in Ostdeutschland über 14 Prozent betrug.[40] Und während dem Soziologen Paul Windolf zufolge in den fünf Jahren nach der Wende bis zu 80 Prozent der erwerbstätigen Ostdeutschen vorübergehend oder auf Dauer ihren Job verloren,[41] zog es jedes Jahr kontinuierlich gut 90 000 Menschen vom Westen in den Osten.[42] Nachdem zwei Drittel der Ost-Professoren abtreten mussten,[43] besetzten Privatdozenten aus dem Westen deren Stellen. West-Beamte bekamen eine »Buschzulage«, wenn sie bereit waren, nach »Neufünfland« zu gehen. Die hatte es 100 Jahre zuvor schon einmal gegeben, nämlich für Beamte, die bereit waren, in den deutschen Kolonien in Afrika zu arbeiten.[44] Im Busch eben.

Kann es da ausbleiben, dass sich viele überlegen und auf der Gewinnerseite fühlten? Und dass einige, die entsprechend gestrickt sind, dabei bewusst oder unbewusst eine Siegermentalität entwickeln? Der ganze deutsch-deutsche Komplex ist ein Tabuthema – da darf man auf keinen Fall tief einsteigen. Denn wir sind ja *ein* Staat, *eine* Nation, *ein* Volk, und da können wir keinen Mezzogiorno haben wie Italien, keine abgehängte Region, kein »Griechenland« in Deutschland. Da kleistern wir von beiden Seiten – aus dem Westen und aus dem Osten – einfach alles zu. Das Stabilitätsbedürfnis, der Wunsch, Konflikte zu vermeiden, ist einfach zu stark. Aber das ist ein so großes, eigenständiges Thema, dass es –

obwohl es geplant war – nicht in dieses Buch passt. Die Cold-War-Generation will davon nichts hören. Sie war zu Wendezeiten Mitte 20 bis Mitte 30 Jahre alt. Die Persönlichkeit weit gehend gefestigt. Emotional tief im Westen verankert, im Kalten Krieg, im ewigen Wirtschaftswachstum trotz gelegentlicher Rückschläge die Bedürfnisse nach Stabilität, Fortschritt und Aufstieg oftmals erfüllt, sich in der großen Menge sicher fühlend, ganz nach innen ausgerichtet. Und dann auch noch: Das Ende der Geschichte. Das heißt: So wird es immer weitergehen. »Keine Atempause, Geschichte wird gemacht, es geht voran!«, würden die *Fehlfarben* dazu sagen.

Es kam bekanntlich anders. Wir haben nicht gesehen, dass die unipolare Welt, in der wir auch die letzten 30 Jahre recht bequem verbracht haben, in der Regel nur eine pseudostabile, in Wahrheit aber ganz labile und angreifbare Übergangsphase ist. Heute stehen wir vor vielfältigen Krisen. Und das Psychogramm der Cold-War-Generation ist ein Grund, warum wir sie nicht haben kommen sehen und warum es uns so schwerfällt, sie zu bewältigen. Um welche Krisen geht es, und wie ist die Generation mit den Herausforderungen umgegangen? Schauen wir uns einige Hinterlassenschaften an.

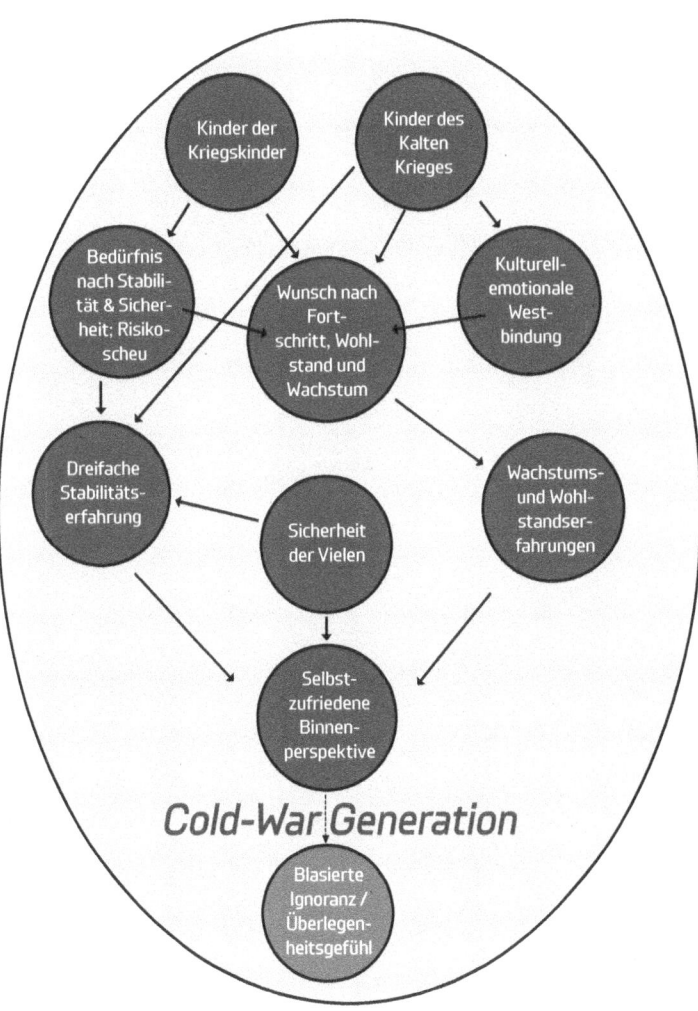

Cold-War Generation

ZWEITER TEIL

Krisenrepublik Deutschland – Hinterlassenschaften der Cold-War-Generation

Ernstfall – es ist schon längst so weit
Ernstfall – Normalzustand seit langer Zeit

Fehlfarben, Apokalypse, 1980

Der einzige Mensch, der sich vernünftig benimmt, ist mein Schneider. Er nimmt jedes Mal neu Maß, wenn er mich trifft, während alle anderen immer die alten Maßstäbe anlegen in der Meinung, sie passten auch heute noch.

George Bernard Shaw

Wir haben uns die langen sechziger Jahre genauer angeschaut, die Kindheit und Jugend der Cold-War-Generation und auch einige wichtige Ereignisse der 1970er und 1980er Jahre, die sie als junge Erwachsene geprägt haben. Die Ereignisse dieser Zeit, der historisch-soziale Frame, die Prägungen ihrer Eltern haben einen bedeutenden Einfluss auf die psycho-soziale Entwicklung der Generation. Wir haben dann, aufbauend auf die zeitgeschichtlichen Betrachtungen, versucht, ein Psychogramm der Cold-War-Generation zu erstellen, das wesentliche Merkmale vieler Angehöriger dieser Generation in den Blick bekommen soll.

Damit haben wir nun also die Grundlage bereitet, die es uns ermöglicht, die anfangs genannten drei aktuellen Krisen in ihrer historischen Entstehung und unter besonderer Berücksichtigung der Rolle, des Beitrags, vielleicht der Verantwortung der Cold-War-Generation anzuschauen.

Demografie, Rente, Klima – das sind die drei Themen, die wir dabei betrachten. Sie alle teilen eine Gemeinsamkeit: Sie schwelen schon lange, und wir haben das Gefühl, die Themen nicht im Griff zu haben. Der demografische Wandel setzt uns an allen Ecken und Enden zu (Fachkräftemangel, Servicekultur, Innovationsfähigkeit …), die Rente gilt kaum noch jemandem als sicher (hier gibt es eine direkte Beziehung zum demografischen Wandel), und dass wir den Klimawandel nicht beherrschen, darüber müssen wir wohl kaum reden.

Die Frage ist nun, warum haben wir diese Krisen nicht im Griff, wo sind wir historisch falsch abgebogen (oder vielleicht doch nicht)? Hätte alles auch anders kommen, hätten wir anders handeln können? Und was können wir jetzt noch tun? Wir werden für alle drei Themen den historisch-sozialen Raum erschließen, weil wir nur durch eine Analyse der Entstehung und des historischen Verlaufs der Probleme überhaupt begreifen können, wieso die Dinge so gekommen sind, wie sie es eben sind. Das wird uns auch erlauben, den Beitrag der Cold-War-Generation angemessen einzuschätzen. Und vielleicht erschließen sich auf diesem Wege auch Möglichkeiten, wie wir heute korrigierend eingreifen können.

3

Alarmistisches Nichtstun – Warum Deutschland den demografischen Wandel verschlafen hat

»Die Katastrophe kommt!«

Wenn es ein Aufregerthema gibt in Bezug auf die Boomer, die Cold-War-Generation, etwas, was die Leute so richtig triggert, dann die Sache mit den Kindern. Genauer gesagt die Frage, wieso diese Generation so wenige Kinder bekommen hat. Nur selten gehen die Emotionen so hoch wie beim Thema des Geburtenrückgangs in Deutschland. Und selten wird so moralisiert. Das zeigt sich dann auch sprachlich. Schnell ist von den »Schuldigen« die Rede. Den »Tätern«, die »Schuld« auf sich geladen haben. Ganz klar ist auch, um wen es sich dabei handelt.

Die Baby Boomer, die Cold-War-Generation – eine Generation, die »in Saus und Braus lebt«, in einer »historisch einmalig bequemen Situation«, von ihr selbst durch ihren »Gebärstreik« erzeugt. Allerdings um einen hohen Preis: »Die Katastrophe kommt«, eine »Welle der Armut«, »Fiskalkrise«, schließlich: »Staatskrise«. Das alles behauptete der Journalist Ferdinand Knauß 2014 in der *WirtschaftsWoche* (inzwischen hat es ihn – wen wundert's – zum rechtspopulistischen Online-Magazin *Tichys Einblick* verschlagen).[1]

Mit dieser Drastik ist er aber nicht allein. Der bekannte Ökonom und damalige Präsident des ifo Instituts für Wirtschaftsforschung,

Hans-Werner Sinn, hielt es für angemessen, einen inhaltlich sehr interessanten Vortrag zur demografischen Frage mit »Land ohne Kinder« zu betiteln.[2] Denkt man da nicht unweigerlich an »Volk ohne Raum«, das auf einen Romantitel zurückgehende, auf angebliche Überbevölkerung abhebende Schlagwort, mit dem die Nazis ihren Angriffskrieg in Osteuropa zu rechtfertigen versuchten? Aber sicher ist das reiner Zufall. Ein »Land ohne Kinder« hat ja sehr viel Platz und beherbergt daher ein »Volk *mit* sehr viel Raum«, was ja nun das genaue Gegenteil eines »Volkes ohne Raum« ist. Sinns Absicht war es wohl, sich vom Nazi-Jargon abzugrenzen.

Mit solchen Feinheiten hält sich Christoph Keese, heute ein Topmanager der Axel Springer SE, nicht auf. Er legt noch eine Schippe drauf und greift seine eigene Generation direkt an. Es lohnt sich, das einmal länger zu zitieren. Während seiner Zeit als Chefredakteur der *Welt am Sonntag* schrieb er:

Wir, die in den 50er, 60er und 70er Jahren geboren wurden, sind die Generation der großen Lebensverhinderer. [...] Wir zeugen nicht nur ungern Kinder, wir treiben sie auch noch gern ab. [...] Wenn wir uns schon so entscheiden, sollten wir wenigstens die Ehrlichkeit besitzen, uns zu unserer Kultur der Lebensvermeidung zu bekennen. Sagen wir es offen heraus: Wir wollen mehrheitlich keine Kinder. Wir verabschieden uns freiwillig aus dem Genpool. Nach uns kann nichts mehr kommen, was der Mühe wert wäre. Wir erklären uns zum Auslaufmodell. Wir sind die erste Generation, die sich trotz prächtigen Wohlstands aus dem Drehbuch der Zukunft herausschreibt. Die kommenden Folgen der menschlichen Komödie finden ohne unsere Gene statt.[3]

Gebärstreik, Lebensverhinderer, Auslaufmodell, wir treiben *gerne* ab – da haben es Knauß und Keese aber mal so richtig krachen lassen.

Und klar ist, dass Keese zwar pseudoselbstkritisch immer von »wir« spricht, aber natürlich nicht sich selbst meint. Denn immerhin hat er sich nicht freiwillig aus dem Genpool verabschiedet, sondern gerne gezeugt. Ergebnis: drei Kinder.

Zwischenstand: Gäbe es mehr Christoph Keeses in diesem Land, müssten wir dieses Kapitel, so scheint es, gar nicht schreiben. (Später werden wir sehen, dass selbst das aus bevölkerungswissenschaftlicher Perspektive nicht stimmt.) Die entscheidende Frage also: Warum gibt es nicht mehr Christoph Keeses? Dazu kommen wir natürlich noch.

Jemand, der an Christoph Keese sicherlich seine Freude gehabt hätte, wäre er jemals in den Genuss gekommen, ihn kennenzulernen, war Augustus, der Großneffe Julius Cäsars und erste Kaiser des antiken Roms. Drei Kinder – das war nach seinem Geschmack. Augustus schätzte die Lage in Rom ähnlich ein wie Christoph Keese die in Deutschland: Die Geburtenzahlen schwächelten, ein Bevölkerungsrückgang drohte. Und auch mit Sittsamkeit und Tugend war es nicht weit her. Augustus – das wird Christoph Keese enttäuschen –, selbst ohne eheliche Kinder, entschied sich zu aktiver Bevölkerungspolitik und erließ beziehungsweise veranlasste vor über 2000 Jahren drei Gesetzespakete zur »Ehe- und Sittengesetzgebung«. Der Inhalt war brisant:

Per Gesetz wurde den Römern nun eine Ehepflicht verordnet. So mussten Männer zwischen 25 und 60 Jahren und Frauen zwischen 20 und 50 Jahren den Nachweis erbringen, dass sie gerade eine offizielle Ehe führten. Konsequenterweise wurde per Gesetz die Scheidung praktisch unmöglich gemacht, Wiederverheiratung nach dem Tod des Ehepartners galt als Pflicht.[4]

Nichtverheiratete wurden bei der Vergabe öffentlicher Ämter benachteiligt, Eltern von drei oder mehr Kindern bevorzugt, Nichtverheiratete und Kinderlose von Erbschaften ausgeschlossen.[5] Eine Frau, die drei oder (bei Freigelassenen) vier Kinder hatte, wurde unbeschränkt geschäftsfähig.[6] Ehebruch wurde erstmals eine Straftat und blieb es dann bis in jüngste Zeit.

Ob Augustus' Ehegesetze eine »Erfolgsgeschichte«[7] oder ein »Reinfall«[8] waren, ist umstritten, je nachdem, ob man sie eher unter dem Aspekt Durchsetzung der Sittsamkeit (Reinfall) oder Stabilisierung von Augustus' Herrschaft betrachtet (Erfolgsgeschichte). Interessant ist jedenfalls, dass schon vor 2000 Jahren die Angst vorm drastischen Bevölkerungsrückgang grassierte. Diese Angst sehen wir in Wellen, abwechselnd mit der Angst vor einer »Bevölkerungsexplosion«. Oder sogar beide Ängste gleichzeitig.

Die psychologisch nächstliegende und intellektuell armseligste Reaktion auf diese Angst ist der Angriff, die Stigmatisierung einer bestimmten Gruppe von angeblich »Schuldigen«. Lassen wir als ein Fallbeispiel dafür noch ein letztes Mal Christof Keese zu Wort kommen. Er schrieb:

Jeder Bürger, auch der ärmste, kann sich heute Kinder leisten. Für Akademiker, die besonders wenige Kinder bekommen, gibt es nicht einen ernstzunehmenden Grund, der ihr Verhalten rechtfertigt. [...] Absichtlich keine Kinder zu bekommen oder sie leichtfertig abzutreiben, ist verantwortungslos. Mit jedem Jahr wird deutlicher, wie groß das Versagen dieser Generation in Wahrheit ist.[9]

Wobei er allerdings, fairerweise, die etwa 17 Prozent dieser Generation einschließlich seiner selbst exkulpieren sollte, die drei oder mehr Kinder bekommen haben.

Kochen wir das doch alles etwas runter und schauen uns erst einmal die Zahlen, Daten und Fakten mit Hilfe einer Reihe von Schaubildern an. Einen kühlen Kopf zu bewahren, könnte ja helfen. Danach können wir fragen, ob an dieser Kritik überhaupt etwas dran ist und im Fall des Falles an die Ursachenforschung und Bewertung gehen.

Der demografische Wandel,
aufgezeigt in acht Schaubildern

Schaut man sich die Entwicklung der Bevölkerung in Deutschland der letzten 200 Jahre an, so kann man den Eindruck gewinnen, dass wir es mit einem beinahe stetigen, linearen Wachstum zu tun haben (unterbrochen nur von auffälligen, aber nicht erstaunlichen Rückgängen nach dem Ersten und Zweiten Weltkrieg). In diesen zwei Jahrhunderten hat sich die Bevölkerung in Deutschland nahezu vervierfacht, von gut 20 Millionen auf über 80 Millionen heute.[10]

So weit, so gut, also: Wo ist das Problem? Das wird deutlich, wenn man sich die Prognose anschaut:

Bevölkerungsstand in Deutschland (1950–2070*)

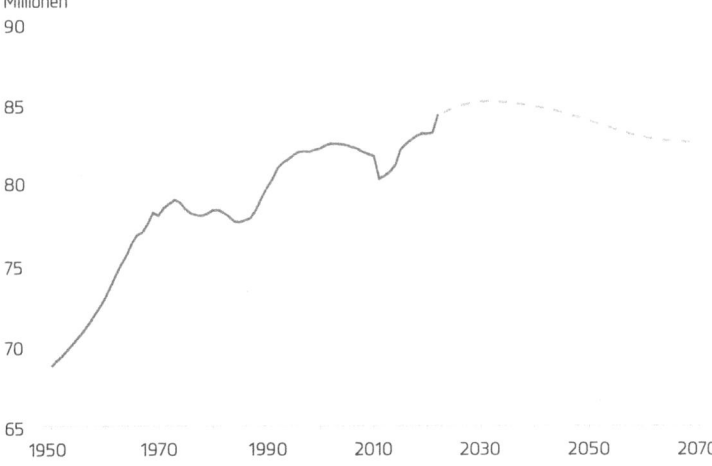

* 1950 bis 1989 früheres Bundesgebiet und DDR insgesamt, ab 1990 Deutschland. Ab 2023: Ergebnisse der 15. koordinierten Bevölkerungsvorausberechnung des Bundes und der Länder, Variante 2: Moderate Entwicklung der Fertilität, Lebenserwartung und Wanderung (langfristiger Wanderungssaldo: 250.000 jährlich)

Bundesinstitut für Bevölkerungsforschung (BiB)   Datenquelle: Statistisches Bundesamt

In dieser Bevölkerungsvorausberechnung des Bundes und der Länder sieht man, dass wir mit einer schrumpfenden Bevölkerung zu rechnen haben: Von knapp 85 Millionen Einwohnern heute auf etwa 82 Millionen im Jahr 2070. Natürlich können wir das nicht wirklich wissen; es handelt sich um ein Szenario, das bestimmte, unter der Grafik auch ausgewiesene Annahmen macht: dass sich nämlich die Lebenserwartung, die Anzahl der Geburten und die Zuwanderung »moderat« entwickeln werden (was eine Zuwanderung von netto 250 000 Menschen pro Jahr bedeutet – wesentlich mehr als noch in der 14. Bevölkerungsvorausberechnung, die bis Ende 2022 die aktuelle war, so dass sich im neuen Szenario der Bevölkerungsrückgang abschwächt).

Warum sollte die Bevölkerung in Deutschland schrumpfen? Den ersten Teil der Antwort gibt folgende Grafik, und da kommt die Cold-War-Generation ins Spiel:

Natürliche Bevölkerungsentwicklung, 1950–2020

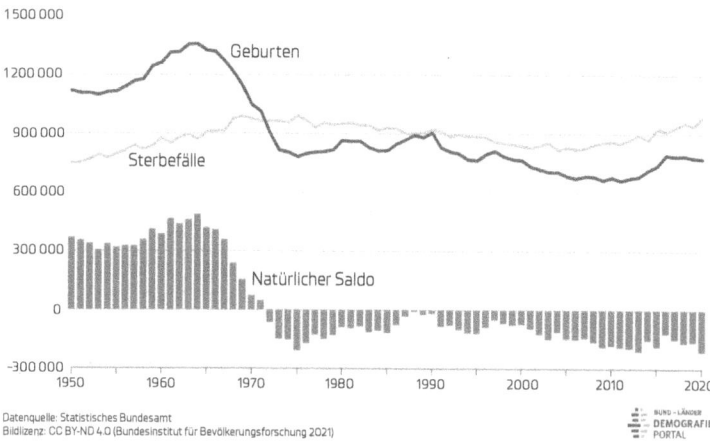

Datenquelle: Statistisches Bundesamt
Bildlizenz: CC BY-ND 4.0 (Bundesinstitut für Bevölkerungsforschung 2021)

Die Grafik zeigt die Anzahl der Geburten und die Anzahl der Sterbefälle für die letzten 70 Jahre. Während wir bis 1971 jedes Jahr einen Geburtenüberschuss hatten, ändert sich das 1972, und seit-

Krisenrepublik Deutschland

dem – seit nunmehr 50 Jahren – haben wir ein Geburtendefizit: Es sterben in jedem Jahr mehr Menschen in Deutschland als dort geboren werden. Das ist deswegen kein Wunder, weil sich die Anzahl der Geburten pro Jahr seit den 1960er Jahren bis in die 2010er Jahre halbiert hat, und darum wird sich daran auch absehbar nichts mehr ändern (außer durch eine außerordentlich große Zuwanderung). Im Gegenteil, wir können davon ausgehen, dass sich der so genannte »natürliche Saldo«, also die Differenz von Geburten und Sterbefällen, in den nächsten Jahrzehnten weiter ins Negative vergrößern wird.

Warum das so ist, illustriert die folgende Grafik:

Bevölkerung unter 20 Jahren, ab 65 Jahre und ab 80 Jahre (1871–2070*)

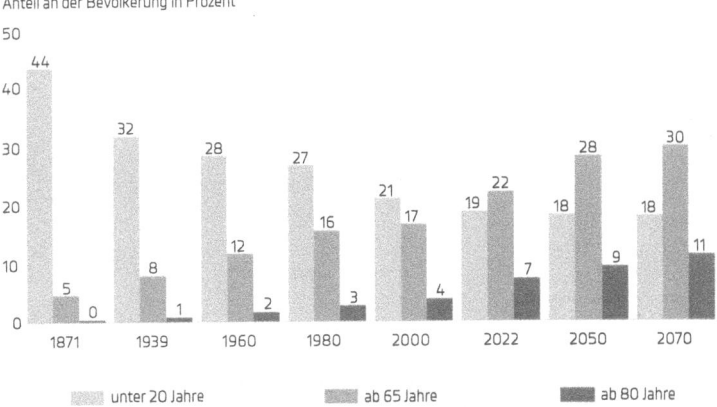

Anteil an der Bevölkerung in Prozent

unter 20 Jahre   ab 65 Jahre   ab 80 Jahre

* 1871 und 1939 Reichsgebiet, 1960 und 1980 früheres Bundesgebiet und Gebiet der ehemaligen DDR insgesamt, ab 2000 Deutschland
2050 und 2070: Ergebnisse der 15. koordinierten Bevölkerungsvorausberechnung des Bundes und der Länder, Variante 2: Moderate Entwicklung der Fertilität, Lebenserwartung und Wanderung (langfristiger Wanderungssaldo: 250.000 jährlich)

Bundesinstitut für Bevölkerungsforschung (BiB)   Datenquelle: Statistisches Bundesamt Berechnungen: BiB

Der Anteil der Jungen wird zwar in den nächsten Jahrzehnten kaum weiter abnehmen (nach diesem Szenario von 19 Prozent auf 18 Prozent), so dass wir unter sonst gleichen Umständen eine ähnliche Anzahl an Geburten wie heute erwarten können. Doch der Anteil der Alten und sehr Alten wird deutlich zunehmen, von – zusammengenommen – 29 Prozent heute auf 37 Prozent im Jahr 2050 (und auch schon 2040) und dann 41 Prozent im Jahr 2070. Hier zeigt sich der Effekt der Größe der Cold-War-Generation, die allmählich in dieses Alter kommt. Und ein zweiter Effekt tritt hinzu: Der der fortlaufend steigenden Lebenserwartung.

Lebenserwartung bei Geburt

Durchschnittliche Lebenserwartung (in Jahren)

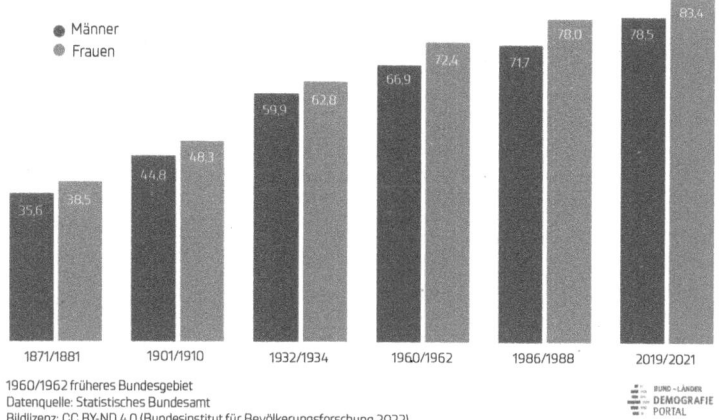

- Männer
- Frauen

| 1871/1881 | 1901/1910 | 1932/1934 | 1960/1962 | 1986/1988 | 2019/2021 |

35,6 / 38,5 — 44,8 / 48,3 — 59,9 / 62,8 — 66,9 / 72,4 — 71,7 / 78,0 — 78,5 / 83,4

1960/1962 früheres Bundesgebiet
Datenquelle: Statistisches Bundesamt
Bildlizenz: CC BY-ND 4.0 (Bundesinstitut für Bevölkerungsforschung 2022)

BUND –LÄNDER
DEMOGRAFIE
PORTAL

Wurden noch zur Gründungszeit des Deutschen Reiches Männer im Durchschnitt 35 und Frauen 38 Jahre alt, so hat sich die Lebenserwartung bis heute weit mehr als verdoppelt: auf über 83 Jahre bei Frauen und 78 Jahre bei Männern. Die Tatsache, dass jüngst infolge der Coronapandemie die Lebenserwartung erstmals leicht gesunken ist,[11] ändert an diesem langfristigen Trend nichts.

Deutschland wird also nicht nur schrumpfen, sondern vor allem auch altern. Wir werden weniger, und diese Wenigen werden älter. Demografinnen veranschaulichen das mit Hilfe zweier

Krisenrepublik Deutschland

Fachbegriffe: Jugendquotient und Altenquotient (oder Alters-quotient). Unter »Jugendquotient« versteht man die Anzahl der Kinder und Jugendlichen je 100 Personen im erwerbsfähigen Alter. Analog bezieht sich der »Altenquotient« auf die Anzahl der Personen über 64 Jahren je 100 Personen im erwerbsfähigen Alter.

Die folgende Grafik zeigt auf, wie sehr sich Jugend- und Alten-quotient schon verändert haben und weiterhin verändern werden:

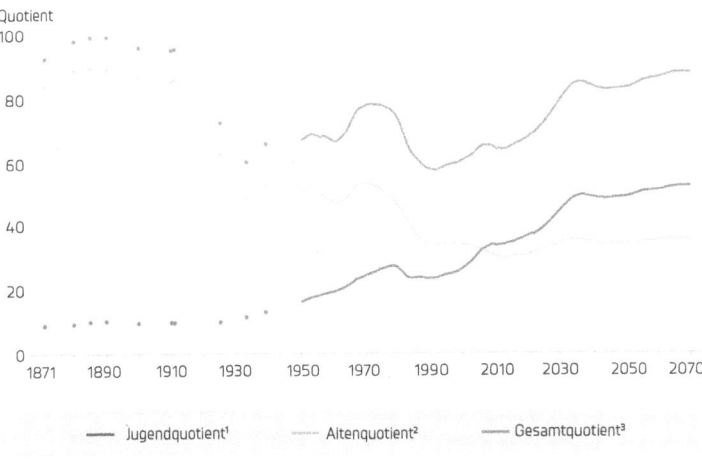

Jugend-, Alten- und Gesamtquotient (1871–2070*)

1) Anzahl Personen unter 20 Jahre je 100 Personen im Alter 20–64 Jahren
2) Anzahl Personen über 65 Jahre je 100 Personen im Alter 20–64 Jahren
3) Anzahl Personen unter 20 Jahre und über 65 Jahre je 100 Personen im Alter 20–64 Jahren

* 1871 bis 1939 Reichsgebiet, 1950 bis 1989 früheres Bundesgebiet und Gebiet der ehemaligen DDR insgesamt, ab 1990 Deutschland
Ab 2023: Ergebnisse der 15. koordinierten Bevölkerungsvorausberechnung des Bundes und der Länder, Variante 2: Moderate Entwicklung der Fertilität, Lebenserwartung und Wanderung (langfristiger Wanderungssaldo: 250.000 jährlich)

Bundesinstitut für Bevölkerungsforschung (BiB)

Datenquelle: Statistisches Bundesamt
Berechnungen: BiB

In den ersten 50 Jahren des Deutschen Reiches, bis in die 1920er Jahre, gab es nur wenige Alte; der Altenquotient betrug um die zehn Prozent, der Jugendquotient aber über 80 Prozent – das waren die Zeiten sehr kinderreicher Familien und geringer Lebenserwartung. Der Gesamtquotient betrug zu dieser Zeit fast 100 Prozent, das bedeutet, dass genauso viele Menschen versorgt werden mussten, wie es (potenzielle) Erwerbstätige gab.

Als die Cold-War-Generation geboren wurde, betrug der Gesamtquotient etwa 70 bis 80 Prozent, der Jugendquotient – wegen der geburtenstarken Jahrgänge – um die 50 Prozent.

Die Cold-War-Generation wurde erwachsen, entsprechend sank der Jugendquotient rapide, ohne dass der Altenquotient bereits stark anstieg. Aus Sicht der Erwerbstätigen und der Volkswirtschaft brachen goldene Zeiten mit nie vorher gesehenen niedrigen Gesamtquotienten an: Zwischen etwa 1990 und 2020 lag dieser nur um die 60 Prozent, entsprechend gering war die Versorgungslast der Erwerbstätigen.

Doch diese Zeiten sind vorbei – auch das illustriert die Grafik deutlich. Etwa um die Jahrtausendwende herum begann der Altenquotient stark anzusteigen, und dieser Anstieg wird sich in den nächsten Jahrzehnten fortsetzen. Etwa im Jahr 2008 gab es erstmals in der Geschichte Deutschlands mehr Alte als Junge zu versorgen. Ungefähr im Jahr 2035 werden wir wieder einen Gesamtquotienten von um die 90 Prozent haben – Vergleichbares gab es zuletzt in der Kaiserzeit. Allerdings unter umgekehrten Vorzeichen: Damals gab es auf etwa einen zu versorgenden Alten mehr als acht zu versorgende Junge. In Zukunft wird es auf einen zu versorgenden Alten nur etwas mehr als einen halben zu versorgenden jungen Menschen geben. Dabei gibt es auffällige geografische Unterschiede.[12]

Krisenrepublik Deutschland

Jugendquotient (2022)

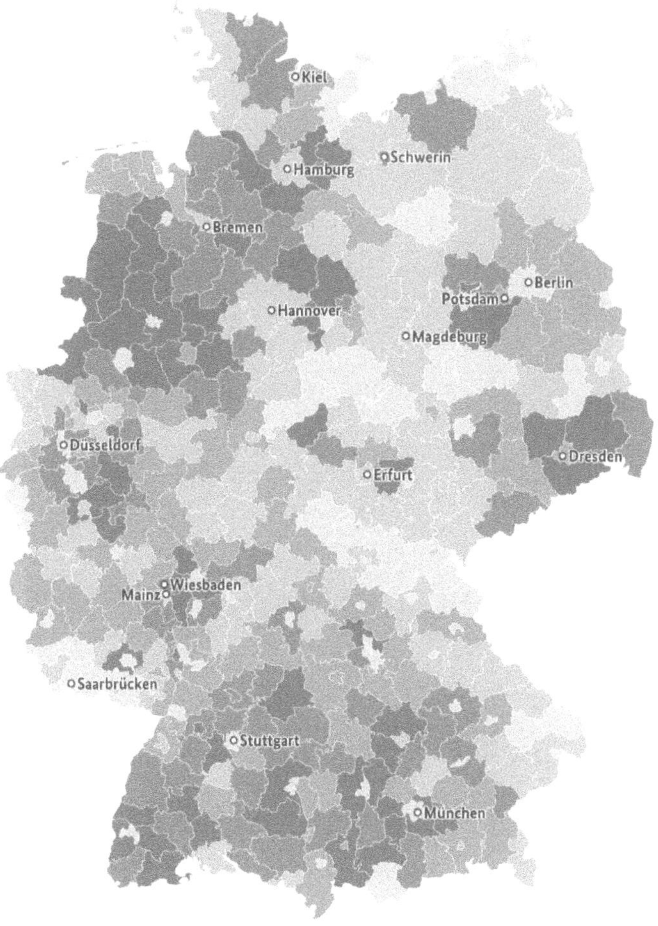

Kiel
Schwerin
Hamburg
Bremen
Berlin
Potsdam
Hannover
Magdeburg
Düsseldorf
Dresden
Erfurt
Wiesbaden
Mainz
Saarbrücken
Stuttgart
München

23,1 bis 30 · 30 bis 32 · 32 bis 33 · 33 bis 34 · 34 bis 37,8

Anzahl Personen unter 20 Jahre je 100 Personen im Alter 20-64 Jahren

BiB Bundesinstitut für Bevölkerungsforschung

Datenquelle: Statistische Ämter des Bundes und der Länder; Berechnung: BiB
© GeoBasis-DE / BKG (2022)

Altenquotient (2022)

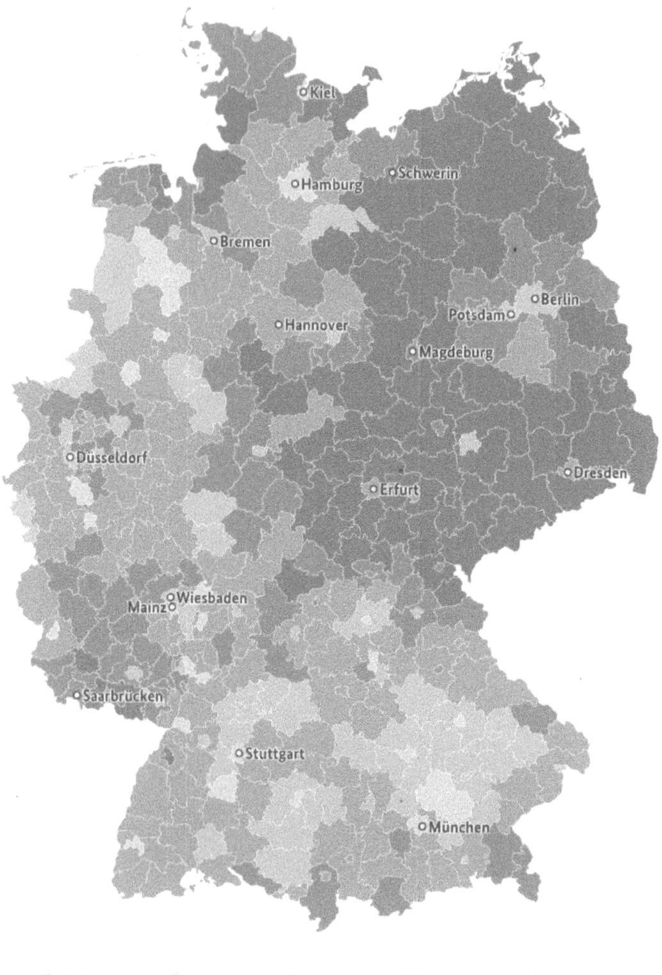

[Karte von Deutschland mit Städten: Kiel, Hamburg, Schwerin, Bremen, Hannover, Potsdam, Berlin, Magdeburg, Düsseldorf, Erfurt, Dresden, Mainz, Wiesbaden, Saarbrücken, Stuttgart, München]

24,1 bis 30　　30 bis 35　　35 bis 40　　40 bis 45　　45 bis 61,4

Anzahl Personen 65 Jahre und älter je 100 Personen im Alter 20-64 Jahren

BiB Bundesinstitut für Bevölkerungsforschung

Datenquelle: Statistische Ämter des Bundes und der Länder; Berechnung: BiB
© GeoBasis-DE / BKG (2022)

In weiten Teilen Ostdeutschlands leben besonders viele zu versorgende alte Menschen, eine große Zahl auch in Teilen von Schleswig-Holstein und Rheinland-Pfalz. Gleichzeitig gibt es gerade in diesen Gegenden – von Ausnahmen abgesehen – besonders wenige junge Menschen. Die Folgen des demografischen Wandels sind also auch ungleich verteilt.

Für die Altersstruktur in Deutschland bedeutet das alles, dass von dem Wunsch eines jeden Demografen – der so genannten Bevölkerungspyramide – keine Rede mehr sein kann: salopp gesagt, sehr viele Junge unten, und sehr wenige Alte oben, kontinuierlich abnehmend. Heraus sticht heute hingegen die Auswölbung in der Mitte bei den 50- bis 65-Jährigen: Das ist die Cold-War-Generation.

Nun ist die Bevölkerungsentwicklung allerdings von drei Faktoren abhängig: Auf die Faktoren Geburtenrate und Lebenserwartung sind wir schon eingegangen. Es tritt ein dritter Faktor hinzu: die Zu- und Abwanderung. Lassen Sie uns diese Größe zum Abschluss unseres kleinen Statistikteils in den Blick nehmen.

Die folgende Grafik zeigt an, wie viele Menschen seit 1950 nach Deutschland ein- bzw. aus Deutschland ausgewandert sind:

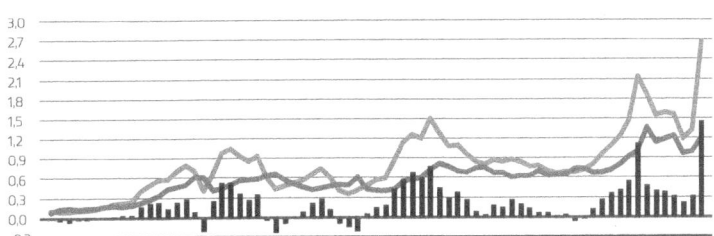

Wanderungen zwischen Deutschland und dem Ausland
in Millionen

Bis 1990 Früheres Bundesgebiet. 1950 bis 1957 ohne Saarland. Weitere Informationen im Qualitätsbericht.
© Statistisches Bundesamt (Destatis), 2024

Man sieht, dass es drei größere Einwanderungsbewegungen gab. Die erste in den 1960er und frühen 1970er Jahren bestand vorwiegend aus angeworbenen Arbeitsmigranten, »Gastarbeiter« genannt. Diese Bewegung endete 1973 mit dem »Anwerbestopp«,[13] und bis in die späten 1980er Jahre gab es kaum noch eine Nettozuwanderung. In vielen Jahren überstieg die Zahl der Auswanderungen sogar die der Einwanderungen. Der zweite große Zugewinn an Einwohnerinnen geschah Ende der 1980er / Anfang der 1990er Jahre nach dem Fall der Mauer und dem Zusammenbruch des Warschauer Paktes, vor allem, weil viele Deutschstämmige aus osteuropäischen Ländern nach Deutschland kamen. Hinzu kamen Asylbewerberinnen und Kriegsvertriebene aus anderen Ländern, gerade infolge der jugoslawischen Nachfolgekriege. Danach gab es wiederum eine Phase von über zehn Jahren – Ende der 1990er Jahre bis etwa 2010 –, in der nur marginal weniger Menschen nach Deutschland einwanderten als auswanderten; in einem Jahr gab es sogar wieder mehr Wegzüge als Zuzüge. Die dritte größere Einwanderungsbewegung war in den letzten zehn Jahren, mit dem Zuzug der Geflüchteten aus Syrien 2015 und derjenigen aus der Ukraine 2022 als Höhepunkte.

Der Wanderungssaldo betrug in etwa 70 Jahren – von 1950 bis 1971 – knapp 15 Millionen Menschen (genau genommen 14 949 694[14]), das sind etwa 207 000 Menschen durchschnittlich pro Jahr (daher die Annahme der zukünftigen prognostizierten Zuwanderung in der 14. Bevölkerungsvorausberechnung, die nun – wie in Abbildung 2 gezeigt – aufgrund der jüngsten Zuwanderungen (optimistisch) auf 250 000 heraufgesetzt wurde).

Der Anteil der Menschen mit einem Migrationshintergrund an der Bevölkerung hat daher zugenommen und beträgt heute etwa 27 Prozent. 20 Jahre zuvor waren es noch etwa 17 Prozent.[15]

Sie sind im Durchschnitt 36 Jahre alt; in Deutschland lebende Menschen ohne Migrationshintergrund haben ein durchschnittliches Alter von 47 Jahren.[16] Auffällig ist, wie ungleich Menschen mit Migrationshintergrund in Deutschland verteilt sind:[17] Viel mehr in Städten als auf dem Land und wesentlich mehr in West- und Süddeutschland als in Ostdeutschland, wo ja, wie wir gesehen haben, auch der Altersquotient besonders hoch ist.

Kurz zusammengefasst:

- Die Bevölkerung in Deutschland wird in den nächsten Jahrzehnten nach einem mittleren Szenario um einige Millionen sinken. Der Hauptgrund besteht darin, dass seit 50 Jahren mehr Menschen in Deutschland sterben als geboren werden. Die tatsächliche Zuwanderung ist nicht in der Lage gewesen, den Bevölkerungsschwund aufzuhalten. Es gab überhaupt nur drei größere Einwanderungswellen: um 1970, um 1990 und seit 2015. Dabei war die erste gar nicht als Einwanderung gedacht (daher »Gastarbeiter«) und die zweite und dritte Folge ungeplanter geopolitischer Ereignisse. Deutschland hat sich eben – trotz der bekannten demografischen Entwicklung – bis vor kurzem überhaupt nicht als Einwanderungsland definiert.
- Gleichzeitig wird die Bevölkerung deutlich älter werden. Der Hauptgrund liegt in der höheren Lebenserwartung und der geringen Geburtenrate.
- Der Anteil der Jungen an der Bevölkerung wird etwa gleich bleiben; gleichzeitig nimmt der Anteil der Alten zu. Von etwa 2035 an kommt auf zwei Menschen im erwerbstätigen Alter ein alter Mensch. Der Anteil von Alten und Jungen zusammen wird so hoch sein wie in der Kaiserzeit, nur unter umgekehrten Vorzeichen.
- Besonders viele alte Menschen leben in Ostdeutschland, relativ viele Junge in Süd- und Nordwestdeutschland. In Ostdeutschland leben auch besonders wenige Menschen mit Migrationshintergrund.

»Gebärstreik«? »Pillenknick«?
Die wahren Ursachen des Bevölkerungsrückgangs

Wieso kam es in Deutschland zum großen Geburtenrückgang zu Beginn der 1970er Jahre? Einem Rückgang, der dazu führte, dass die Kinderzahl in Deutschland pro Frau vom Nachkriegshoch von 2,55 im Jahr 1966 auf nur noch 1,41 im Jahr 1975 absank und seitdem lange um diesen Wert herum pendelte.[18]

Zunächst einmal: Deutschland befindet sich hier nicht in einer Sondersituation. In allen entwickelten Ländern, ja weltweit, hat es eine vergleichbare Entwicklung gegeben, die teilweise – wie in den USA und Japan – bereits zehn Jahre früher einsetzte. Die folgende Grafik zeigt das anschaulich für alle Kontinente: die »Fertilitätsrate«, also die Anzahl der Kinder pro Frau, nahm weltweit kontinuierlich ab.

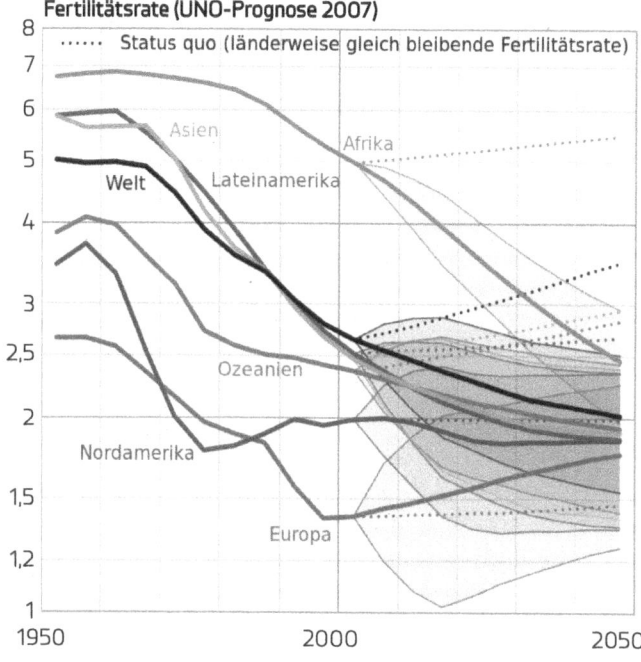

Fertilitätsrate (UNO-Prognose 2007)

Besonders deutlich wird das für den Zeitraum von Mitte der 1960er bis Mitte der 1980er Jahre für die nordischen Länder und Deutschland: Der Rückgang der Anzahl der Kinder pro Frau ist hier ganz vergleichbar (warum es für die Zeit danach für Deutschland anders aussieht – darauf kommen wir noch).

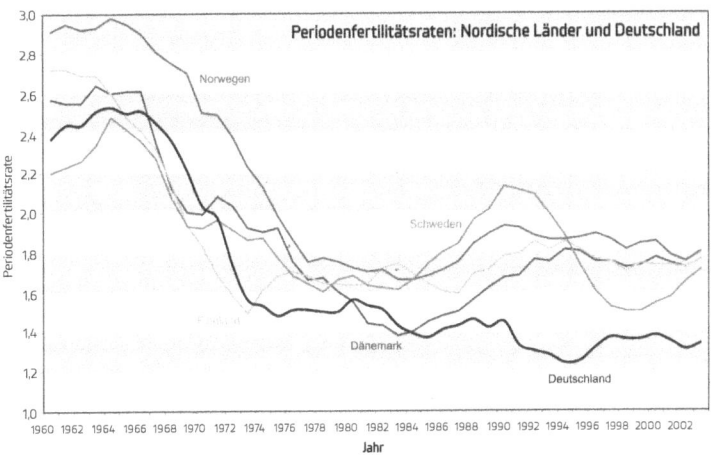

Als eine erste Erkenntnis können wir also schon einmal festhalten: Wenn man hier im Panikmodus wie die eingangs zitierten Autoren von einer »kommenden Katastrophe«, einer »Generation der Lebensverhinderer« und einem »Gebärstreik« meint sprechen zu müssen, dann sollte sich die Wut nicht gegen die Cold-War-Generation alleine richten, sondern gleich gegen die ganze Welt (wobei das Ziel der Wut vermutlich die Frauen dieser Welt sind – sie sind nun mal diejenigen, die entscheiden, ob sie ein Kind bekommen oder nicht).

Zugleich sollte man mit einem Mythos aufräumen, der sich bis heute hartnäckig hält: der Erzählung vom Pillenknick.

Die Geschichte ist simpel und schnell erzählt: Die Antibabypille wurde auf den Markt gebracht, wirksame Verhütung wurde damit für jede Frau kinderleicht und auch flugs in die Tat umgesetzt. »Gebärstreik« eben. Daher der Geburtenrückgang.

Genau daran gibt es aber begründete Zweifel:[19] Die Pille wurde 1961 fast zeitgleich in den USA und in Deutschland eingeführt, zu diesem Zeitpunkt waren die Geburtenziffern in den USA aber schon vier Jahre rückläufig. Dort kann die Pille also nicht die Trendumkehr bedingt haben. In Deutschland wäre das vom Zeitablauf theoretisch möglich gewesen, aber nur dann, wenn die Pille auch massenhaft verschrieben und eingenommen worden wäre. Das aber war nicht der Fall: Viele Ärzte kannten sich mit moderner Verhütung nicht aus, anfangs wurde die Pille nur verheirateten Frauen über 30 verschrieben, die schon Kinder hatten, und vielen Frauen galt die Pille noch lange als ebenso verwerflich wie eine Abtreibung. Instruktiv ist auch ein Blick nach Japan: Dort kam es zu einem ähnlichen Geburtenrückgang, obwohl die Pille dort (bis heute) abgelehnt und von nahezu keiner Frau eingenommen wird.

So viel zum angeblichen Pillenknick. Aber worin sind denn dann die Ursachen des Geburtenrückgangs zu sehen? Die Geschichte ist vielschichtig und umfasst strukturelle und gesellschaftlich-kulturelle Aspekte. Im Wesentlichen können wir vier grundlegende Ursachen unterscheiden:

1. Spätestens seit den 1960er-Jahren waren Kinder für die Alterssicherung nicht mehr erforderlich. Entscheidend war hier die Rentenreform, die die Bundesregierung unter Konrad Adenauer 1957 umgesetzt hatte und die die direkte Abhängigkeit im Alter von den eigenen Kindern endgültig aufhob.[20] Gleichzeitig blieben die Kosten für die Kindererziehung bei den Eltern: »Die Belastung der Kindererziehung blieb weiterhin bei den Eltern, obwohl das so geschaffene System auf Nachwuchs angewiesen war und ist. Unter dem Motto ›Kinder kriegen die Leute immer‹ sah Adenauer keine Notwendigkeit, sich um Kinderwünsche zu sorgen.«[21] Dazu mehr im nächsten Kapitel.

Krisenrepublik Deutschland

2. Die Wirtschaft entwickelte sich weiter, Landwirtschaft wurde immer unbedeutender, Industrie und Dienstleistungen gewichtiger. Die Bedeutung von Kindern als »MiFas« – »mithelfende Familienangehörige«, so der Begriff in der amtlichen Statistik – und auch als Erben ließ nicht nur in der Landwirtschaft zunehmend nach.[22] (MiFas gibt es heute fast nicht mehr – 0,3 Prozent der Erwerbstätigen –, im Jahr 1960 waren es mehr als 30mal so viele – 9,9 Prozent.)[23]

3. Auf gesellschaftlicher Ebene kam es zur Bildungsexplosion, Säkularisierung, Liberalisierung und Emanzipationsbewegung – wir haben es im ersten Kapitel über die »langen sechziger Jahre« gesehen. Traditionelle Rollenbilder veränderten sich; viele Frauen begannen, sich nicht mehr in erster Linie über die Rolle als Hausfrau und Mutter zu definieren.

4. Gleichzeitig blieb in Westdeutschland bis in allerjüngste Zeit das Klischee verbreitet, dass Frauen, die arbeiten und ihre Kinder außer Haus betreuen lassen, »Rabenmütter« seien, die »Schlüsselkinder« produzieren. Noch 2008 stimmten über 57 Prozent der Westdeutschen der Aussage zu, dass ein Vorschulkind darunter leide, wenn seine Mutter arbeite (in Ostdeutschland waren es nur 34 Prozent).[24] Infolge dieser Rollenerwartung wurden bis in die jüngere Vergangenheit hinein kaum Versuche unternommen, die Vereinbarkeit von Erwerbsarbeit und Kinderwunsch institutionell zu unterstützen. Zusätzlich macht das bis heute geltende Ehegattensplitting die Aufnahme einer Erwerbstätigkeit für den weniger verdienenden Partner finanziell höchst unattraktiv – und das ist zumeist immer noch die Frau.

Wir sehen also, dass Kinder durch die Rentengesetze und eine sich transformierende Volkswirtschaft ihre ökonomische Funktion verloren. Ökonomisch betrachtet incentivierte die umlagefinanzierte Rente die Kinderlosigkeit. Kinderlose wurden *free rider*, Trittbrettfahrer – denn die Altersrente wurde durch diejenigen finanziert, die Kinder bekamen und dabei gleichzeitig auf den Kosten für die Kinder sitzen blieben. Gleichzeitig blieb es eine weit verbreitete gesellschaftliche Erwartung, dass Frauen sich um Haushalt und Kinder zu kümmern hatten. Und dies, obwohl Bildungsexplosion, Liberalisierung, Individualisierung und Emanzipationsansprüche dieser Erwartung zuwiderliefen. Frauen wurden in ihrem Anspruch auf Teilhabe – gesellschaftlich und ökonomisch – nicht unterstützt. Wir haben aber im Psychogramm der Cold-War-Generation gesehen, dass die Generation von Kindesbeinen an Wachstums- und Fortschrittserwartungen entwickelt hatte und diese als selbstgewisse, erfolgsverwöhnte Aufsteiger auch entschieden war umzusetzen. Frauen ebenso wie Männer.

Muss man sich da wundern, dass die Geburtenrate zurückging? Werfen wir einen Blick auf die Folgen.

Kind oder Karriere – die Folgen

Der Soziologe Martin Bujard, stellvertretender Direktor des Bundesinstituts für Bevölkerungsforschung, bringt eine zentrale Konsequenz auf den Punkt: »Faktisch bedeutete dies für mehrere westdeutsche Frauengenerationen eine Entscheidung zwischen ›Kind oder Karriere‹.«[25] Wenn Frauen erwerbstätig waren und dann Kinder bekamen, nahmen sie regelmäßig eine mehrjährige Auszeit und gingen anschließend in Teilzeit. Wenig erstaunlich hat die OECD für die 1970er Jahre festgestellt, dass Länder mit einer höheren Erwerbsquote von Frauen niedrigere Geburtenraten hatten.[26]

Höhere Bildungsabschlüsse und Studium ermöglichen häufig den Zugang zu anspruchsvollen, Selbstverwirklichung ermöglichenden Berufen und Karrierepfaden, die man aber eben auch langfristig verfolgen muss. Eine Berufskarriere gleicht dann ein wenig einem Marathon. Und wir haben gesehen, dass die Cold-War-

Generation, die Generation der Vielen, eine starke, auf Fortschritt vertrauende Leistungs- und Wettbewerbsorientierung ausgebildet hat – Männer wie Frauen. Bis in die 2010er hinein war der Karrieremarathon aber äußerst unfair: Während die Männer ihr Rennen locker durchlaufen konnten, sollten die Frauen immer mal wieder einen Stopp einlegen, um die Nachwuchsmannschaft zu versorgen. Gewonnen hatte trotzdem einfach der, der als Erster ins Ziel kam. Kann es da verwundern, dass die Anzahl der Kinder pro Frau deutlich mit dem Bildungsabschluss korreliert? Je höher der Abschluss, desto weniger Kinder. Während westdeutsche Frauen der Geburtsjahrgänge 1964 bis 1968 im Schnitt 1,66 Kinder haben, wenn sie einen Hauptschulabschluss aufweisen, sind es bei Frauen mit Abitur nur 1,33.[27] Und fast ein Drittel – über 30 Prozent – der Frauen mit Hochschulabschluss waren kinderlos.[28]

Interessant ist auch ein Blick auf die »Erwerbskombinationen« von Männern und Frauen. Bei klassischer Rollenverteilung – Mann erwerbstätig, Frau nicht – blieben in West- wie in Ostdeutschland 2008 nur fünf Prozent der Beziehungen kinderlos. War die Rollenverteilung umgekehrt – Frau erwerbstätig, Mann nicht – waren es in Ostdeutschland neun Prozent, in Westdeutschland aber 34 Prozent. Extrem war der Wert in Westdeutschland, wenn sowohl Frau als auch Mann Vollzeit beschäftigt waren: Fast die Hälfte – 46 Prozent – blieben kinderlos (während es im Osten nur acht Prozent waren.)[29]

Insgesamt blieben von den zwischen 1969 und 1973 geborenen Frauen 21 Prozent kinderlos – ein Anstieg von sechs Prozentpunkten gegenüber den Frauen 20 Jahre zuvor. Die Anzahl der Frauen mit ein oder zwei Kindern blieb nahezu gleich.

Auf den ersten Blick könnte man denken, der Rückgang bei den Geburten sei vor allem auf Kinderlosigkeit zurückzuführen: der angebliche Gebärstreik. Dem ist aber nicht so, wie Martin Bujard in einer Analyse nachweisen konnte: »Dabei zeigte sich, dass

68 Prozent des Geburtenrückgangs auf den Rückgang kinderreicher Frauen und nur 26 Prozent auf den Anstieg von Kinderlosigkeit zurückzuführen sind.«[30]

Von den 21 Prozent kinderloser Frauen der Cold-War-Generation waren weniger als fünf Prozent unfruchtbar.[31] Nur sechs bis acht Prozent wollten dauerhaft keine Kinder. Die größte Gruppe kinderloser Frauen besteht aus solchen, die den Kinderwunsch so lange aufgeschoben haben, bis es irgendwann zu spät war.[32] Es ist naheliegend, zu vermuten, dass es vor allem diese Gruppe ist, die die Differenz zur Generation davor erklärt.

Zusammengefasst: Ob sich eine Gesellschaft in ihrer demografischen Zusammensetzung ändert, ist von drei Faktoren abhängig: der Geburtenrate, der Lebenserwartung sowie der Zu- beziehungsweise Abwanderung. Wir haben gesehen, dass die Geburtenrate seit den 1970er Jahren deutlich zurückging und gleichzeitig die Lebenserwartung weiter kontinuierlich gestiegen ist. Dies führt zu einem dramatischen demografischen Wandel: weniger Menschen, die dafür im Schnitt älter sind. Die moderate Zuwanderung konnte diese Entwicklung nicht aufhalten – kein Wunder, hielt doch die dominante CDU/CSU wider alle Realität bis vor etwa zehn Jahren daran fest, dass Deutschland kein Einwanderungsland sei.[33]

Die Folgen dieser Entwicklung für die Volkswirtschaft, die Rente, die Dynamik einer Gesellschaft waren schon vor Jahrzehnten absehbar – immerhin reden wir über sehr träge, langfristige Entwicklungen.

Wie ist über den demografischen Wandel in den 1980er, 1990er und 2000er Jahren gesprochen und geschrieben worden? Wie konnte es passieren, dass aus dem Wandel eine richtige demografische Krise wurde? Wer hat hier eigentlich versagt? Darum geht es im nächsten Abschnitt.

Tatenloser Alarmismus – der demografische Diskurs vor der Jahrtausendwende

Merkwürdige Stille herrschte in Bezug auf den Bevölkerungsdiskurs zu der Zeit, als das Gros der Cold-War-Generation geboren wurde und aufwuchs: in den 1960er und 1970er Jahren. In der ersten Hälfte des 20. Jahrhunderts, und besonders in der Zeit des Nationalsozialismus, hatte es einen »Deutschland-in-Gefahr!«-Diskurs gegeben, demzufolge die deutsche Nation zu klein sei, zu wenig gelte und viel mehr Kinder brauche.[34] Die Nachwehen hielten bis in die 1950er-Jahre an.[35] Dann aber wurde es recht ruhig. Bis Ende der 1970erJahre wuchs die Bevölkerung deutlich (bis Anfang der 1970er durch Geburtenüberschuss, dann auch durch Zuwanderung). Wir haben im ersten Teil gesehen, wie die Cold-War-Generation aufgewachsen ist, dass alles voll und knapp war. Das sich unter diesen Umständen kein ausgeprägter Demografiediskurs etablierte, sollte nicht verwundern.

Das änderte sich Ende der 1970er und dann vor allem in den 1980er Jahren. Zunehmend wurde die Frage der Schrumpfung der Bevölkerung zu einem Thema, das in den Medien Widerhall fand. Schon ungewöhnlich früh, 1975, titelte der *Spiegel:* »Sterben die Deutschen aus?« In den 1980ern erschienen Sammelbände mit Titeln wie *Sterben wir aus?*. Ein rechtsextremer und marginaler, immer noch lebender Soziologieprofessor verstieg sich gar zu einem Buch mit dem schamlosen Titel *Die Endlösung der Deutschen Frage*.[36] Das war sicherlich extrem und nicht typisch, insgesamt der Ton in den Medien aber schon alarmistisch und – wie der Soziologe Franz Xaver Kaufmann kritisch befand – von »demografischem Fatalismus« geprägt.[37] Einen Bestseller landete 2004 der FAZ-Herausgeber Frank Schirrmacher mit seinem Buch *Das Methusalem-Komplott*, in dem er zu einem »Aufstand der Alten« aufrief, wogegen sich wiederum der britische Autor Nicholas Strange wandte, der von »Methusalem-Hysterie« sprach. Der Berliner Historiker

Thomas Bryant bilanziert »für den deutschen Alterungsdiskurs des 21. Jahrhunderts [ein] charakteristische[s] Hin- und Herschwanken zwischen zwei Extrempositionen: resignative Schicksalsergebenheit einerseits und tatkräftiger Gestaltungswille andererseits«[38], wobei der Schwerpunkt des Diskurses beim resignativen Alarmismus lag.

Gleichzeitig wurde dieser tendenziell eher schicksalsergebene Diskurs zur Alterung und Schrumpfung in Deutschland überlagert durch einen zweiten Diskurs mit genau entgegengesetzter Stoßrichtung, nämlich der so genannten »Bevölkerungsexplosion«, oder – wie der Mediziner Paul Ehrlich schrieb – der *»population bomb«*. Der 1972 erschienene Bericht des Club of Rome zu den *Grenzen des Wachstums* machte das Thema des globalen Bevölkerungswachstums weltweit bekannt und brachte es in direkte Verbindung mit begrenzten Ressourcen der Erde. Auch in Bezug auf die Weltbevölkerung wurde ein Wachstumsstopp gefordert.

Die beiden Diskurse scheinen sich zu widersprechen. Aber kann man sie nicht auch als komplementär interpretieren? Auf der einen Seite wird eine weltweite »Bevölkerungsexplosion« konstatiert, auf der anderen von vielen aber lokal (in Deutschland) eine alarmierende Bevölkerungsschrumpfung beklagt. Ist die Idee dann nicht naheliegend, zwei Fliegen mit einer Klappe zu schlagen und das angeblich übergroße Wachstum woanders zu mildern sowie der eigenen Schrumpfung entgegenzuwirken, indem man sich für gezielte Zuwanderung ausspricht? Könnte man meinen. Tatsache ist aber, dass es von 1975 an 35 Jahre lang nahezu gar keine Nettozuwanderung gab, wenn man von den etwa zehn Jahren um 1990 herum absieht (siehe Abbildung 8 in diesem Kapitel). Und bis in die allerjüngste Zeit war diese Zuwanderung weder geplant noch gezielt, sondern weit gehend historisches Schicksal durch das Ende des Kalten Krieges. CDU und SPD hatten sich hier gegenseitig blockiert: Die Konservativen wollten überhaupt keine Zuwanderung (»Deutschland ist kein Einwanderungsland«, »Statt Inder an die

Computer müssen unsere Kinder an die Computer«), die Sozial-demokraten wollten sie, aber ohne Kriterien aufzustellen. Das Ergebnis: zufällige Einwanderung ohne Steuerung.

Wozu hat der alarmistische Fatalismus des demografischen Diskurses geführt? De facto zu gar nichts. Deutschland schaute jahrzehntelang mehr oder weniger tatenlos zu, wie die Geburtenraten immer weiter sanken, ganz anders als in Dänemark, Norwegen, Finnland und auch Schweden. Dies haben wir in Abbildung 10 in diesem Kapitel gesehen. Dänemark und Deutschland zum Beispiel hatten 1984 einen Tiefpunkt mit 1,4 Geburten pro Frau, aber von da an ging es in Dänemark stetig bergauf, so dass es dort knapp 20 Jahre später 1,8 Geburten pro Frau gab. Und in Deutschland? Noch weniger als 20 Jahre zuvor: tatsächlich nur 1,3 Geburten pro Frau.

Eine Studie des Rostocker Max-Planck-Instituts für demografische Forschung hat aufgezeigt, dass diese Unterschiede sich vor allem durch differenzierte familienpolitische Maßnahmen erklären lassen. So gab es damals schon in Schweden keine Unterschiede in der Anzahl der Kinder pro Frau abhängig vom Bildungsstand – ganz anders als in Deutschland bekamen Akademikerinnen ebenso viele Kinder wie andere Frauen.[39] Erklären lässt sich das mit einer geburtenbezogenen Elterngeldregelung, die auch noch für das zweite Kind galt. Andere nordische Länder trafen andere Maßnahmen, aber sie betrieben aktive Familienpolitik, und diese zeigte Wirkung.

Und in Deutschland? Für Familienpolitik, sollte man meinen, ist das Familienministerium zuständig. Und tatsächlich hat es ein solches Ministerium fast seit Gründung der Bundesrepublik gegeben. In den 1980er und 1990er Jahren, in denen so wenig in Bezug auf die demografische Frage passierte, waren durchaus kompetente Expertinnen und Politikerinnen dabei: Heiner Geißler, Rita Süssmuth, Ursula Lehr, Angela Merkel, Hannelore Rönsch, Christine Bergmann. Heiner Geißler war der einzige männliche Familienminister in den letzten 55 Jahren, umgeben von 21 Ministerinnen.[40] Das allein sagt schon etwas über den Stellenwert des Ministeriums aus – wenn es ein Machtministerium (gewesen) wäre, hätten sicher mehr Männer zugegriffen. Aber er war ein Sonderfall, der sich schon in seiner Doktorarbeit mit Sozial- und Familienpolitik befasst und als Landesminister in Rheinland-Pfalz das erste Kindergartengesetz in Deutschland durchgesetzt hatte.

Ansonsten galt Familienpolitik fast allen männlichen Politikern als Firlefanz, und so mussten sich in dieser Zeit die Ministerinnen denn auch großer Widerstände erwehren, wenn es um Fortschritte ging: 1989 geriet die hoch anerkannte Psychologieprofessorin Ursula Lehr, eine führende Expertin für Altersforschung, in das Kreuzfeuer ihrer eigenen CDU/CSU-Fraktion, als sie Kinderbetreuung für unter Dreijährige forderte – Einrichtungen, die es in Schweden schon flächendeckend seit den 1970er Jahren gab,[41] in Westdeutschland hingegen erst für drei Prozent der Kinder. Konservative lehnten das vehement ab, sprachen von »Fürsorgeentzug« und »Mutterentbehrung« und forderten im Gegenzug gar, die Kinderkrippen der Ex-DDR zu schließen. Auch alle 16 Bundesländer waren dagegen – für Brimborium war kein Geld da.[42] 1994 bedurfte es eines fraktionsübergreifenden Frauenbündnisses, um Artikel 3 des Grundgesetzes dahingehend zu erweitern, dass der Staat die tatsächliche Durchsetzung der Gleichberechtigung von Frauen und Männern als Staatsziel fördert und auf die Beseitigung bestehender Nachteile hinwirkt, auch dies gegen den Widerstand vor allem von Konservativen.[43] Obwohl progressive Kräfte im Land sich immer wieder für eine weitergehende staatliche Familienpolitik engagierten, blieb lange Zeit die zentrale familienpolitische Maßnahme die Erhöhung des Kindergeldes. Und natürlich gab es (und gibt es bis heute) das Ehegattensplitting, auch für kinderlose Vermögende und Topverdiener.

Dies änderte sich erst um die Jahrtausendwende.

Die Wende: Vom Gedöns zur Demografiestrategie

Nach dem Ende der Kanzlerschaft Helmut Kohls berief der frisch gewählte Bundeskanzler Gerhard Schröder die Berliner Senatorin Christine Bergmann zur neuen Bundesministerin für Familie, Senioren, Frauen und Jugend. Welche Erwartungshaltung er an Frau Bergmann hatte und welchen Stellenwert er dem Ministerium zusprach, machte er schnell deutlich. Schröder, der ja auch meinte, zu wissen, dass Lehrer »faule Säcke« seien, informierte Bergmann kurz und knapp über ihre Berufung: »Du bekommst das Ministerium für ›Familie und das andere Gedöns‹.«[44] Zunächst wenig unterstützt, machte sich Bergmann unverdrossen an die Arbeit und stellte die Vereinbarkeit von Familie und Beruf erstmals in den Mittelpunkt. Aus dem Erziehungsurlaub wurde Elternzeit, die beide Partner gleichzeitig nehmen und dabei bis zu 30 Stunden pro Woche arbeiten konnten.

Im Wahlkampf 2002 stand dann plötzlich die Familienpolitik im Mittelpunkt. Schröder hatte die Stimmungslage gewittert und den Vorteil einer progressiven Familienpolitik für sich erkannt. Vielleicht hatte er auch einfach die Demografie verstanden – die sehr große Wählergruppe der Cold-War-Generation war ja gerade dabei, ihre beruflichen Karrierepfade zu verfolgen, und stellte fest, wie schwer das alles in Ermangelung einer modernen staatlichen Familienpolitik war. Von Gedöns war jedenfalls keine Rede mehr. Sein Gegenkandidat Edmund Stoiber von der CSU inszenierte sich hingegen als »glücklich verheirateter Familienvater von drei Kindern [und] lobte seine Frau Karin, mit der er über 30 Jahre verheiratet ist«, weil sie an seiner Seite stehe und kein politisches Amt anstrebe.[45] Sein Generalsekretär meinte, wer wie der CSU-Chef eine »heile Familie« habe, brauche sie auch nicht zu verstecken.[46] Das zielte natürlich gegen Schröder, der damals in seiner vierten Ehe war, und zwar mit der Journalistin (also einen Beruf ausübenden) Doris Schröder-Köpf, die auch noch eigene politische Ambitionen hatte.

Als erster Bundeskanzler überhaupt gab Schröder 2002 eine Regierungserklärung zur Familienpolitik ab, in der er den weiteren Ausbau der Kinderbetreuung ankündigte und Unternehmen mit rechtlichen Konsequenzen drohte, wenn Frauen bei der Stellenbesetzung benachteiligt würden.[47]

Friedrich Merz, auch damals schon Oppositionsführer, wandte sich gegen den Ausbau der Kinderbetreuung und forderte ein Familiengeld, das durch die Zusammenlegung von Arbeitslosen- und Sozialhilfe, also durch sozial Benachteiligte, finanziert werden sollte.[48] Um sein Weltbild zu verstehen, lohnt es sich, die *Frankfurter Allgemeine Zeitung* zu zitieren: »Ausdrücklich betonte Merz die Bedeutung des traditionellen Rollenbilds der Frauen als nichtberufstätige Mütter sowie der Ehe als Basis für Familien. Merz warf der SPD vor, die Berufstätigkeit von Müttern zu hoch zu bewerten.« Das frühere Leitbild der Familie, bei der die Mutter zu Hause bleibe, dürfe nicht komplett ersetzt werden durch ein Leitbild, in dem beide Elternteile berufstätig seien.[49]

Ist es da noch überraschend, dass der von Stoiber als Familienministerin vorgesehenen Katharina Reiche, einer jungen Brandenburger Chemikerin, das Thema Familie entzogen wurde, weil einflussreiche Kreise der CDU/CSU und die katholische Kirche die »persönlichen Lebensumstände der Frau – sie hat ein uneheliches Kind und erwartet ein zweites« – nicht akzeptabel fanden?[50]

»Wer ein uneheliches Kind hat, darf nicht über Familie reden«, titelte *Der Spiegel*.[51]

Wohlgemerkt: Wir reden über das Jahr 2002 und nicht über 1952, als es in Kreisen der CDU/CSU noch salonfähig war, den späteren Kanzler Willy Brandt wegen seiner unehelichen Herkunft zu verhöhnen.[52] Salopp gesagt: Weite Teile der CDU/CSU hatten den Schuss nicht gehört. Vornehmer: Sie hatten die Zeichen der Zeit nicht erkannt; ihre familienpolitischen Vorstellungen waren aus der Zeit gefallen. In jenem Jahr war schon mehr als jedes vierte Kind in Gesamtdeutschland »unehelich«,[53] und wie viele Frauen nahmen sich noch Stoibers Frau Karin zum Vorbild, die ihm »zur Seite steht und den Rücken freihält«? Wie viele junge, in ihrem Beruf aufgehende Mütter wollten sich von Herrn Merz sagen lassen, dass ihre »Berufstätigkeit zu hoch bewertet« werde?

Jedenfalls nicht genug. Stoiber verlor die Wahl, und die Familienpolitik nahm nun in Schröders zweiter Legislaturperiode richtig Fahrt auf. Bergmanns Nachfolgerin Renate Schmidt verfolgte eine ausgesprochen pronatalistische Agenda, die von Ursula von der Leyen im anschließenden Kabinett Merkel I fortgesetzt wurde. Schmidts Motto war: »Deutschland braucht mehr Kinder!« Die Arbeitswelt sollte familienfreundlicher, Kitas sollten massiv ausgebaut und Alleinerziehende unterstützt werden. Ursula von der Leyen führte das einkommensabhängige Elterngeld mit Vätermonaten ein und beschleunigte den Ausbau der Infrastruktur für die Kinderbetreuung.[54] In Windeseile wurde versucht, nachzuholen, was über Jahrzehnte versäumt worden war.[55]

Man wusste inzwischen:

Seit den 1990er Jahren besteht ein positiver Zusammenhang zwischen Frauenerwerbsquote und Geburtenrate. In den Ländern, in denen Frauen und Mütter stärker berufstätig sind, haben diese auch mehr Kinder. Beispiele hierfür sind die skandinavischen Länder, aber auch Frankreich, die USA oder Australien. Umgekehrt waren die Kennwerte Frauenerwerbstätigkeit und Geburtenrate in Südeuropa, Japan, Südkorea sowie Österreich und der Bundesrepublik Deutschland niedrig.[56]

2003 entwickelte die Bundesregierung dann ihre eigene Demografiestrategie, die die Vereinbarkeit von Familie und Beruf in den Mittelpunkt stellte. Es gab massiv mehr Kinderbetreuungsplätze; seit 2021 gibt es einen Rechtsanspruch auf Ganztagsbetreuung in der Grundschule (für die allerdings nicht genug Geld bereitgestellt wird).

Natürlich wurden all diese Reformen kritisiert und lächerlich gemacht. Und die Kritiker sahen sich im Aufwind, als die angestrebte

Erhöhung der Kinderzahl bei Akademikerinnen einige Jahre lang nicht einzutreten schien. Verkehrsminister Peter Ramsauer von der CSU – katholisch, verheiratet, vier Kinder – Kollege von Ursula von der Leyen in Merkels zweitem Kabinett, an den man sich vor allem deswegen erinnert, weil er alte lokale Autokennzeichen wieder zugelassen hat, nannte die Vätermonate der Erziehungszeit »Wickelvolontariat«[57] – das war bestimmt ein Brüller beim politischen Aschermittwoch in Bayern. Aber der Zug war abgefahren. Und dann zeigte sich

2012 und 2013 [...], dass der Anstieg der Kinderlosigkeit bei Akademikerinnen gestoppt war. Die Elterngeldreform hat sich positiv auf die Müttererwerbstätigkeit und späte Geburten bei Akademikerinnen ausgewirkt – dem Muster der nordeuropäischen Länder entsprechend. Die Geburtenrate blieb bis 2014 im jahrzehntelangen Korridor unter 1,5. Seit 2015 liegt sie über 1,5.[58]

Im Jahr 2016 betrug sie 1,59, zehn Jahre zuvor lag sie noch bei 1,33 – ein Anstieg von immerhin 20 Prozent.[59] Damit liegt Deutschland jetzt nicht mehr am unteren Ende in Europa, sondern im Mittelfeld, und eine wichtige Rolle dabei spielte der Rückgang der Kinderlosigkeit bei Akademikerinnen.[60] Sie betrug 2018 »nur« noch 25 Prozent[61] gegenüber den über 30 Prozent in den Nullerjahren.

Deutschland ist sehr spät in die Gänge gekommen, hat aber immerhin den Abwärtstrend gestoppt. Die Frage ist: Reicht das? Und wieso hat es so lange gedauert? Welche Rolle spielt dabei die Cold-War-Generation, die Generation der Vielen, die so Wenige hinterlassen? Kann man sie gar an den Pranger stellen, wie das eingangs dieses Kapitels der Springer-Stratege Christoph Keese tat, als er von »Versagen vor dem Leben« und »Lebensverhinderung« sprach? Diese Fragen wollen wir zu Abschluss dieses Kapitels klären.

Wer zu spät kommt, den bestraft das Leben

Es ist sicher kein Zufall, dass in den Jahren 2005 und 2006 das Unbehagen vieler Traditionalisten mit der Familienpolitik in richtiggehende Aggression umschlug. Ende 2005 hatte Schröder die Wahl verloren, Rot-Grün war durch eine von den Christdemokraten geführte große Koalition abgelöst worden. Und was machte die Regierung Merkel? Führte 2006 das Elterngeld ein und forcierte kurz darauf, 2008, den Ausbau der Kinderbetreuung für unter Dreijährige. Die Konservative Ursula von der Leyen, zuständig in der Regierung Merkel I, setzte die Politik der Sozialdemokratin Renate Schmidt einfach bruchlos fort.

Genau zu dieser Zeit schrieb Christoph Keese, den Sie übrigens gerne als »Vordenker« und »Experten für Zukunftsfähigkeit« über eine Redneragentur buchen können, vom »Versagen einer Generation vor dem Leben«. Er gibt eindeutig der Cold-War-Generation die Schuld am demografischen Wandel, wenn er scheibt, dass diejenigen, »die in den 50er, 60er und 70er Jahren geboren wurden, [...] die Generation der großen Lebensverhinderer [sind]«.[62] Explizit dem Feminismus die Schuld geben kurz zuvor der US-amerikanische Sozialwissenschaftler Stanley Kurtz und der Kieler Psychiater Bertrand Flöttmann.[63] Flöttmann schreibt:

Das einseitige Streben nach Besitz und Vergnügen haben zusammen mit dem virulenten Geist des Feminismus kinderfeindliche Lebensformen geschaffen. [...] Die Ideologie des Feminismus hat das Bild von der Familie mit einer fürsorglichen Mutter und einem treuen Vater zerstört. Das Recht auf Selbstverwirklichung steht obenan. [...] Den Weg in die kinderarme Gesellschaft pflastern Steine aus Eigennutz, verdrängter Aggression und Angst.[64]

Und Christoph Keese meint: »[...] die Fakten sind unübersehbar und katastrophal.«[65]

Wir haben uns die Fakten angeschaut, und in der Tat sind sie unübersehbar. Wir haben gesehen, dass bis in die 1980er Jahre weltweit die Geburtenzahlen stark rückläufig waren, in Deutschland aus unterschiedlichen Gründen: Die Entkopplung der Altersversorgung von eigenen Kindern durch Einführung des umlagefinanzierten Rentensystems und damit die »Entökonomisierung« von Kindern liefert quasi die Grundlage. Als soziokultureller Faktor treten die Liberalisierung, Säkularisierung und Emanzipationsbewegung hinzu, die sich im Psychogramm der Cold-War-Generation abbilden. So weit, so deutlich.

In der 1980ern passiert nun aber etwas Erstaunliches: In Skandinavien dreht sich das Bild, von Frankreich ganz zu schweigen. Frauen bekommen wieder mehr Kinder. In Wahrheit ist es ganz einfach: Die Politik dort hat verstanden und akzeptiert, dass Individualisierung, Wertepluralismus und Emanzipation Megatrends sind, die sich nicht aufhalten lassen und die zudem durch unsere demokratische Grundordnung abgesichert sind. Deutschland hingegen befand sich in der bleiernen Zeit der Helmut-Kohl-Ära, die die gesellschafts- und familienpolitischen Entwicklungen nicht sehen wollte und in der die Politik am Hausfrau-und-Mutter-Bild festhielt: »Die CDU/CSU als Bewahrer des männlichen Ernährermodells.«[66]

Anfang des neuen Jahrtausends hatten sich die Zeiten geändert. Nur noch 30 Prozent der Deutschen hatten die CDU für kompetent in der Familienpolitik gehalten, während dies bei der SPD 43 Prozent so sahen.[67] Franz Müntefering, Generalsekretär der SPD, stellt am 28. Januar 2002 die Wahlkampfstrategie vor und legte einen Schwerpunkt auf die Familien- und Gesundheitspolitik.[68] Stoiber verlor seinen »Heile-Familie«-Wahlkampf. Und Angela Merkel hielt das Festhalten der CDU am traditionellen Familienbild für eine Ursache der Wahlniederlage.[69] Auffällig ist jedenfalls, dass Rot-Grün bei zwei Wählergruppen einen deutlichen Sieg einfuhr: bei den Frauen (51 Prozent votierten für Rot-Grün) und bei der Cold-War-Generation (in etwa die Altersgruppe der 30- bis 44-Jährigen): Hier waren es sogar 53 Prozent.[70]

Katastrophal an den Fakten, auch wenn das die Traditionalisten anders sehen, sind vor allem das Nichtstun konservativ-traditioneller Kreise und ihre Ignoranz gegenüber gesellschaftlichen Entwicklungen und Bedürfnissen einer Mehrheit. Illiberal, autoritär und restaurativ, also wirklich rückwärtsgewandt, wird es dann, wenn man eine ganze gesellschaftliche Gruppe – in diesem Fall sogar eine ganze Generation und dabei besonders die Frauen – für eine schwierige Entwicklung verantwortlich macht und moralisch ins Abseits stellt. Dabei ist es so: Als die Weichen für höhere Geburtenraten gestellt werden mussten – spätestens in den frühen 1980er Jahren – war die Cold-War-Generation zehn bis 25 Jahre alt. Die falsche Abzweigung hat also die Generation ihrer Eltern genommen. Und die Mehrheit der Cold-War-Generation hat sie dann 20 Jahre später abgewählt.

Die anklagenden, eine ganze Generation diffamierenden Autoren, die wir zu Anfang zitierten, haben ihren Teil dazu beigetragen, dass die Geburtenraten lange niedrig blieben. Niemand lässt sich gerne in die Ecke der »Rabeneltern« stellen, nur weil er und sie die Ernährer-plus-Hausfrau-und-Mutter-Rollenerwartungen nicht erfüllen. Keine Frau lässt sich gerne sagen, sie »treibe gerne ab«. Auch dagegen hat sich das Gros der Cold-War-Generation gewandt und institutionelle Unterstützung eingefordert.

Dass die Geburten in den 2010er-Jahren dann von 1,3 auf etwa 1,5 Kinder pro Frau anstiegen, ging unter anderem mit dem Rückgang der Kinderlosigkeit bei Akademikerinnen einher.[71] Martin Bujard führt dazu aus:

Deutschland ist zwar gegenwärtig im europäischen Mittelfeld, die Geburtenrate liegt aber noch deutlich unter dem Bestandserhaltungsniveau. Selbst wenn sich die Kinderlosigkeit von etwa 20 Prozent halbieren würde und diese Mütter jeweils durchschnittlich zwei Kinder bekämen, würde die Geburtenrate um 0,2 steigen, also von 1,5 auf 1,7. Ein solcher Rückgang der Kinderlosigkeit ist wenig realistisch, und die Geburtenrate wäre trotzdem noch deutlich unter dem Bestandserhaltungsniveau.[72]

Größere Effekte entständen, wenn sich mehr Frauen für drei oder mehr Kinder entschieden.

Das bedeutet, dass wir auch ohne den von den Traditionalisten so alarmistisch und aggressiv beklagten »Gebärstreik« ein demografisches Problem hätten, dem wir uns stellen müssen. Ihre grimmige Larmoyanz überdeckt lediglich, dass sie aus der Zeit gefallen sind, keine Antworten auf schwierige Fragen haben und nicht wirklich nach Lösungen für das demografische Problem suchen. Sondern sich damit begnügen, zu scapegoaten, einen Sündenbock zu finden.

Wir können festhalten, dass man der Cold-War-Generation nicht die Verantwortung für die demografische Krise aufhalsen kann, im Gegenteil: Die Verantwortung liegt wohl im Wesentlichen bei der Vorgängergeneration. Das heißt aber nicht, dass wir die Cold-War-Generation auch für *die Folgen* des demografischen Wandels freisprechen können. Schauen wir uns dazu als Nächstes ein Thema an, das direkt mit dem demografischen Wandel zusammenhängt: die Rente. Das mag langweilig klingen, wird sich aber als ultraspannend erweisen. Und es wird einige Überraschungen bereithalten. Zum Beispiel, dass Kanzler Adenauer einen Herrn namens Schreiber ganz einfach mal halbiert hat. Und dass er damit die Wurzel für unsere heutigen Probleme legte.

4

Der Mythos vom Generationenvertrag – Warum unser Rentensystem aus der Zeit gefallen ist

»Die Renten sind sicher!« Alles klar. Selten ist eine Kampagne einer Bundesregierung auf so viel Hohn und Spott gestoßen. Wir wissen heute und schon lange, dass die Aussage schlicht falsch ist. Jedenfalls dann, wenn »sicher« auch bedeutet, dass man von seiner Rente auskömmlich leben kann. Was allerdings nicht alle wissen: Dass die Sache mit der Sicherheit – so, wie das Rentensystem in den 1950er Jahren konzipiert wurde – nie der Fall war. Und dass wir dies allerspätestens in den 1980er Jahren hätten erkennen müssen. Wo liegen die Fehler im System? Warum wurden sie nicht erkannt beziehungsweise behoben? Welche Rolle spielt die Cold-War-Generation dabei? Und wie sollen wir jetzt damit umgehen? Damit beschäftigt sich dieses Kapitel.

Warum eine Rente keine Selbstverständlichkeit ist

Eine Rente zu beziehen, wenn wir alt sind – das kommt uns selbstverständlich, ja wie das Normalste der Welt vor. Und doch sollten wir uns zu Anfang einmal klarmachen, dass es alles andere als normal ist. Die erste Altersversicherung wurde in Deutschland erst zu Zeiten des Reichskanzlers Otto von Bismarck im Jahr 1889 eingeführt – und das war im Weltmaßstab sehr früh. Sie galt als »Sicherheitszuschuss zum Lebensunterhalt« und wurde erst mit der Vollendung des 70. Lebensjahres gezahlt – in einer Zeit, als Frauen im Schnitt gerade einmal 40 Jahre alt wurden und Männer noch weniger.[1] (Die »fernere Lebenserwartung« für 65-Jährige betrug gerade einmal zehn Jahre.[2] Selbst wenn man recht alt wurde, hatte man also kaum etwas von der Rente.) 1911 kamen Versicherungen für Angestellte, Witwen und Hinterbliebene hinzu, und ein beträchtlicher Teil der Renten wurden bereits zu dieser Zeit staatlich finanziert.[3]

Das ist gerade einmal 120 Jahre, vier Generationen her. Und natürlich sorgten diese Renten nicht für einen auskömmlichen, sorgenfreien Lebensabend – die ältere Generation blieb auf Unterstützung durch ihre Kinder angewiesen.

Wie war es eigentlich davor?

In sehr vielen, wenn nicht fast allen Gesellschaften der Welt finden wir hier einen *Drei-Generationen-Zusammenhang*: Kinder – Erwachsene – Alte. Kinder können noch nicht und Alte nicht mehr oder kaum noch zur Versorgung beitragen. Diese obliegt der mittleren der drei für alle Generationen, wobei Junge und Alte mithelfen, so gut sie können. Renten für Alte und Förderungen wie Kindergeld für Junge gibt es in vormodernen Gesellschaften natürlich nicht. Diejenigen, die noch nicht oder nicht mehr leistungsfähig sind, werden also von der mittleren Generation mitgetragen, und diese tut das nicht nur aus Altruismus oder Nächstenliebe, sondern vor allem aus einem ganz einfachen Grund: Weil sie weiß, dass sie in wenigen Jahren oder Jahrzehnten selbst auf Versorgung angewiesen sein wird. Die »Rentenversicherung« waren seit jeher die eigenen Kinder. Dies ist ein zentraler Grund, warum vormoderne Gesellschaften so kinderreich sind (und warum die Kinderzahl schnell nachlässt, sobald zwei Faktoren greifen: der Aufbau von Sozialversicherungssystemen und ein Rückgang der Kindersterblichkeit).

Krisenrepublik Deutschland

Nach dem Zweiten Weltkrieg zeigte sich in besonderem Maße, wie unzureichend Rentnerinnen und Rentner durch die gesetzliche Rentenversicherung versorgt waren. In den 1950er Jahren, zu Zeiten des Wirtschaftswunders, betrug die Rente im Schnitt 60 D-Mark – weniger als ein Fünftel des durchschnittlichen Arbeitnehmereinkommens von 350 D-Mark.[4] Bereits in der Weltwirtschaftskrise 1930 bis 1932 war es mehrfach zu Leistungseinschränkungen gekommen, und nach Ende des Zweiten Weltkrieges wurden Millionen von Flüchtlingen und Vertriebenen in die Versicherung aufgenommen. »In der Zeit vom Kriegsende bis zur Rentenreform 1957 hatte die gesetzliche Rentenversicherung in den alten Bundesländern aber noch nicht das Ziel der Lebensstandardsicherung im Alter oder bei Erwerbsunfähigkeit, sondern eher Unterstützungscharakter. Bei einer monatlichen Mindestrente von 50 D-Mark bedeutete die Nachkriegsrente in der jungen Bundesrepublik noch keinen adäquaten Lohnersatz und bot lediglich eine Hilfe zum Lebensunterhalt.«[5] Altersarmut war weit verbreitet, zumal viele junge Männer im Krieg gefallen waren und ihre Eltern nicht unterstützen konnten. Das Leid war groß, die Menschen unzufrieden, und die Rente wurde zum Wahlkampfthema. Konrad Adenauer musste hier punkten. Auch, weil die Sozialdemokraten weit reichende Forderungen in diesem Bereich gestellt hatten.

Adenauers angeblicher Generationenvertrag

Adenauers CDU/CSU und die SPD waren sich einig, dass ein umlagefinanziertes Rentenkonzept an Stelle des bis dahin geltenden überwiegenden Kapitaldeckungsverfahrens eingeführt werden sollte. Die Hauptgründe: Zum einen war der Kapitalstock des bisherigen Rentensystems durch die Hyperinflation in Zeiten der Wirtschaftskrise und durch die Anlage in Schuldbuchforderungen durch die Währungsreform stark entwertet worden.[6] Und zum anderen sollten *sofort* deutlich erhöhte Renten an Millionen von Menschen ausgezahlt werden, die dafür aber überhaupt kein Kapital gebildet hatten. Durch das Umlageverfahren, bei dem ja die aktuell Erwerbstätigen Rentenbeiträge entrichten, die unmittelbar an die Rentnerinnen ausgezahlt werden, ließ sich dieses Problem lösen.[7]

Adenauer machte das Thema zur Chefsache und beauftragte den Kölner Wirtschaftstheoretiker Wilfrid Schreiber, sich der Sache anzunehmen. Schreiber war zu der Zeit Geschäftsführer und wissenschaftlicher Berater des Bundes Katholischer Unternehmer, später wurde er Professor für Sozialpolitik an der Universität Köln. (Erst 2011 wurde bekannt, dass er die ganze Nazi-Zeit hindurch Mitglied der NSDAP und der SA gewesen war.) Er arbeitete den so genannten »Schreiber-Plan« zur neuen Rentenversicherung aus, der mit einem Boten über die Alpen an den Comer See gebracht wurde, wo Adenauer ihn dann im Urlaub studierte.[8]

Auf Adenauers Betreiben hin legte die CDU/CSU schließlich einen Gesetzentwurf vor, der eine umlagefinanzierte Rente einführen sollte, die in den Grundzügen dem 1935 in den USA eingeführten staatlichen Rentensystem folgte.[9] Die Renten sollten also nicht – wie bei der Kapitaldeckung – aus den Rücklagen der jeweiligen Rentnerinnen, sondern aus den laufenden Beitragseinnahmen finanziert werden. Das heißt: Die jeweils aktiv im Erwerbsleben stehende Generation kommt für die Renten ihrer Elterngeneration auf, erwirbt aber gleichzeitig Ansprüche für ihre eigene Altersrente, die dann wiederum die nächste Generation aufbringen muss. Wie bereits vorher sollen die Ausgaben der Rentenversicherung durch Beiträge der Versicherten und der Arbeitgeber einerseits und einen Zuschuss des Bundes aus Steuermitteln andererseits aufgebracht werden. Schon im Jahr 1957 machte der Anteil des Bundeszuschusses an den Ausgaben der Rentenversicherung der Arbeiter und Angestellten 31,8 Prozent aus.[10]

Damit war der so genannte Generationenvertrag geboren. Er war erstmals mit dem Anspruch verbunden, ein Versicherungssystem aufzubauen, das den Lebensunterhalt im Alter sichern sollte. Auch durch regelmäßige Rentenerhöhungen in beinahe jedem Jahr.[11] Das sollten wir uns noch einmal deutlich vor Augen führen: Der Anspruch, von der Rente allein im Alter leben zu können, ist keine 70 Jahre alt. Gerade einmal zwei Generationen. Also eigentlich alles andere als eine Selbstverständlichkeit.

Im Bundestag wurde das Rentengesetz heftig diskutiert, am Ende aber mit überwältigender Mehrheit angenommen. 397 von 436 Abgeordneten stimmten für das Gesetz, lediglich die FDP-Fraktion war dagegen.[12] Im Februar 1957 stimmte auch der Bundesrat zu; das Gesetz trat rückwirkend zum 1. Januar in Kraft. Die unmittelbare Folge: Die Renten stiegen mit einem Schlag um durchschnittlich 60 Prozent.[13] Und Adenauers CDU gewann im September 1957 erneut die Bundestagswahl. Zum ersten und einzigen Mal mit absoluter Mehrheit.

Zwischen 1957 und 2003 stiegen die Renten dann um das 8,5fache, preisbereinigt immer noch um mehr als das Doppelte.[14] Und der Kreis der Anspruchsberechtigten wurde später immer weiter ausgedehnt: auf selbständige Handwerker, Landwirte, Künstler, später auch auf Selbständige und Hausfrauen, die sich freiwillig versichern konnten.

Aber die Rentenversicherung, der Generationenvertrag hatte einen fatalen Geburtsfehler. Adenauer hatte nämlich nicht den ganzen Schreiber-Plan zur Abstimmung gestellt, sondern sozusagen nur eine Hälfte davon. Und damit war eigentlich schon am Tag des Inkrafttretens der neuen Rentenversicherung klar, dass sie auf lange Sicht nicht funktionieren würde.

Worin liegt der Fehler?

Ein verhängnisvoller Fehler

Den Fehler im System kann man sich recht schnell klarmachen, wenn man sich noch einmal den Drei-Generationen-Zusammenhang der Versorgung vor Augen führt, der in vormodernen Zeiten, ja eigentlich bis zum neuen Rentensystem 1957 gegolten hatte und den wir uns eingangs dieses Kapitels angeschaut haben. Die jeweiligen Erwachsenen stellen die Lebenshaltung der Kinder und der Alten sicher. Wird man dann selbst alt, übernimmt die nächste Generation, und so geht es immer weiter.

Adenauers Generationenvertrag löst nun aber ein Element aus dem Drei-Generationen-Zusammenhang heraus und vergesellschaftet es, nämlich die Altersrente. Im neuen Konzept muss ich als Erwachsener nicht mehr für meine Eltern Sorge tragen; das übernimmt die anonyme Gemeinschaft nahezu aller Werktätigen durch ihre Rentenbeiträge. Daher ist es auch nicht mehr ökonomisch notwendig, dass ich selbst Kinder habe, die mich später versorgen werden, denn das übernehmen die Kinder der anderen Mitglieder meiner Generation für mich mit. Wir haben schon im Demografiekapitel gesehen, dass Kinder dadurch ökonomisch entwertet werden und in den Bereich der postmateriellen Selbstverwirklichung fallen. Natürlich ist es für viele Menschen schön und sinnstiftend, Kinder zu bekommen, aber rein ökonomisch gesprochen, ist es fortan nicht mehr notwendig. Mehr noch: Kinder sind ein Kostenfaktor, von dem ich – anders als vor der Rentenreform – keinen Ertrag im Alter erwarten kann. Wenn man es hart, aber dennoch wertfrei ausdrücken möchte, kann man sagen, dass Kinderlose und Kinderarme in einem umlagefinanzierten Rentensystem Trittbrettfahrer, *free rider*, sind.

Aber sind denn die Kosten von Kindern so bedeutend? Ja, das sind sie.

Das Eine-Million-Franken-Ding

Kinder sind teuer. Das Statistische Bundesamt hat dazu 2018 Zahlen vorgelegt. Demnach gaben Paare mit einem Kind 21 Prozent ihrer Konsumausgaben für das Kind aus (763 €), Paare mit zwei Kindern 32 Prozent (1276 €). Bei Alleinerziehenden sind es sogar 35 bzw. 45 Prozent.[15] Im Durchschnitt sind das 148104 Euro bis zur Volljährigkeit,[16] wobei danach ja die Kosten nicht verschwinden. Und diese Summe umfasst nicht einmal alle direkten Kosten, sondern nur die Konsumkosten, also solche für Nahrungsmittel, Bekleidung, Wohnung und Freizeit, nicht aber für Kindergarten, Schule oder Taschengeld.

Laut einer Studie, die das Institut der deutschen Wirtschaft Köln (IW) im Auftrag des Bundesfamilienministeriums durchgeführt hat, lagen im Jahr 2008 die direkten Kosten der Eltern für ihre Kinder in Deutschland bei rund 90 Milliarden Euro, denen 48 Milliarden an Zuschüssen gegenüberstanden. Das heißt also: 42 Milliarden blieben bei den Eltern hängen.[17]

In interessanter Weise stellt das österreichische Sozialministerium die Ergebnisse seiner Kinderkostenanalyse 2021 für Österreich dar, die durchaus mit Deutschland zu vergleichen sind. Demnach »müssen Haushalte mit zwei Erwachsenen und einem Kind ein um 11 Prozent höheres Einkommen realisieren als ein Vergleichshaushalt ohne Kinder, um das gleiche Wohlstandsniveau zu erreichen, Haushalte mit zwei Erwachsenen und zwei Kindern ein um 23 Prozent höheres und Haushalte mit zwei Erwachsenen und drei Kindern ein um 33 Prozent höheres Einkommen«.[18] Bei Alleinerziehenden sind es sogar 43 Prozent bei einem Kind und 68 Prozent bei zwei Kindern.[19]

Und da haben wir bisher nur über die direkten Kosten gesprochen, nicht aber über die indirekten, die so genannten Opportunitätskosten. Das sind Kosten, die dadurch entstehen, dass man durch Kinderbetreuung oder kinderbedingte Haushaltsführung andere Dinge nicht tun kann, zum Beispiel einer Erwerbsarbeit nachgehen. Dieser Kostenblock wird leicht übersehen, dabei ist er sogar deutlich größer als der der direkten Kosten. Das IW schreibt: »Von fast 172 Milliarden Euro indirekten Gesamtkosten tragen [...] die Eltern einen Eigenanteil von 117 Milliarden Euro« – und zwar »ohne zukünftige Einkommensverluste aufgrund von Erwerbsunterbrechungen«.[20]

Demnach wären die indirekten Kosten drei Mal so hoch wie die direkten, aus 148 000 Euro Kosten pro Kind werden etwa 600 000 Euro, und das nur bis zur Volljährigkeit. Nicht erstaunlich, dass in der Schweiz auf Basis von Untersuchungen des Schweizer Statistikamtes folgende Faustregel gilt: Kinder bis zum 20. Lebensjahr kosten im Schnitt eine Runde Summe: Eine Million Schweizer Franken. Pro Kind.[21]

Herr Schreiber halbiert

Adenauers Rentenreform sorgte also dafür, dass das stabile Gleichgewicht der drei Generationen aus den Fugen geriet, indem die Kosten, die die mittlere Generation zu tragen hat, in die eine Richtung – die Alten – sozialisiert wurden, in die andere Richtung – die Jungen – aber nicht.

Genau diesen Punkt hatte Schreiber gesehen und deshalb ein ganz anderes Konzept vorgeschlagen. Sein Plan war nämlich, gleichzeitig mit der Altersrente eine »Kindheits- und Jugendrente« einzuführen. Durch dieses Drei-Generationen-Modell wäre das Konzept der Großfamilie, dass nämlich die mittlere Generation für die Jungen und die Alten sorgt, vollständig in gesellschaftliche Verantwortung überführt worden.[22] Anstelle der Großfamilie trat in Schreibers ganzem Plan, den er auf der Grundlage der katholischen Soziallehre entwickelt hatte, nun die Gesamtgesellschaft.[23] Nur im Sinne von Schreiber kann man von einem wirklichen, einem vollständigen Generationenvertrag sprechen.

In Schreibers Kinder- und Jugendrentenversicherung sollten Eltern den einfachen, unverheiratete Kinderlose den doppelten und Verheiratete ohne Kinder den eineinhalbfachen Betrag einzahlen.[24] Als Kinderrente wären dann sechs bis acht Prozent des Einkommens pro Kind ausgezahlt worden. Je mehr Kinder, desto höhere Kinderrenten, und zwar abhängig vom eigenen Einkommen. Dabei ging es Schreiber nicht darum, Kinderlose zu diskriminieren. Er wollte sie allerdings fair an den Kosten der Altersrenten beteiligen. Auch hatte er bereits einen möglichen demografischen Wandel vor Augen und sah die Kinderrente als eine Chance, dem und gleichzeitig gesellschaftlichen Ungerechtigkeiten entgegenzuwirken.[25]

Mit nur wenigen anderen in der CDU/CSU-Fraktion lehnten Wirtschaftsminister Erhard und Finanzminister Schäffer Adenauers Pläne ab; allerdings richtete sich ihre Kritik vor allem auf die Sorge vor einem zu großen Versorgungsstaat. Sie machten also quasi den Anti-Schreiber. Aber auch sie hielten, wie Schreiber, die »Einführung einer dynamisierten Rente in Verbindung mit einem Umlageverfahren, ohne Kapitaldeckung [...] auch deshalb für gefährlich, weil sie eine konstant wachsende Bevölkerungszahl voraussetzte«.[26] Sie sahen also bereits die demografischen Probleme.

Der damals sehr einflussreiche Jesuit Oswald von Nell-Breuning, der als »Nestor der katholischen Soziallehre« galt, setzte sich vehement für den ganzen Schreiber-Plan und die Kinderrente ein: »Wenn die Kinderlosen und die Kinderarmen ihr Dasein, insbesondere ihre Versorgung im Alter, auf anderer Leute Kinder aufbauen, dann bilden Familienlastenausgleich und Altersversorgung eine Einheit; eine sinnvolle Regelung ist nur möglich, wenn man beides zusammen anfasst.«[27]

Obwohl diese Argumente logisch nachvollziehbar und weitsichtig waren, blieben die Stimmen derer, die Scheibers ganzen Plan befürworteten, marginal – eine größere Diskussion fand nicht statt, wie Martin Werding und Martin Bujard in persönlichen Gesprächen versichern. Es gab auf der ganzen Welt keine Rentenversicherung, die Schreibers ganzem Plan ähnlich war, und die Zahl der Kinderlosen befand sich auf einem historischen Tiefpunkt. Adenauer selbst hatte sieben Kinder; kinderlos zu sein, war für ihn wohl nur schwer vorstellbar. Und so halbierte er Schreiber. »Die Belastung der Kindererziehung blieb weiterhin bei den Eltern, obwohl das so geschaffene System auf Nachwuchs angewiesen war und ist. Unter dem Motto ›Kinder kriegen die Leute immer‹ sah Adenauer keine Notwendigkeit, sich um Kinderwünsche zu sorgen.«[28]

Und das ist er, der fatale Fehler.

Der halbe Schreiber und die Folgen

Doch zunächst sah eigentlich alles ganz gut aus. Das neue Rentensystem milderte ein soziales Problem – das der Armut alter Menschen – erheblich und schlagartig durch die extreme Rentensteigerungen von 60 Prozent. Der Bochumer Professor für Sozialpolitik und öffentliche Finanzen und »Wirtschaftsweise« Martin Werding sieht darin einen der wesentlichen Vorteile der umlagefinanzierten Rente, dass sie nämlich zu »(historischen) Einführungsgewinnen für die erste Rentnergeneration« führt.[29] Warum, das kann man sich schnell ausrechnen: Die erste Generation von Rentnern kommt beitragsfrei in den Genuss einer Rente; sie hat nie in das System eingezahlt. Die größten Profiteure des neuen Systems waren also die um 1890 Geborenen: Das System wurde eingeführt, als sie ins Rentenalter kamen.

Doch auch danach ging es noch mehrere Jahrzehnte gut mit dem System. Und das hat im Wesentlichen damit zu tun, dass die neue Rente genau zu dem Zeitpunkt eingeführt wurde, als die Cold-War-Generation, die Generation der Vielen, das Licht der Welt erblickte. Wir haben im letzten Kapitel gesehen, dass wir nie wieder einen so hohen Jugendquotienten in der Bundesrepublik hatten wie in den 1960er und 1970er Jahren, und gleichzeitig einen Altenquotienten, der nur sehr langsam anstieg (ja in den 1980er Jahren sogar noch einmal durch kriegsbedingte Lücken zurückging).

Da im Rentensystem aber keine Kinderrente vorgesehen war, erzeugte der hohe Jugendquotient im System keine Kosten. Und der Altenquotient blieb bis um das Jahr 2000 herum bei deutlich unter 30 Prozent. Die beste Zeit für das Rentensystem waren die 1980er und 1990er Jahre: Der Altenquotient nur knapp über 20 Prozent, die Cold-War-Generation schon beitragszahlend in Lohn und Brot. Wenige Rentner und viele Berufstätige in beitragspflichtigen Jobs – der Traum eines jeden Umlageverfahrens.

Und trotzdem, selbst in jener Zeit taten sich schon Probleme im System auf. Bereits 1986 – der Altenquotient war auf einem Tiefstand, der Gesamtquotient nahezu, also alles eigentlich optimal – hatte die gesetzliche Rentenpolitik Finanzierungsprobleme. Ein Grund dafür war, dass die Leistungen der Versicherung immer mehr ausgeweitet wurden. Die Rentenversicherung wurde Teil der Arbeitsmarktpolitik; in den 1970er Jahren wurden Frühverrentungen ermöglicht, von 1984 bis 1988 dann Vorruhestandsregelungen.[30] Bereits »in den Jahren 1977 und 1983/84 wurden die ersten Konsolidierungsschritte zur Entlastung der Rentenkassen eingeleitet. Diese Maßnahmen zielten insbesondere auf Einsparungen auf der Ausgabenseite, [zum Beispiel] durch Einführung des Eigenanteils der Rentner zur gesetzlichen Krankenversicherung«. Dennoch: »Trotz dieser Einschnitte musste der Beitragssatz zeitweise bis auf 19,2 Prozent (1985/86) erhöht werden.«[31]

Sorgen machten sich breit, so sehr, dass sich der damalige Sozialminister Norbert Blüm 1986 gezwungen sah, 15 000 Plakate mit einem Spruch kleben zu lassen, der bald in abgewandelter Form – »Die Rente ist sicher!« – zum geflügelten Wort wurde. Auf den Plakaten hieß es genauso vollmundig wie orthografisch fehlerhaft: »denn eins ist sicher: Die Rente«. Nur wenige andere, wenn überhaupt irgendein anderer von einem deutschen Politiker ausgedachter Slogan ist bis heute so in Erinnerung geblieben.

Der Beitragssatz war höher, die Leistungen waren geringer geworden, schon vor beinahe 40 Jahren herrschten Zweifel an der Leistungsfähigkeit des Systems. Aber eine grundlegende Debatte dazu fand nicht statt. Stattdessen führte Norbert Blüm eine weitere (sicherlich prinzipiell sinnvolle) umlagefinanzierte Versicherung ein, die Pflegeversicherung, und natürlich profitierte davon in höchstem Maße wieder die erste Generation, die in den Genuss der Versicherung kam, in diesem Fall die Kriegskinder.

Über die Jahrzehnte hin wurden immer wieder neue Leistungen und Leistungsempfänger hinzugefügt: Kindererziehungszeiten wurden berücksichtigt. Vier Millionen vormalige DDR-Rentner wurden nach der Wiedervereinigung in das System integriert. Zeiten der Pflege eines Pflegebedürftigen wurden anerkannt. Die Mütterrente verabschiedet. Und schließlich die abschlagsfreie Rente für besonders langjährig Versicherte ab Vollendung des 63. Lebensjahres beschlossen.[32]

Nicht, dass hier etwas falsch rüberkommt: Viele, wenn auch wohl nicht alle diese Maßnahmen waren und sind sozialpolitisch sicherlich sinnvoll. Aber jedes Mal, wenn eine neue Leistung oder eine neue Gruppe von Leistungsbeziehern hinzugefügt wird, kommt es zu dem, was Martin Werding »historische Einführungsgewinne für die erste Rentnergeneration« genannt hat – beitragslose Leistung. Und es ist zumindest erklärungsbedürftig, warum eine Leistung, die wir vielleicht arbeitsmarktpolitisch, sozialpolitisch oder gesellschaftspolitisch gut und richtig finden, nur von einer Gruppe getragen werden soll, nämlich von den aktuell in der gesetzlichen Rentenversicherung Pflichtversicherten. Und nicht auch von Selbstständigen, die sich privat versichern, oder Ärzten, Steuerberaterinnen und Rechtsanwälten, die in ihre eigenen, kapitalgedeckten Versorgungskassen einzahlen. Oder von Beamtinnen, die staatlich alimentiert werden. Mit einem Wort: von der Allgemeinheit und daher aus Steuergeldern (also auch von den Rentnerinnen, deren Renten so hoch sind, dass sie Steuern entrichten müssen). Tatsächlich lag der Bundeszuschuss zu Beginn der Rentenversicherung vor gut 60 Jahren auch schon bei 27 Prozent,[33] nach anderen Quellen sogar bei 31 Prozent.[34] Heute aber liegt er niedriger: »Seit den 2000er Jahren liegt der Anteil der Bundeszuschüsse an den Gesamtausgaben stabil zwischen 22 und 24 Prozent. Auch zukünftig ist zu erwarten, dass der Anteil der Bundeszuschüsse am Gesamtbudget der Rentenversicherung weit gehend konstant bleibt«, schreibt die Deutsche Rentenversicherung.[35] Die Frage ist natürlich: Warum? Warum kommt es zu Leistungsausweitungen, ohne dass der Bundeszuschuss erhöht wird?

Wirtschaftswissenschaftlerinnen haben die Probleme des Rentensystems schon vor Jahrzehnten erkannt. Und tatsächlich ist auch immer wieder am System geflickschustert worden, damit es nicht aus allen Nähten platzt: Einbeziehung von Weihnachts- und Urlaubsgeld in die Beiträge, Nettolohnanpassung der Rentenerhöhungen, Anhebung der Regelaltersgrenze auf 65 (2001) und dann 67 Jahre (2007), weitere Anpassung der Rentenformeln, Einführung eines Nachhaltigkeitsfaktors, »doppelte Haltelinie für Beitragssatz und Sicherungsniveau« und so weiter.[36] In den letzten 30 Jahren wurden eigentlich jedes Jahr Gesetze zur Rentenreform verabschiedet. Nur ein paar Beispiele: Beitragsentlastungsgesetz, Rentenreformgesetz, Altersvermögensergänzungsgesetz und Altersvermögensgesetz, RV-Nachhaltigkeitsgesetz, Gesetz zur Organisationsreform in der gesetzlichen Rentenversicherung, RV-Altersgrenzenanpassungsgesetz, Rentenversicherungs-Leistungsverbesserungsgesetz, Rentenüberleitungs-Abschlussgesetz, Betriebsrentenstärkungsgesetz.[37] Wer noch nicht genug hat, konsultiere gerne die in der letzten Endnote angegebene Quelle nach weiteren schönen Gesetzesnamen.

Wenn nun aber die Probleme schon seit Jahrzehnten so deutlich sind, wenn vor allem auch die demografische Situation so klarmacht, dass ein Umlagesystem mit einer solchen demografischen Schieflage nicht funktionieren kann – warum ist dann nichts tatsächlich Einschneidendes, nichts wirklich Nachhaltiges geschehen?

Dafür gibt es drei Gründe. Der erste, grundlegende, ist leicht zu verstehen und schnell abzuhandeln. Er liegt im System. Das umlagefinanzierte Rentensystem ist zwar nicht nachhaltig, man kann es aber auch nicht einfach abschaffen. Denn stellen wir uns vor, was das hieße: Die Alternative wäre ein Rentensystem, in dem jeder für sich oder in einer Gruppe anspart, um diesen Betrag später verzinst als Rente ausgezahlt zu bekommen (kapitalgedecktes System). Stellten wir nun über Nacht das System um, bekämen die Rentner keine Rente mehr (weil die Umlage ja nicht mehr bezahlt würde), und gleichzeitig hätten die älteren Erwerbstätigen bisher nichts für ihre eigene Rente angespart. Die Folge wäre Altersarmut für weite Teile der Menschen über 50. Das kann kein Mensch wollen. Ein kompletter, abrupter Systemwechsel ist daher unmöglich. Rentensysteme sind »pfadabhängig«.

Die anderen beiden Gründe sind komplizierter: Sie betreffen die wesentlichen Spieler im System: die Cold-War-Generation und ihre Eltern, die Rentner.

»Wir haben das auf der Zeitschiene wohl nicht so durchgerechnet.«[38]

Will man verstehen, warum das Rentensystem nicht grundlegend reformiert worden ist, muss man sich in die Zeiten der alten Bundesrepublik zurückversetzen, besonders in die 1970er und 1980er-Jahre. Diese Zeit haben wir oben als einen Traum, als die goldenen Jahre jedes umlagefinanzierten Rentensystems bezeichnet: viele Erwerbstätige – die Cold-War-Generation –, wenige Rentner. Zurückblicken konnte man auf mittlerweile 20, 30 Jahre einer stetig steigenden, pünktlich ausgezahlten und auskömmlichen Rente.

Krisenrepublik Deutschland

Vergessen war, dass das System noch nicht einmal eine Generation alt war und dass es nie zuvor ein System gegeben hatte, das nicht nur einen »Sicherheitszuschuss zum Lebensunterhalt« im Alter gewähren, sondern komplett die »Lebensstandardsicherung«[39] garantieren sollte. Die Rentenbezieherinnen jener Zeit, um 1910 geboren, und auch deren Kinder – die Kriegskinder – konnten sich vielleicht noch daran erinnern, wie wenig ihre Eltern bzw. Großeltern durch Renten versorgt worden waren. Aber die »langen sechziger Jahre«, die Zeit des Wirtschaftswunders im Kalten Krieg, die Erfahrung fortwährenden Wachstums und permanenter Wohlstandsgewinne, die schlagartige und dann stetige Erhöhung der Renten hat sie geprägt und eine ganz klare Erwartungshaltung ausgebildet: Die Rente sichert den Lebensstandard im Alter. Ich muss nichts weiter tun, als meinen Job zu machen. Die auskömmliche Rente war das neue Normal. Wer denkt denn über das Finanzierungsmodell der Rente nach, wer macht sich schon über den demografischen Wandel Gedanken? Wem ist schon bewusst, dass er oder sie nicht für die eigene Rente anspart, sondern dass jeder eingezahlte Euro sofort wieder ausgezahlt wird, verbunden mit dem Versprechen, die nächste Generation werde das Gleiche tun?

Für die Cold-War-Generation trifft das genauso zu, nur gab es für diese nicht einmal etwas zu vergessen. Als sie in das Arbeitsleben eintrat, war die gesetzliche Rente nicht mehr das *neue* Normal, sondern einfach nur noch normal. Sie fügte sich vollständig ein in das Psychogramm, das wir im zweiten Kapitel entwickelt haben: Die gesetzliche Rente erfüllte die Bedürfnisse nach Stabilität und Risikovermeidung, sie entsprach dem Wunsch nach Wachstum und Sicherheit. Und die selbstzufriedene Binnenperspektive behinderte die Sicht auf mit dem Rentensystem verbundene Risiken. Und das umso mehr, je jünger man war.

Hinzu kommt: Das deutsche Rentensystem ist ja nicht vollständig schlecht. Das wird auch deutlich, wenn man sich den Mercer CFA Institute Global Pension Index 2022 anschaut, in dem die

Unternehmensberatung Mercer 44 Renten- und Pensionssysteme weltweit miteinander verglichen und bewertet hat.[40] Deutschland landet dort im oberen Mittelfeld auf Platz 17. In zwei von drei Kategorien bekommt das deutsche System das beste Grade A, und zwar in Adäquatheit und Integrität. In der dritten Kategorie hat sie allerdings das zweitschlechteste Grade, ein D. Und das ist die Kategorie der langfristigen Nachhaltigkeit des Systems. Genau die Perspektive, die weder die Nachkriegsgeneration noch die Cold-War-Generation einnahm.

So kam es zu immer neuen Leistungen in der gesetzlichen Rente, und ähnlich ging es bei betrieblichen Altersversorgungen zu. Die Journalistin Julia Friedrichs lässt eine Redakteurin eines öffentlich-rechtlichen Senders erzählen, die noch der Nachkriegsgeneration angehört: »Bis Anfang der 1990er Jahre machten die Rundfunkanstalten ihren Redakteuren teure Versprechen für die Rente, die jetzt, oh Wunder, das Budget in der Gegenwart einschnüren. Man habe das Ganze ›auf der Zeitschiene wohl nicht so durchgerechnet‹, sagt einer der Verhandler heute.«[41]

»Auf der Zeitschiene wohl nicht so durchgerechnet« – das trifft es auf den Punkt. Und dennoch wurden immer wieder neue Leistungen in die Rentenversicherung aufgenommen, die vor allem Ältere bevorteilten: die Mütterrente, die Rente mit 63 für besonders langjährig Versicherte, eine verbesserte Erwerbsminderungsrente. Das Bundesministerium für Arbeit und Soziales ist dennoch überzeugt, dass »[m]it den 2003 und 2004 beschlossenen Änderungen [...] unser Rentensystem weiter zukunftsfest an die demografischen und gesellschaftlichen Veränderungen unserer Zeit angepasst [wurde]. Die zusätzlichen Belastungen werden dabei gerecht auf die Schultern aller Generationen verteilt.«[42]

Ist das so? Wir werden auf das Thema Generationengerechtigkeit im Schlussteil dieses Buches noch genauer eingehen, doch bereits hier kann man feststellen, dass das nicht der Fall ist. Die meisten der zusätzlichen Leistungen begünstigen Ältere oder Menschen, die bereits Rentner sind. Ein Beispiel: Die Rente, die eigentlich an die Lohnentwicklungen gekoppelt ist, kann nicht sinken, wenn die Reallöhne sinken. Der Grund: Infolge der Finanzkrise hatte die Bundesregierung 2009 die »Rentengarantie« eingeführt – eine in der großen Koalition »unstrittige Aktion«[43] (eine »Lohngarantie« gibt es natürlich nicht). Die Löhne sanken in jenem Jahr um ein Prozent, aber »die Ruheständler bekamen mitten im Krisenjahr 2009 im Westen 2,4 Prozent mehr Rente, im Osten sogar 3,4 Prozent plus. Das war die deutlichste Rentensteigerung seit mehr als zehn Jahren.«[44] Durch einen »Nachholfaktor« soll diese Zusatzbelastung der Beitragszahler später nachgeholt werden – den aber hat die Bundesregierung 2018 ausgesetzt. Die Folge: Im Coronajahr 2020 sanken die Reallöhne, nicht aber die Renten, und durch Aussetzung des Nachholfaktors wurde dies 2021 auch nicht kompensiert. Sozialminister Heil will zwar den Nachholfaktor wieder aktivieren. Sinkt die Rente aber künftig unter ein bestimmtes Sicherungsniveau, dann soll formal gar kein Ausgleichsbedarf mehr festgestellt werden.[45] Die Kosten bleiben in diesem Fall dauerhaft bei den Beitragszahlerinnen, egal, wie sich deren Löhne entwickeln.

Die jüngsten Pläne von Sozialminister Heil und Finanzminister Lindner sehen vor, über 2025 hinaus zwar das Rentenniveau zu halten, nicht aber die Beitragssätze zu deckeln.[46] Selbst wenn ein kleiner Teil der Rente künftig am Kapitalmarkt erwirtschaftet werden soll (»Aktienrente« oder – weil Deutsche das Wort »Aktie« offenbar böse finden – »Generationenkapital«), ist klar, was das bedeutet: Die Beiträge werden steigen. Denn jetzt gehen ja auch noch die Boomer, die Cold-War-Generation in Rente.

Dass im Lichte all dessen zwei Professoren noch 2020 schreiben, das Rentensystem sei – »trotz mancher Probleme« – eine »Erfolgsstory«, lässt verwundern.[47] Vielleicht hat es auch etwas mit dem Alter der beiden Herren zu tun, die, Jahrgang 1947 und 1952, längst in Rente oder vermutlich eher in Pension sind. Für diese Generation ist es in der Tat eine Erfolgsstory. Und die Politik bemüht sich gerade eifrig, es auch für die Cold-War-Generation, die neuen Alten, als eine aussehen zu lassen.

Warum ist das eigentlich so? Es hat mit einer ziemlich merkwürdigen Sache zu tun. Dabei geht es auch ums Alter. Und zwar ums Indifferenzalter.

Warum das Indifferenzalter nicht gleichgültig ist

Will man das Wort »Indifferenzalter« googeln, sucht Google stattdessen nach »Indifferenz« und »Alter« und empfiehlt Seiten, die sich mit den Themen Gleichgültigkeit oder Sinnsuche im Alter beschäftigen. Das ist sicher auch interessant, hilft uns hier aber nicht weiter. Ganz offensichtlich wird der Ausdruck extrem selten verwendet, er ist ein bisschen technisch, aber doch sehr hilfreich, wenn man verstehen will, warum wir uns mit dem Umbau des Rentensystems so schwertun.

Jeder Umbau eines Rentensystems kennt trivialerweise Gewinner und Verliererinnen – senke ich beispielsweise die Renten, profitieren die jungen Beitragszahler, weil ihre eingesparten Beiträge einen höheren Barwert haben als die in Jahrzehnten zu erwartenden geringeren Rentenbezüge. Die älteren Beitragszahler und die Rentner verlieren hingegen in diesem Beispiel. Hier kommt nun das Indifferenzalter ins Spiel. Eingeführt haben den Begriff Hans-Werner Sinn, der streitbare ehemalige Direktor des ifo Instituts in München, und die Ökonomin Silke Übelmesser, heute Professorin an der Universität Jena, in einem gemeinsamen Aufsatz 2002.[48] Gemeint ist damit das Lebensalter, in dem die monetären Vor- und Nachteile einer Reform der Rentenversicherung sich aufheben – in dem es also gleichgültig ist, ob die Reform stattfindet oder nicht. Ist man jünger als das Indifferenzalter, profitiert man, ist man älter, verliert man.

Um nun zu verstehen, wie hoch die Akzeptanz in der Bevölkerung für eine solche Reform sein wird, muss man das Indifferenzalter in Beziehung setzen zum Medianalter. Das ist das Alter, das die Bevölkerung in zwei genau gleich große Gruppen teilt. »Liegt das Indifferenzalter über dem Medianalter«, schreibt Sinn an anderer Stelle, »dann profitiert die Mehrheit der Bevölkerung von einer Reform. [...] Liegt es darunter, dann profitiert eine Mehrheit von einer weiteren Ausdehnung des umlagefinanzierten Rentensystems.«[49]

Das Medianalter liegt in Deutschland in Moment bei knapp 45 Jahren und ist damit eines der höchsten der Welt;[50] bis 2050 wird es vermutlich auf fast 50 Jahre ansteigen.[51] Sinn sah schon 2015 das Jahr gekommen, in dem das Medianalter über dem Indifferenzalter liegt und Rentenreformen für eine Mehrheit finanziell unattraktiv sind.[52] In seinem Aufsatz ist das schwer nachzuvollziehen, aber österreichische Wissenschaftler haben in einer Studie herausgefunden, dass in Österreich 2014 das Medianalter schon so weit über dem Indifferenzalter lag, dass drei Viertel gegen eine Pensionsreform in Österreich hätten stimmen müssen, die eine Umstellung auf ein Modell wie in Schweden zur Folge gehabt hätte.[53] Selbst wenn man annimmt, dass ein Viertel der Wähler »Altruisten« in dem Sinne sind, dass sie aus Gerechtigkeitsgründen gegen eigene finanzielle Interessen stimmten, hätte es nur noch für einige Varianten im Modell Mehrheiten gegeben. Und dabei liegt das Medianalter in Österreich noch unter dem in Deutschland.

Auch wenn das Medianalter in Deutschland in den letzten Jahren durch den Zuzug junger Migrantinnen und Geflüchteter nicht anstieg, wird es das auf mittlere und lange Sicht tun. Zumal Folgendes hinzukommt: Eine nicht unerhebliche Gruppe aus der jüngeren Hälfte der Bevölkerung hat ja kein Stimmrecht – alle unter 18 Jahren. Die ältere Hälfte hingegen darf komplett wählen. 14 Millionen Menschen in Deutschland sind unter 18 – fast 25 Millionen über 60.[54] 21 Millionen Menschen beziehen Rente.[55] Zwei Beitragszahler finanzieren inzwischen einen Rentner.[56] 39 Prozent der Wähler sind über 60, aber nur 28 Prozent unter 40 Jahre alt.[57]

Bewegen wir uns in Richtung Gerontokratie? Genauso sieht es aus.

Gerontokratie = Der Kotau der Politik vor den Wählerstimmen der Alten

Schaut man sich das Wahlverhalten der Deutschen bei der Bundestagswahl 2021 an, dann sticht eine Sache sofort ins Auge: die völlig unterschiedlichen Präferenzen der Wähler je nachdem, wie alt sie sind. Überspitzt formuliert: Alte wählen CDU und SPD, Junge wählen Grüne und FDP. In der jüngsten Altersklasse der 18- bis 24-Jährigen wählten 44 Prozent Grüne und FDP, aber nur 25 Prozent CDU/CSU und SPD. Genau umgekehrt bei den über 70-Jährigen: 73 Prozent wählten hier Schwarz und Rot, aber nur 15 Prozent Gelb und Grün. Bei den 60- bis 69-Jährigen waren es 60 Prozent versus 21 Prozent.[58]

Wir haben aber eben gesehen, dass fast 40 Prozent der Wähler über 60 Jahre alt sind (und 60 Prozent über 50 Jahre). Und es werden immer mehr. Wenn wir – wie die Forscherinnen der eben genannten österreichischen Studie – davon ausgehen, dass maximal 25 Prozent der Menschen altruistische, den eigenen Geldbeutel negativ beeinflussende Entscheidungen mittragen würden, dann bedeutet das, dass fast 50 Prozent der Wählerinnen immer neue Rentensteigerungen, auf gar keinen Fall aber irgendwelche Abstriche bei der Rente wollen. Allein deswegen, weil ihr Medianalter über dem Differenzalter liegt. Das Gros dieser Menschen wählt Schwarz und Rot. Und da immer entweder Schwarz oder Rot (oder beide) mitregieren, gibt es eben auch keine grundlegende Rentenreform, wird nicht die Perspektive der Jungen eingenommen, wird an der Haltelinie bei der Rentenhöhe, nicht aber an der der Beitragssätze festgehalten.

Anfang März 2024 konnte die Gerontokratie in Deutschland und auch in der Schweiz (in der das Medianalter mit knapp 43 Jahren[59] auch schon recht hoch, aber noch vier Alter unter dem von Deutschland liegt) weitere Erfolge feiern. Am 3. März fanden in der Schweiz zwei Volksinitiativen statt. In der einen stimmten 58 Prozent der stimmberechtigten Bevölkerung und die Mehrheit der Kantone dafür, eine bisher unbekannte 13. Monatsrente einzuführen – acht Prozent Rentenerhöhung aus dem Nichts und ohne einen Vorschlag, wie die Kosten in Höhe von etwa fünf Milliarden Franken jährlich finanziert werden sollen. Es wird wohl auf eine Erhöhung der Lohnabzüge (das träfe die noch arbeitende jüngere Bevölkerung) oder eine Erhöhung der Mehrwertsteuer (das träfe vor allem sozial Benachteiligte) hinauslaufen.[60] Es ist das erste Mal seit Einführung des Initiativrechts in der Schweiz im Jahr 1891, dass eine sozialpolitische Initiative eine Mehrheit erlangte,[61] aber es ist eben auch neu, dass die Bevölkerung so stark altert. Passend dazu wurde die zweite Volksinitiative an jenem Tag mit der riesigen Mehrheit von 75 Prozent abgelehnt: Nämlich die moderate Erhöhung des Rentenalters von 65 auf 66 Jahre mit einer anschließenden Koppelung an die Lebenserwartung.[62] Die nächste Generation wird's schon richten.

In Deutschland stellten nur zwei Tage später, am 5. März 2024, Sozialminister Heil und Wirtschaftsminister Lindner ihren Gesetzentwurf zur »Reform« der Rentenversicherung vor. Die wesentlichen Punkte: Das Rentenniveau von 48 Prozent der Durchschnittslöhne wird bis 2039 sichergestellt. Zusätzlich wird die »Stiftung Generationenkapital« eingeführt, um einen Teil der Renten am Aktienmarkt zu finanzieren. Am 29. Mai wurde das Gesetz im Bundeskabinett beschlossen. »Wir blicken mit besonderer Vorfreude darauf«, meinte dazu SPD-Generalsekretär Kevin Kühnert.[63]

Vorfreude sollte in der Tat aufkommen, allerdings nur bei den Rentnerinnen (und denjenigen, die es bald werden, also der Cold-War-Generation). Ihnen stehen höhere Renten als bisher vorgesehen ins Haus. Dafür aber muss die »Belastungsgrenze« der Beitragszahlerinnen aufgegeben werden. Allein 2035 fallen zusätzliche

Rentenausgaben in Höhe von 28 Milliarden Euro an (das Institut der deutschen Wirtschaft errechnet sogar eine Lücke von 34 Milliarden Euro[64]); das bedeutet 1,1 Prozent höhere Abgaben für die arbeitende Bevölkerung (zusätzlich zu den zweieinhalb Prozent, die die Abgaben aufgrund des demografischen Wandels ohnehin steigen würden).[65] Das mit kleinen Beträgen finanzierte Generationenkapital kann diese Finanzierungslücken auf keinen Fall ausgleichen – dafür müsste es mit 877 Milliarden Euro bis 2035 ausgestattet werden, was natürlich nicht geschehen kann und wird.[66] »Raff-Rentner« und »Rentner first«, titelte *Der Spiegel.*[67] Der »Generationenvertrag« werde damit faktisch aufgehoben. In seltener Einmütigkeit finden das sowohl *Der Spiegel* als auch die *Frankfurter Allgemeine Zeitung* einfach nur unfair gegenüber jüngeren Generationen; *Tagesspiegel, Neue Zürcher Zeitung* und Experten sehen das ähnlich.[68] Aber so geht es eben zu in einer Gerontokratie.

Auch Baden-Württembergs Finanzminister Danyal Bayaz von den Grünen spart nicht mit Kritik. Diese »Reform« werde so nicht funktionieren, und es fehle ihr an Ehrlichkeit.[69] FDP und Grünen fällt es eben leichter, Innovationen wie eine Aktienrente oder die Wiedereinführung des Nachholfaktors zu fordern: Weil sie eben auch die Interessen der Jungen vertreten, weil sie von denen überdurchschnittlich häufig gewählt werden.

Die SPD und die CDU/CSU aber brauchen die Stimmen der Alten: Bezeichnend daher 2021 die Reaktion von Olaf Scholz, damals noch Finanzminister, auf die Vorstellung eines Gutachtens zur Reform der gesetzlichen Rente, das vom Wissenschaftlichen Beirat des Wirtschaftsministeriums erarbeitet worden war.[70] Die fünf Autoren der Studie, allesamt Koryphäen auf ihrem Gebiet, hatten sich erdreistet, als einen von mehreren Diskussionsvorschlägen eine Erhöhung des gesetzlichen Rentenalters in Abhängigkeit von der steigenden Lebenserwartung ins Spiel zu bringen – ein Modell, das sich seit Jahren in Schweden bewährt hat und inzwischen von neun EU-Ländern praktiziert wird (neben Schweden noch Dänemark,

Estland, Finnland, Italien, Niederlande, Portugal und Slowakei).[71] Ausdrücklich nicht als Empfehlung, sondern als Vorschlag für eine sachliche Diskussion, um ein drängendes gesellschaftliches Problem anzugehen. Doch Scholz schob dem gleich einen Riegel vor, indem er die Professoren einfach abkanzelte: »Die Vorschläge dieses so genannten Expertengremiums sind falsch gerechnet und unsozial.« – »Das sind alles Horrorszenarien, mit denen Rentenkürzungen begründet werden sollen, für die es keinen Anlass gibt.«[72] Von Kürzungen hatte natürlich niemand gesprochen; es ging lediglich um geringere Steigerungen. Zwei Jahre später dann, im November 2023, hat Scholz sich – bei einer »Zukunftsdiskussion« der Zeitung *Heilbronner Stimme* und nachdem die »Wirtschaftsweisen« erneut dringlichen Reformbedarf angemahnt hatten[73] – der Diskussion komplett verweigert. »Nein, diese ›blöde Diskussion über das Renteneintrittsalter‹ wolle er nicht mehr führen, sagte der Kanzler barsch, als der Chefredakteur ihn auf der Bühne darauf ansprach. Ein klares Basta à la Scholz war das.«[74] In einem Video zum 1. Mai 2024 sprach er den Kritikern sogar die moralische Integrität ab: »Den verdienten Ruhestand streitig zu machen« sei »eine Frage des Anstands«.[75]

So kann man das natürlich auch machen. Par ordre du mufti. Wobei es schon einiger Chuzpe bedarf, die Topwissenschaftler als »so genannte Experten« zu diffamieren, die nicht rechnen können. Die populistische Formulierung »so genannte Experten«, die ja nur darauf abzielt, Wissenschaftlerinnen als weltfremde, abgehobene, vom gemeinen Volk entfremdete Elite zu verunglimpfen und damit aus dem Spiel zu nehmen, hatte auch einer von Scholz' Vorgängern, der SPD-Kanzlerkandidat Martin Schulz im Bundestagswahlkampf gerne benutzt, wenn es galt, eine Diskussion abzublocken und schwierigen Argumenten zu entkommen. Scholz fährt dann fort: »Diese Horrorszenarien sind bislang wegen hoher Beschäftigung nie eingetreten. Ich freue mich auf eine Debatte mit echten Experten.«[76] Wer die »echten Experten« sein sollen, wenn der Wissenschaftliche Beirat die falschen sind, bleibt Scholz' Geheimnis. Wobei dem so allwissenden Experten Scholz sicher auch bekannt ist: Die Beschäftigungsquote in Deutschland liegt mit 81 Prozent so hoch wie nie.[77] Sie liegt damit in der Spitzengruppe in Europa und wird sich nicht mehr extrem steigern lassen.[78] Während in den 1990er Jahren nur etwa 38 Millionen Menschen in Deutschland einer Erwerbstätigkeit nachgingen,[79] sind es heute fast 46 Millionen – eine Rekordzahl.[80] Und nun geht die Cold-War-Generation in den Ruhestand. Von den hohen Zahlen, die wir jetzt sehen, werden wir uns verabschieden können, Migration hin oder her.

Ein besonderes Problem für »Querrechner«[81] Scholz war sicherlich, dass das Gutachten der Rentenexperten drei Monate vor der Bundestagswahl vorgestellt wurde. Die Bild-Zeitung brachte auf den Punkt, was vermutlich auch Olaf Scholz durch den Kopf ging: »Renten-Hammer vor der Bundestagswahl!«[82]

Jede Stimme zählt, und da die Jungen ja keine Stimme haben, zählt die der Älteren und Alten eben doppelt. Deshalb verweigert man sich der Einsicht in die Notwendigkeiten. Es erscheint nicht zu hoch gegriffen, das einen Verrat an der nächsten Generation zu nennen.

Kann man dem irgendwie entkommen? Vielleicht, indem man eine ganz andere Perspektive auf das Thema einnimmt. Das führt uns zu einem der bedeutendsten Bevölkerungswissenschaftler der letzten Jahrzehnte: zu James Vaupel.

Die fatale Ceteris-Paribus-Logik

Ursprünglich befand sich James Vaupel auf einem ganz anderen Weg. Er hatte mathematische Statistik und Politikwissenschaften studiert und stand kurz vor einer Professur in Politologie, als ihn ein Schicksalsschlag zur Demografieforschung brachte.[83] Drei nahe Verwandte verstarben sehr plötzlich, und das weckte sein Interesse an Fragen des Todes und der Lebenserwartung. Zunächst Professor in den USA und Dänemark, wurde er 1996 zum Gründungsdirektor des Max-Planck-Instituts für demografische Forschung in Rostock berufen. Dieses Institut hat er über 20 Jahre geleitet und in kurzer Zeit zu einer der renommiertesten Forschungseinrichtungen seiner Art auf der Welt gemacht.

Natürlich kannte Vaupel all die Probleme des demografischen Wandels und der daraus folgenden Schwierigkeiten für die Sozialversicherungssysteme. Was ihn aber von vielen anderen unterscheidet, ist seine Haltung, seine Einstellung zu den unabweislichen demografischen Tatsachen. Er versucht immer wieder, Chancen, Möglichkeiten, Positives zu entdecken, wo andere nur Probleme sehen. Damit verändert er radikal die Perspektive auf das Thema.

So auch in einem Aufsatz, den er 2011 gemeinsam mit dem Journalisten Björn Schwentker verfasste.[84] Gleich zu Beginn ein Paukenschlag: Der demografische Wandel sei kein Riesenproblem, vielmehr eine »große Chance für die entwickelten Länder, ihre Gesellschaften umzubauen, um flexibler und glücklicher zu leben als bisher. Und das auf einem höheren Bildungsniveau.«[85] Das Problem sei hingegen »die Zögerlichkeit der Gesellschaften, sich diesem Wandel anzupassen«; viele Gesellschaften verharrten in »Angststarre« und interpretierten die Fakten des demografischen Wandels »apokalyptisch fehl«.[86]

Das zentrale Argument für diese Sicht ist seine Forschung zur Lebenserwartung. »Vaupel fand [...] heraus, dass die Lebenserwartung nicht etwa steigt, weil sich der Alterungsprozess verlangsamt – vielmehr setzt er später ein. Das Alter verschiebt sich nach hinten, die Menschen bleiben immer länger jung.«[87] Er selbst schreibt: »Der Alterungsprozess geht nicht langsamer, der körperliche Verfall beginnt nur später. Der Tod stellt sich also nicht langwieriger und schleichender ein, er wird lediglich aufgeschoben. Darum ist es sehr wahrscheinlich, dass sich die gesunde Lebensspanne in gleichem Maße verlängert.«[88] »Grob gesprochen ist damit ein heute 50-Jähriger so fit wie noch 1970 ein 40-Jähriger oder ein 65-Jähriger so gesund wie ein damals 55-Jähriger. Das Alter wird also immer aktiver und agiler, und Alte können (und wollen) gesellschaftlich mehr Verantwortung übernehmen als früher. Mit dieser Einsicht verliert der demografische Wandel sofort eine Menge des ihm zu Unrecht zugeschriebenen Schreckens.«[89]

Die Diskussion heute leide aber an einer »Ceteris-Paribus-Logik« – der Annahme, dass nur ein Parameter sich ändere (die Lebenserwartung), alle andere jedoch gleich blieben. In unserem Zusammenhang der Altenquotient, also das Verhältnis der Alten (und damit Rentenempfänger) zu den Erwerbstätigen (= Beitragszahler). Denn warum sollen Menschen mit 65 oder 67 nicht mehr arbeiten, obwohl sie gesund und fit sind?[90] Vaupel selbst übrigens folgte seinen Einsichten, leitete sein Institut in Rostock, bis er 72 war, und lehrte danach noch in Dänemark.

Die politische Praxis des Festhaltens an der starren Altersgrenze, so Vaupel, sei ohnehin absurd: »Als die Rentenversicherung 1913 eingeführt wurde und die Menschen etwa 50 Jahre lang lebten, war die Grenze von 65 Jahren ebenso wenig berechtigt wie heute bei einer Lebenserwartung von etwa 80.«[91] Daher spricht er sich für eine Abhängigkeit des Renteneintrittsalters von der durchschnittlichen Lebenserwartung aus, wie das in den Niederlanden, Schweden und vielen anderen Ländern der Fall ist, oder gleich für eine komplette Abschaffung eines festen Renteneintrittsalters.

Wäre das wünschenswert? Ja. Wenn damit die gesamte Lebensarbeitszeit entzerrt wird und wenn sichergestellt wird, dass ältere Menschen flexibel arbeiten können und Kranke, die nicht mehr arbeiten können, auskömmliche Renten bekommen.

Vielleicht verschwände dann auch endlich das permanent medial vermittelte Bild von Rentnern als klapprigen Greisen auf Parkbänken oder – mit einem Glas Sekt in der Hand – im Strandkorb auf Sylt. Eine alternde Gesellschaft wie die unsere braucht ein neues

Verständnis, ein neues Framing von Alter: Solange ich noch fit bin, bin ich nicht alt, und meistens bestimmt nicht mit 65.

Wovon wir uns aber dringend verabschieden müssen: Mit Anfang 50 den Ruhestand für Anfang 60 zu planen und wie selbstverständlich den Anspruch zu erheben, dann noch 20 bis 30 Jahre eine auskömmliche Rente zu beziehen. Besonders die Cold-War-Generation ist hier in der Pflicht, ja man kann sogar sagen: in der moralischen Verantwortung.

Warum?

Die besondere Verantwortung der Cold-War-Generation

Es liegt eben tatsächlich daran, dass sie ziemlich wenige Kinder bekommen hat.

Zwar ist die Cold-War-Generation trivialerweise nicht dafür verantwortlich, dass wir das Rentensystem haben, das wir nun einmal haben – die ältesten Mitglieder dieser Generation waren bei seiner Einführung Säuglinge, die Meisten noch gar nicht geboren. Dass 1957 nur der halbe Schreiber umgesetzt wurde, dass es kein kombiniertes Rentensystem mit umlagefinanzierten und kapitalgedeckten Anteilen gab, dass die Rente nicht als Unterstützung zum Lebensunterhalt, sondern als Vollabsicherung kommuniziert wurde – dafür ist die Generation der Kaiserzeit verantwortlich, die das System damals mit großer Mehrheit einführte. Und wahrscheinlich sogar mit nachvollziehbaren Gründen, vor allem dem, die grassierende Altersarmut in der Nachkriegszeit zu bekämpfen: durch die beitragslose Rente der Erstbezieher. Wie wir gesehen haben, hat das seinen Preis.

Dennoch ist es so: Die Cold-War-Generation, die ja überwiegend so gerade noch nicht im Ruhestand ist, entrichtet die Rentenbeiträge unmittelbar an die Generation ihrer Eltern. Und die haben nun einmal viele Kinder bekommen, deren Kosten sie alleine ohne Kindheitsrente getragen haben. Und weil es so viele Kinder waren, hat das System bisher ja auch so gerade noch funktioniert. Das Problem, vor dem wir jetzt stehen, ist die Cold-War-Generation selbst, die zu wenige Kinder für ein funktionierendes Umlagesystem bekommen hat. Das Rentensystem gerät ja erst aus den Fugen, wenn die Generation der Vielen in den Ruhestand geht.

Daran ist diese Generation nicht »schuld«. Es geht sowieso nicht um Schuld, sondern um die Verantwortung dafür, die Probleme zu lösen. Die Cold-War-Generation ist nicht »schuld« an dem System, auch nicht an der zunehmenden Ausweitung des Systems vor allem in den 1970er und 1980er Jahren und erst recht nicht am »Die-Rente-ist-sicher«-Sand-in-die-Augen-Streuen. Sie ist auch nicht verantwortlich für die unzureichende staatliche Unterstützung bei der Bekämpfung der geringen Geburtenzahlen und der reaktionären, antinatalistischen Familienpolitik der Helmut-Kohl-Ära. Das war alles die Generation ihrer Eltern. *Die* haben das »nicht so richtig durchgerechnet«, also nicht langfristig gedacht. Denn Kinder bekommen die Leute ja immer … Die Cold-War-Generation ist auch bestimmt nicht »schuld« daran, dass viele von ihnen – Frauen wie Männer – sich emanzipiert und den traditionellen Rollenbildern den Garaus gemacht haben. Im Gegenteil, das ist eine große Errungenschaft.

Gleichwohl: Die Probleme sind seit den 1980er Jahren bekannt, seit mehr als 20 Jahren weist die Rentenversicherung darauf hin, dass die gesetzliche Rente allein nicht mehr zur Sicherung des Lebensstandards im Alter ausreicht, seit 20 Jahren ist auch die Cold-War-Generation an den Schalthebeln der Macht. Geändert hat sich aber trotzdem nicht genug. Selbst zu Zeiten, als das Indifferenzalter vermutlich noch so deutlich über dem Medianalter gelegen hat, dass man für weit reichende Änderungen im System Mehrheiten hätte gewinnen können. In anderen Ländern wie Schweden ist das ja auch vor 30 Jahren möglich gewesen. Die Cold-War-Generation hat aber nicht für Mehrheiten zu fundamentalen Änderungen des Systems gesorgt, als dies wahltechnisch noch leichter gegangen wäre.

Deswegen gibt es eine moralische Verantwortung der Cold-War-Generation – und zwar ihren Kindern gegenüber. Alle Angehörigen der Generation sollten sich immer vor Augen halten, dass sie es ihren Kindern gegenüber verantworten müssen, wenn sie »Haltelinien« für die Höhe der Rente fordern, aber nicht für die Beiträge. Wenn ihre Renten auch dann steigen, wenn die Einkommen ihrer Kinder sinken. Es wäre schon sehr traurig, wenn es tatsächlich nur 25 Prozent wären (wie die Forscher der österreichischen Indifferenzalter-Studie meinen), die als »Altruisten« gegen ihre unmittelbaren finanziellen Interessen stimmen würden. Wobei »Altruismus« hier ja nur heißt, die Interessen der Kinder zu berücksichtigen. *Descending altruism,* absteigenden Altruismus nennt Martin Werding im persönlichen Gespräch dieses auf die eigenen Nachkommen beschränkte uneigennützige Verhalten, das vor der Einführung von Rentenversicherungen gar nicht selbstlos, sondern für das eigene Überleben notwendig war.

Dies trifft natürlich besonders diejenigen, die gar keine Kinder haben oder nur eins (damit betrifft es auch übrigens mich selbst). Noch einmal: Niemanden geht es etwas an, wie viele Kinder jemand bekommt, und keiner hat das Recht, Lebensentscheidungen oder Schicksale dieser Art zu bewerten. Dennoch: Die Kosten der Bereitstellung zukünftiger Beitragszahler haben andere getragen. Deshalb sollten sich Kinderlose und Kinderarme besonders zurückhalten, wenn es darum geht, Haltelinien oder Ähnliches zu fordern. Sie sollten sich im Gegenteil besonders in der Verantwortung fühlen.

Natürlich müssen wir dabei vor allem diejenigen im Auge behalten, die wirklich kärgliche Renten haben. Wobei es eine Frage der Perspektive ist, ob es Rentnern in Deutschland gut oder schlecht geht. Auf der einen Seite können etwa 40 Prozent der Rentner und

Rentnerinnen in Berlin und sogar zwei Drittel in Brandenburg mit einer Rente von höchstens 1 500 Euro rechnen – nach 45 vollzeitbeschäftigten Versicherungsjahren.[92] Gleichzeitig kommen aber Männer schon nach 35 Versicherungsjahren im Schnitt auf eine Bruttorente von 1 728 Euro im Monat (Frauen wegen des höheren Teilzeitanteils nur auf 1 316 Euro).[93]

Um aber die finanzielle Situation von Rentnern angemessen einschätzen zu können, sollte man auch auf die Haushalte schauen. Und da stellt man Folgendes fest:

Tatsächlich stehen vor allem Rentnerehepaare oft finanziell gut da. Nach dem aktuellen Alterssicherungsbericht der Bundesregierung haben sie im Schnitt ein Einkommen von 2907 Euro im Monat, und zwar netto. Mehr als die Hälfte der Senioren besitzt ein eigenes Haus oder eine eigene Wohnung, lebt also mietfrei.[94]

Zum Vergleich: Das durchschnittliche monatliche Nettogehalt eines Arbeitnehmers in Deutschland betrug 2023 2 425 Euro.[95] Und von denen leben weit weniger als die Hälfte in Wohneigentum, weil die Wohneigentumsquote in Deutschland nur bei 42 Prozent liegt.[96]

Tatsächlich geht es also vielen Rentnern ziemlich gut, und wir sollten bei unseren abschließenden Überlegungen daher die Perspektive derjenigen in den Mittelpunkt stellen, die die Renten der sehr großen Cold-War-Generation bezahlen sollen – ohne die armen Rentner zu vergessen.

Wie könnte es weitergehen?
Der James-Vaupel-Mindset und andere Ideen

Lassen Sie uns abschließend überlegen, wie wir aus diesem Schlamassel wieder herauskommen können. Dazu thesenartig einige Ideen.

Wir müssen endlich die Wahrheit sagen

Eine Vorbedingung, um das Rentenproblem überhaupt angehen zu können, besteht darin, Transparenz zu schaffen, die Tragweite des Problems zu erläutern, nichts zu verheimlichen, mit einem Wort: den Menschen reinen Wein einzuschenken. Das geschieht aber nicht, im Gegenteil. Wie wir gesehen haben, tut sich gerade Bundeskanzler Scholz damit hervor, überfällige Debatten von vornherein abzublocken und wissenschaftliche Experten sogar zu diskreditieren. Dadurch geraten Handlungsmöglichkeiten gar nicht erst in den Blick, von Fragen der Generationengerechtigkeit ganz zu schweigen.

Um aber Handlungsmöglichkeiten zur Sicherung der Rente einschätzen zu können, muss man sich darüber im Klaren sein, dass es – wie der Bevölkerungswissenschaftler Martin Bujard schreibt – exakt fünf Stellschrauben gibt: (a) Erhöhung des Beitragssatzes, (b) Reduzierung des Rentenniveaus, (c) Anheben des Renteneintrittsalters, (d) Steigerung der Erwerbstätigkeit und (e) Steuerzuschüsse.[97]

Scholz setzt einseitig auf Handlungsmöglichkeit (d), die Steigerung der Erwerbstätigkeit. Dabei haben wir gesehen, dass wir hier schon ein sehr hohes Niveau erreicht haben. (Was natürlich nicht heißt, dass wir es durch zielgerichtete Migration und bessere Umgebungsbedingungen für Eltern nicht weiter erhöhen sollten.) Option (e), eine Erhöhung der Steuerzuschüsse, wird nicht diskutiert. Bereits heute stellen die Steuerzuschüsse zur Rente den höchsten Ausgabeposten des Bundeshaushalts; sie schwanken regelmäßig zwischen 20 und 30 Prozent und liegen 2022 bei 109 Milliarden Euro im Jahr,[98] ein knappes Viertel des Haushalts von 445 Milliarden Euro.[99] Ließen sie sich erhöhen? Darauf kommen wir noch zurück.

Eine Senkung des Rentenniveaus (Option b) schließt die Politik ebenso vehement aus wie eine Erhöhung des Renteneintrittsalters (Option c). So bleibt eigentlich nur noch Option a: Erhöhung des Beitragssatzes. Den schließt die Politik zwar nicht explizit aus, ist den Bürgerinnen gegenüber aber auch nicht so ehrlich, zu sagen, dass das der Weg ist, den sie eigentlich im Sinn hat.

Damit werden die Kinder der Cold-War-Generation über alle Maßen belastet. »Unter dem derzeit geltenden Recht müssen die Beitragssätze für das gesetzliche Rentensystem bis 2035 deutlich erhöht werden«,[100] schreibt Martin Werding, und auch danach enden die Steigerungen nicht. Der Anstieg der Beitragssätze verschärft sich noch, sollte tatsächlich eine dauerhafte »Haltelinie« für die Rentenhöhe eingeführt werden.[101]

Das ist aus mehreren Gründen inakzeptabel: Es ist nicht gerecht gegenüber den Kindern der Baby Boomer. Es verringert die Wettbewerbsfähigkeit Deutschlands durch erhöhte Sozialabgaben. Es verringert die Nettolöhne. Und es reduziert dadurch die Kaufkraft aller und die Attraktivität Deutschlands für qualifizierte Migrantinnen.[102]

Die Wahrheit ist: Wir brauchen eine offene, tatsachenbasierte Debatte, die keine Tabus aufstellt. Und dafür brauchen wir einen anderen Mindset.

Wir brauchen einen James-Vaupel-Mindset

Diesen Mindset können wir von James Vaupel lernen. Er beinhaltet Offenheit für neue Ideen und für Veränderungen statt Beharren auf dem Bekannten und Angst vor Wandel, neues Framing der letzten Lebensphase, keine starre Trennung von Erwerbsphase und Rentenalter. Verstehen, dass wir heute nicht länger krank und siech sind als früher, sondern mehr gesunde Lebensjahre im Alter haben. Und die Konsequenzen daraus ziehen, rational und emotional.

Mit so einem offenen Mindset könnten wir auch einmal über unorthodoxe Ideen wie eine Robotersteuer zur Unterstützung der Sozialsysteme oder zur Finanzierung eines Bürgergeldes nachdenken, wie es zum Beispiel der Microsoft-Gründer Bill Gates und der Chef der Deutschen Post, Frank Appel, vorschlagen.[103]

Oder wir könnten den kühnen Vorschlag der beiden CDU-Abgeordneten Kai Whittaker und Markus Reichel diskutieren. Ihr Vorschlag: »Künftig sollten alle Einkommensarten herangezogen werden, also auch Kapitaleinkünfte und das Einkommen durch selbständige Arbeit.«[104] Teilt man die Sozialabgaben durch alle Einkünfte und nicht mehr nur durch die der abhängig Beschäftigten, würden sie von 40 Prozent auf 27 Prozent sinken. Beitragsbemessungsgrenzen würden aufgehoben, Beamtinnen und Selbständige einbezogen, eine Robotersteuer wäre auch nicht nötig, weil deren Wertschöpfung ja durch die Sozialabgaben auf den Gewinn berücksichtigt würde. Untere Einkommensbezieher würden entlastet und obere belastet.

Wir sollten zumindest den Mindset entwickeln, über so etwas einmal gründlich nachzudenken. Das mag nicht allen gefallen, und vielleicht ist das auch der Grund, warum das Papier auf den Websites von Whittaker und Reiche nicht mehr auffindbar ist.

Die Cold-War-Generation muss Verantwortung übernehmen

Die Cold-War-Generation selbst sollte verstehen, dass sie kein Anrecht darauf hat, 20 oder mehr Jahre ohne Abstriche eine Rente zu beziehen, die von den wenigen Kindern bezahlt werden soll, die die Generation selbst hervorgebracht hat. Es wäre Aufgabe der Politikerinnen, das dieser Generation (ihrer eigenen!) klarzumachen. Immer wieder einmal haben Politiker gegen die vermeintlichen Interessen ihrer Wählerklientel gehandelt: Kanzler Schröder beispielsweise mit den Hartz-Reformen, Kanzlerin Merkel mit ihrer pronatalistischen Politik Anfang des Jahrtausends und mit ihrem Handeln in der Flüchtlingskrise 2015. Jetzt wäre wieder so ein Moment. Ist das wahrscheinlich? Vermutlich nicht. Wir befinden uns auf dem Weg in die Gerontokratie. Dem müssen wir entgegenwirken.

Wir sollten ein Wahlrecht ab Geburt einführen

Ein Schritt gegen die Gerontokratie besteht darin, den 14 Millionen Bürgerinnen, die kein Stimmrecht haben, aber die zukünftigen Belastungen jetzigen Handelns bzw. Nichthandelns tragen sollen, ein Wahlrecht zu verleihen. Und zwar ab Geburt. Das könnte so aussehen:

> *Beim Wahlrecht ab Geburt würden die Eltern für die Anfangszeit das Wählen für ihre Kinder übernehmen. Hier würden die Stimmen jedoch ab einem gewissen Alter eindeutig den Kindern selbst gehören. Die Eltern müssten die Wahl absprechen und dürften nur nach dem Wunsch der Kinder handeln. Sobald die Kinder selbst wählen können und wollen, würde das Recht der Eltern automatisch verfallen.*[105]

Das gelegentlich gehörte Argument, Kindern fehle die »Mündigkeit« oder »geistige Reife«, um an einer Wahl teilnehmen zu können, ist ein reines Scheinargument: Das Grundgesetz sieht kein inhaltliches, kein Kompetenzkriterium zur Teilnahme an Wahlen vor, und folgerichtig dürfen funktionale Analphabeten, Demente, psychisch kranke Straftäterinnen und auch vollbetreute Personen wählen.[106] Warum dann nicht alle Kinder?

Der Vorteil des Wahlrechts ab Geburt gegenüber dem Elternwahlrecht ist Folgender: Es bleibt dabei, dass jeder Mensch eine Stimme hat. Und es wäre nicht nötig, das Wahlalter auf 16 oder 14 herabzusetzen. Der Deutsche Familienverband und die Generationenstiftung unterstützen diesen Vorschlag. Bereits 2003 und 2008 haben Bundestagsabgeordnete die Einführung des Wahlrechts ab Geburt beantragt, was aber von der Mehrheit der Abgeordneten abgelehnt wurde.[107]

Wir sollten eigentlich eine Kindheitsrente einführen

Hier sage ich absichtlich »eigentlich«, weil eine Kinder- und Jugendrente, wie sie Hermann Schreiber ursprünglich vorgesehen hatte, als eine zusätzliche Leistung wohl tatsächlich nicht zu finanzieren wäre (obwohl sie sicher einen positiven Einfluss auf die Geburtenrate hätte). Interessant sind aber Überlegungen des Deutschen Caritasverbandes, eine Kinderrente in Kombination mit einer Basisrente einzuführen.[108] Unabhängig davon sollten wir überlegen, wie wir zumindest atmosphärisch in deren Nähe kommen könnten. Dazu gehört, das unsägliche Ehegattensplitting, das traditionelle Ehemodelle bevorzugt und Gutverdienende in Alleinverdiener-Ehen privilegiert, durch ein Familiensplitting wie in Frankreich zu ersetzen. Dort führen Kinder zu steuerlichen Entlastungen und nicht die nichtarbeitende Gattin des Gutverdieners.

Ganz konkret zur Sicherung der Renten und gleichzeitig zur Verbesserung der Generationengerechtigkeit sollten wir folgende vier Dinge tun. Und die betreffen Stellschrauben, an denen leider weder Rot noch Schwarz drehen wollen.

Wir sollten das Renteneintrittsalter abschaffen oder zumindest flexibilisieren

Man kann die Tatsache, dass die meisten deutschen Arbeitsverträge mit Eintritt ins Rentenalter erlöschen, auch als Altersdiskriminierung betrachten (in den USA gibt es bereits einschlägige Urteile dagegen). Denn warum soll ich, nur weil ich jetzt vielleicht 67 Jahre und einen Monat alt bin, alle meine Schutzrechte als Arbeitnehmer verlieren und zwangsverrentet werden? Im Moment darf ich nur noch dann in meinem Job weiterarbeiten, wenn der Arbeitgeber damit einverstanden ist.

Warum ich als Arbeitnehmer nicht wenigstens selbst beschließen kann, wann ich in Rente gehe – sei es mit 58, 64 oder 71 –, erschließt sich nicht. Kann das nicht jeder für sich selbst entscheiden, wenn er oder sie bereit ist, die entweder höheren oder niedrigeren Renten in Kauf zu nehmen?

Und dass das neue Rentenalter von 67 für die großen Parteien in Stein gemeißelt ist, kann man auch nur als Ausdruck der bereits einsetzenden Gerontokratie, der Angst vorm Wahlverhalten der Älteren, interpretieren. Denn sachlich gibt es dafür überhaupt keinen Grund: Die Lebenserwartung steigt weiter, genauso die gesunden, arbeitsfähigen Jahre im Alter, und gleichzeitig haben wir einen immer stärkeren Mangel an Arbeitskräften im Land. Darum sollte man zumindest die Regelaltersgrenze wenn schon nicht abschaffen, so doch an die Lebenserwartung koppeln, wie das in vielen anderen EU-Ländern bereits der Fall ist. Diese Meinung vertritt der Rentenexperte unter den Wirtschaftsweisen, Martin Werding, schon lange[109]; seine Kollegin Veronika Grimm schloss sich dem 2023 öffentlich an,[110] und schließlich fand diese Position auch Eingang in das Jahresgutachten 2023/2024 der Wirtschaftsweisen.[111] Der Wissenschaftliche Beirat beim Bundeswirtschaftsministerium hat ebenfalls die Abschaffung der Frühverrentung gefordert, zumindest die Beschränkung »auf einen engen Kreis besonders bedürftiger Personen«.[112] Tatsächlich gingen in die Frühverrentung aber, so stellt der Wissenschaftliche Beirat fest, »überwiegend [...] gut ausgebildete, überdurchschnittlich verdienende und gesündere Menschen«.[113] Finanzminister Christian Lindner hat die Rente mit 63 daher provozierend als »Stilllegungsprämie«[114] bezeichnet.

Tatsächlich führt die Rente mit 63 zu einem paradoxen Effekt: Diejenigen, die immer wieder als emotionalisierendes Gegenargument herangezogen werden, nämlich die sich zur Arbeit quälenden alten Dachdecker und Krankenpflegerinnen, kommen in der Regel gar nicht in den Genuss der Frühverrentung. Dabei sind es gerade die Menschen in körperlich und psychisch belastenden Berufen, die von einer früheren Rente gesundheitlich am meisten profitieren, wie die Mannheimer Volkswirtin Han Ye anhand von Daten der spanischen Rentenversicherung festgestellt hat.[115] Hingegen ist die Arbeit in kognitiv anspruchsvollen Berufen ein gutes Mittel gegen Demenz; in diesen Fällen wäre es gesundheitlich sogar schädlich, in Frührente zu gehen, wie Leipziger Forscherinnen herausfanden.[116]

Wenn wir Arbeitszeiten gerade für ältere Arbeitnehmerinnen flexibilisieren und Arbeitsplätze so gestalten, dass körperlich belastende Arbeit vermindert wird, dann werden Menschen eher bereit sein, länger zu arbeiten. Ein Blick nach Japan ist hier instruktiv: Dort wollen drei Viertel bis zum 70. Lebensjahr arbeiten, fast die Hälfte (42 Prozent) gibt sogar an, so lange arbeiten zu wollen, wie es ihre Gesundheit erlaubt.[117]

Wir sollten die Beitragsbemessungsgrenze zumindest anheben und Rentensteigerungen differenzieren

Eine Merkwürdigkeit des deutschen Abgabesystems ist es, dass Gutverdiener oft gar keine höhere Abgabenquote als Geringverdiener haben, obwohl sie natürlich deutlich höhere Steuern zahlen. Der Grund liegt in den Sozialversicherungsabgaben. Die machen einen Gutteil der Last von Geringverdienern aus, nicht aber von Gutverdienerinnen, weil es eine Beitragsbemessungsgrenze von derzeit 7300 Euro in den alten und 7100 Euro in den neuen Bundesländern gibt. In der Schweiz hingegen zahlt jeder 10,6 Prozent, ohne Bemessungsgrenze, ein Einkommensmillionär also über 100000 Franken im Jahr.[118] Trotzdem bekommt er nur 2390 Franken Rente im Monat. Und das auch nur, wenn er 44 Beitragsjahre aufweisen kann.[119] Das System verteilt also massiv um.

Wir müssen nicht so weit gehen wie die Schweiz; dennoch sollten wir zwei Dinge tun: die Beitragsbemessungsgrenze deutlich anheben und die Rentensteigerungen nicht mehr linear durchführen, sondern ab einer gewissen Höhe deckeln und damit umverteilen. Einen solchen zweigeteilten Beitragsanteil schlagen zum Beispiel auch die beiden oben erwähnten CDU-Politiker Whittaker und Reichel vor: Der Hauptteil wäre der eigentliche Beitragsanteil; mit steigenden Einkünften würde dann ein wachsender Anteil als »Umlageanteil« ohne direkte Gegenleistung erhoben.[120]

Ähnlich Scholzens »so genannte Experten« vom Wissenschaftlichen Beirat in ihrem Gutachten. Sie schlagen ein so genanntes

»Sockelschutzmodell« vor, das »zu einer relativen Aufwertung geringer gegenüber höheren Renten [führt] und sich somit auch als Verringerung der Altersarmutsgefährdung« auswirkt.[121] Eine andere Möglichkeit der Differenzierung sehen sie darin, nur Zugangsrenten mit Haltelinien zu versehen, Bestandsrenten aber nur noch – wie in Frankreich und Österreich – um die Inflation zu erhöhen.[122] Höhere Beiträge für Kinderlose beziehungsweise eine Beitragshöhe in Abhängigkeit von der Anzahl der Kinder ist eine andere Möglichkeit, zu größerer Fairness zu gelangen. Martin Bujard meint (im persönlichen Gespräch) zu Recht, höhere Beiträge für Kinderlose könnten dazu beitragen, dass jüngeren Paaren und potenziellen Eltern durch die unterschiedlichen Beiträge bewusster wird, welche Bedeutung Kinder auch für nachhaltige Sozialsysteme haben.

Wir sollten Kapitaldeckung im größeren Stil verpflichtend machen

Ein Viertel der noch nicht in Rente befindlichen Erwachsenen in Deutschland hat sich noch nie in ihrem Leben mit Altersvorsorge befasst. Knapp die Hälfte der Deutschen weiß nicht wirklich, wie hoch die Rentenlücke im Alter sein wird. 27 Prozent sorgen gar nicht fürs Alter vor, weitere zehn Prozent konnten dazu keine Angabe machen, was nun auch nicht gerade viel versprechend klingt. Dies alles fand eine repräsentative Studie im Auftrag des Versicherungsunternehmens Canada Life im Mai 2023 heraus.[123]

Überraschend ist das nicht. Und umso wichtiger erscheint es, dass wir neben der gesetzlichen Rentenversicherung weitere Säulen verpflichtend machen. Seien es kapitalgedeckte Rentenversicherungen, wie sie die Aktienrente anstrebt und wie sie seit Jahrzehnten in Schweden und anderen Ländern erfolgreich praktiziert werden. Sei es eine betriebliche Altersvorsorge. In Schweden haben alle Rentenversicherten auch einen kapitalgedeckten Anteil, und 90 Prozent der Beschäftigten haben eine betriebliche Altersversorgung. Die absolute Rentenhöhe ist in Schweden am Ende gar nicht höher als in Deutschland, aber das System ist sehr nachhaltig.[124] Auch in der Schweiz ist ein Drei-Säulen-Modell weit verbreitet: Fast alle Schweizer beziehen eine staatliche Vorsorge, etwa drei Viertel eine betriebliche Vorsorge und etwa 40 Prozent Renten aus privaten, steuerlich unterstützten Renten (»Säule 3a«).[125] Der betriebliche Anteil ist dabei mindestens so hoch wie der gesetzliche[126], wohingegen die Deutschen vorwiegend auf die gesetzliche Rente bauen. Auch die nach der Mercer-Studie besten Rentensysteme der Welt – Island, Dänemark und die Niederlande, die einzigen mit Grade A – umfassen alle eine staatlich finanzierte Grundrente und eine obligatorische Betriebsrente.[127]

Und mit einer Besonderheit des besten aller Rentensysteme schließt sich – zumindest begrifflich – der Kreis zurück zum Anfang dieses Kapitels, nämlich zu Hermann Schreibers Konzept der Rentenversicherung, das von Adenauer halbiert wurde. Island – unter den drei glücklichsten Ländern der Welt[128] und mit einer der drei höchsten Geburtenraten im europäischen Wirtschaftsraum[129] – verfügt nämlich tatsächlich, man mag es kaum glauben, über eine Kinderrente.[130]

5

Wasch mich, aber mach mich nicht nass – Warum wir den Klimawandel nicht in den Griff bekommen

Die meisten Angehörigen der Cold-War-Generation gingen höchstens in die Grundschule, als im Jahr 1971 die Deutsche Physikalische Gesellschaft ihre 36. Physikertagung in Essen durchführte. So weit, so unaufregend – eine Jahrestagung von Wissenschaftlerinnen eben, die es eigentlich nie in die Presse schafft. Und so fand auch eine von der Tagung veröffentlichte Pressemitteilung – eine zweieinhalbseitige, mit der Schreibmaschine eng beschriebene Bleiwüste – kaum Beachtung, obwohl sie inhaltlich an Dramatik kaum zu überbieten war. Das Papier beschäftigte sich mit den Auswirkungen menschlicher Tätigkeiten auf das Klima. »Noch«, hieß es dort, »sind die beobachtbaren Effekte sehr gering. Geht aber die Industrialisierung und die Bevölkerungsexplosion ungehindert weiter, dann wird spätestens in zwei bis drei Generationen der Punkt erreicht, an dem unvermeidlich irreversible Folgen globalen Ausmaßes eintreten.« Der Grund liege darin, »dass der CO_2-Gehalt der Atmosphäre [...] seit Beginn der Industrialisierung stetig an[steigt]. Hält die Zunahme des Brennstoffverbrauches an, dann erreichen wir im Jahre 2000 einen Wert zwischen 370 und 380 ppm (1900: 280 ppm). [...] Die Verdoppelung des CO_2-Gehaltes entspricht einer Zunahme der mittleren Temperatur der Erdoberfläche um 2.2 .«[1]

Das war vor über 50 Jahren.

Der Mann, der auf der Tagung der Physiker den entscheidenden Vortrag zum Thema gehalten hatte und der auch in der Pressemitteilung breit zitiert wurde, war Hermann Flohn. Es ist erstaunlich, mit welcher Exaktheit der Bonner Meteorologe die CO_2-Konzentration 30 Jahre voraussagte. Wie zitiert, prognostizierte Flohn 370 bis 380 ppm (*parts per million*), und tatsächlich waren es nach dem »Welttrend« der *World Meteorological Organisation* im April 2000 370 ppm – eine Punktlandung, wenn auch eine traurige.[2] Denn Flohn hat seine Prognose ja an eine Bedingung geknüpft – dass nämlich »die Zunahme des Brennstoffverbrauches« anhalte.

Können wir daraus schließen, dass in diesen 30 Jahren klimatechnisch gar nichts passiert ist? Sind die Warnungen der Physikerinnen einfach verhallt? Und wie kann es sein, dass in den letzten 20 Jahren die CO_2-Konzentration noch einmal um 50 ppm auf fast 420 ppm im Welttrend gestiegen ist – wo wir doch schon lange so viel mehr wissen?[3] Um diese Fragen zu beantworten und die Rolle der Cold-War-Generation zu verstehen, müssen wir die Sozialgeschichte des Klimawandels und die Rolle unterschiedlichster Akteure genau in den Blick bekommen. Und wir werden sehen, dass diese Geschichte äußerst komplex ist.

Autoterroristen

Die Krise der Autowelt spitzt sich immer weiter zu. Bürgerinnen und Behörden gehen mit immer drastischeren Mitteln gegen die Flut der Autofahrer vor, die nichts anderes als »Freie Fahrt für freie Bürger« im Kopf haben. Vor allem auf dem Land begehren die bekanntlich ohnehin protestfreudigen Bauern mehr und mehr gegen die Raser in Luxussportwagen auf, die ihnen die Fahrwege zerstören. Viele Landkreise versehen ihre Straßen mit Furchen, über die das schwere Gerät der Landwirte, nicht aber die städtischen Raser locker hinwegkommen. In Kanada gehen einige Behörden so weit, dass sie zu schnell fahrende Autos mit Nagelketten zum Stoppen bringen. Sie wissen sich nicht mehr anders zu helfen gegen die neuen Supersportwagen, die aussehen wie Rammböcke und deren Riesenmotoren mehr als die Hälfte des Fahrzeugs einnehmen.

Der Volkszorn gegen rücksichtslose Raser führt zu regelrechtem »Anti-Auto-Terrorismus«. Autos werden mit Steinen beworfen, doch selbst die Zeitschrift *Automobil-Welt* kommentiert milde, dass es sich »natürlich nicht um ein Attentat« handele. Vielmehr habe der Steinwerfer »eben einmal wieder nach Automobilen schmeißen wollen«. Das erleben wir jetzt nämlich alle Tage. Mehr Aufsehen erregt das Attentat auf ein Berliner Juweliersehepaar, das von Hennigsdorf nach Berlin unterwegs war. Ein quer über die Straße gespanntes Drahtseil verursacht einen katastrophalen Unfall, bei dem beide ums Leben kamen. Es bleibt nicht bei diesem einen Drahtseilattentat: Die Leute sind die Flut der Autos einfach satt.

Das durchweg unsoziale Verhalten von Autofahrern verstärkt die Dringlichkeit der Frage, wer eigentlich welche Rechte im Straßenverkehr hat. Für einen Wissenschaftler, der diese Verteilungskämpfe beobachtet, ist es dabei alles andere als verwunderlich, dass die anderen Verkehrsteilnehmerinnen Autos vehement ablehnen: »Sie machen Staub, sie machen Lärm, sie verursachen Unfälle und gefährden die nicht motorisierten Personen am meisten«, kommentiert Professor Grieger. Die Proteste gegen den Lärm, den Gestank und die Gefahr durch Autos nehmen so stark zu, dass sich einige Autofahrer bewaffnen. Was ihnen gegen Steinwürfe, Nagelketten und Drahtseile nicht wirklich hilft.

Wir wissen nicht, ob so die Zukunft aussehen wird, wenn es mit dem Klimawandel so weitergeht wie bisher, klar ist aber, dass dies die Vergangenheit war. Alle beschriebenen Ereignisse sind nämlich vor mehr als 100 Jahren geschehen – sie trugen sich zu Beginn der Automobil-Ära zu. Der Steinwurf fand 1905 in Friedberg in Hessen statt, im Wagen saß der Großherzog von Hessen. Das Juwelierehepaar kam 1913 zu Tode. Und bewaffnen tat sich August Horch, der

Gründer der Automobilwerke Horch und Audi. Bei seinen Fahrten hatte er immer eine Peitsche an Bord.[4]

Die Menschen störten sich am Lärm, am Gestank und an der Gefahr. Außerdem war das Autofahren ein Vergnügen der Eliten, ein häufig gesehener Anlass für Protest – während es heute 66 Millionen Kraftfahrzeuge (Pkw und Lkw) gibt, waren es im Deutschen Reich 1909 gerade einmal 45 000 (die Hälfte davon Krafträder und ein Viertel Sport- und Luxuswagen).[5]

Die eigentliche Pointe aber ist, dass sich die Menschen gegen Veränderung wehrten – ein Muster, das wir auch später im Kampf gegen den Klimawandel sehen werden. Denn natürlich war es nicht so, dass vor dem Auto alles besser war – im Gegenteil. Alles, was irgendwie transportiert werden musste, wurde von Pferden gezogen. London zum Beispiel hatte 11 000 Droschken, vor jede wurden Pferde gespannt. Jeder Bus brauchte zum Antrieb zwölf Pferde pro Tag, in Summe waren allein dies 50 000 Pferde. Und was machen Pferde? Sie produzieren Pferdeäpfel. Die 100 000 Pferde, die 1900 in New York ihren Dienst verrichteten, produzierten 2,5 Millionen Pfund Pferdeäpfel am Tag.[6] Das entspricht etwa der Ladung von 100 Eisenbahnwaggons; jeden Tag müsste ein Zug von etwa zwei Kilometer Länge die Stadt verlassen, um den Dung abzutransportieren. »Auf dem Pferdemist fühlten sich Fliegen, die Krankheiten wie z. B. Typhus verbreiten konnten, ausgesprochen wohl. Im Jahr 1900 brachte man allein in New York etwa 20 000 Todesfälle mit dem Pferdedung in direkten Zusammenhang.«[7] Konferenzen zur *great horse manure crisis*, der »großen Pferdemist-Krise« scheiterten, und man sah New York und andere Städte schon im Pferdedung versinken.

Auch wenn erst 1925 der Höchststand an Pferden in Deutschland erreicht war, lösten das Problem dann schnell die Autos. Dennoch fürchteten viele vor allem neue Risiken, ohne die Chancen zu sehen. Eine neue Gefahr allerdings spielte gar keine Rolle: nämlich die katastrophalen Auswirkungen des Verkehrs auf das Klima. Der

Verkehr allein hat heute einen Anteil von fast 20 Prozent an den CO_2-Emissionen in Deutschland.[8] Aber einen Klimadiskurs gab es vor 100 Jahren noch gar nicht – wie auch, wo der Einfluss des Menschen auf das Klima noch gar nicht bekannt war.

Zwar hatte der französische Physiker Joseph Fourier schon vor genau 200 Jahren den Treibhauseffekt durch »das Dazwischentreten der Atmosphäre« beschrieben, und Mitte des 19. Jahrhunderts hatten die US-Amerikanerin Eunice Foote und der Brite John Tyndall Kohlendioxid als ein Treibhausgas identifizieren können. Der schwedische Chemiker und Physiker Svante Arrhenius war dann der Erste, der Ende des 19. Jahrhunderts theoretisch herleitete, dass Menschen durch ihre Kohlendioxidemissionen einen wärmenden Einfluss auf die Atmosphäre haben. Den Nobelpreis erhielt er aber für andere Forschungen, und die Erwärmung schätzte er für die kälteren Teile der Erde eher positiv ein, weil sie zu höheren Ernten führe.[9]

Es mussten erst weitere 40 Jahre vergehen, bis ein erfolgreicher Dampfmaschineningenieur sich von seiner Arbeit freistellen ließ, um seiner Leidenschaft zu frönen. Einer recht ausgefallenen Vorliebe.[10]

Wie ein Hobbyforscher die entscheidende Entdeckung machte und ein Nachwuchswissenschaftler sie vorantrieb

Dass Guy Callendar einen starken Forschungsdrang entwickelte, ist nicht weiter erstaunlich, schaut man sich sein familiäres Umfeld an. Sein Vater, ein Professor für Thermodynamik am Imperial College in London, war Großbritanniens führender, zu Wohlstand gekommener Dampfmaschineningenieur. Er bewohnte mit seiner Familie eine Villa mit 22 Zimmern, zu der auch ein Treibhaus gehörte, das er für die Kinder zu einem Labor umgebaut hatte. Dort führten die Sprösslinge ihre eigenen Experimente durch, allerdings nur so lange, bis sie es in die Luft jagten. Der Versuch, TNT herzustellen, war allzu gründlich geglückt. Trotzdem trat Callendar in die Fußstapfen seines Vaters, arbeitete zunächst in dessen Labor und wurde selbst ein kreativer Dampfmaschineningenieur. Später beschäftigte er sich mit Batterietechniken und Brennstoffzellen.[11]

Seine Leidenschaft aber galt der Meteorologie, obwohl er das Fach weder studiert noch jemals auf diesem Feld gearbeitet hatte. Callendar wollte herausfinden, ob sich das Klima in den letzten Jahrzehnten verändert hatte, und so nutzte er die Zeit, die er sich durch die Freistellung von seiner Erwerbsarbeit erkauft hatte, um in mühevoller, händischer Kleinarbeit – Computer waren ja noch nicht erfunden – Wetterdaten von 147 Wetterstationen auf der ganzen Welt zusammenzutragen. 1938 dann präsentierte er das Ergebnis seiner Mühe: den empirischen Beweis für das, was Svante Arrhenius 50 Jahre zuvor theoretisch hergeleitet hatte: Dass nämlich die Temperatur ansteigt, und zwar um 0,3 Grad Celsius in den letzten 50 Jahren. Gleichzeitig konnte er zeigen, dass die CO_2-Konzentration ebenfalls gestiegen war – um zehn Prozent –, und er hielt dies für die Ursache der globalen Erwärmung.

Callendar war kein Physiker, kein Meteorologe, hatte nicht einmal einen Doktortitel. Dennoch durfte er seine Untersuchung sechs Koryphäen der *Royal Meteorological Society* vorstellen. Doch obwohl er ein kohärentes Modell und jahrelange Forschungsergebnisse präsentierte, waren die Herren unerbittlich: Ein »Nichtmeteorologe«, meinte der ehrwürdige Präsident der Gesellschaft, habe schlicht nicht genug Wissen über das Klima, um in irgendeiner Weise hilfreich zu sein. Kohlendioxid habe keinen nachhaltigen Effekt auf das Klima.

Die Mehrheit der Expertinnen verwarf Callendars Forschung, aber einige griffen sie auf. Der vermutlich Erste war ein junger deutscher Meteorologe namens Hermann Flohn, der beim Reichswetterdienst angestellt war. Hermann Flohn? Richtig, genau der,

der uns zu Anfang dieses Kapitels mit seiner aufrüttelnden Rede auf dem Deutschen Physikertag 1971 schon begegnet ist. Zu der Zeit, als Callendar seine Ergebnisse präsentierte, begann Flohn seine Habilitationsschrift. Darin bezog er sich auf Callendars Forschung, anders als dieser erkannte er aber bereits die mögliche Gefahr des Klimawandels: »Mit einem Fortschreiten dieser sehr langsamen Erhöhung der Temperatur [...] muss gerechnet werden. Damit wird aber die Tätigkeit des Menschen zur Ursache einer erdumspannenden Klimaänderung, deren zukünftige Bedeutung niemand ahnen kann.«[12] Flohn war damit der Erste, der die Risiken des menschengemachten Klimawandels in einer wissenschaftlichen Arbeit aufzeigte, mit gerade einmal 29 Jahren.

Aber warum geschah dann so lange politisch überhaupt nichts? Heute, wo der anthropogene Klimawandel und seine katastrophalen Gefahren uns als eine lange bekannte, in Wissenschaft und Politik unumstrittene Tatsache erscheinen, wirkt das unverständlich. Aber so funktionieren Wissenschaft und Politik nicht. In den 1950er und 1960er Jahren fanden weltweit, aber vor allem in den USA viele weitere empirische Untersuchungen zum Klima statt, die ersten computergestützten Klimamodelle entstanden, und Flohn selbst berichtet 1994 in einem Tondokument von einer Konferenz 1971 in Stockholm, auf der die führenden Klimaforscher extrem kontrovers über die Folgen der globalen Erwärmung stritten.[13] »Wir waren alle der Überzeugung, dass wir diesem Problem unbedingt nachgehen mussten, dass es aber völlig verfrüht war, irgendetwas darüber zu sagen.«[14] Flohn, inzwischen Direktor des Meteorologischen Instituts der Universität Bonn, war dann auch an der Vorbereitung der ersten Weltklimakonferenz 1979 in Genf beteiligt. Rückblickend resümiert er: »Ich bin erstaunt gewesen, dass das so rasch und intensiv vor sich ging. Nach den Diskussionen, die wir in den 70er Jahren hatten, in denen alles noch außerordentlich kontrovers war, konnte ich mir eigentlich nicht vorstellen, dass dieses Thema schon 1991 in Rio zu einer politischen Weltkonferenz führte. [...]

Krisenrepublik Deutschland

Ich bin also skeptischer gewesen, vor allen Dingen auch, weil wir damit rechnen mussten, dass die Politiker diese langfristigen Fragen von höchster Komplizität gar nicht in den Rahmen ihrer Überlegungen einbeziehen wollten.«[15]

Können wir daraus schließen, dass bis in die 1990er Jahre hinein die Klimafrage wissenschaftlich so kontrovers und unklar war, dass die Politik und damit auch die Bevölkerung eigentlich daraus keine evidenzbasierten Konsequenzen ziehen konnten? Und was geschah danach? Das sollten wir uns genauer ansehen.

Von der Ölkrise zur Klimakatastrophe

Tatsächlich wurde in dem Jahrzehnt, nachdem Hermann Flohn auf dem Physikertag seinen aufrüttelnden Vortrag gehalten hatte, die Forschung zu Energiefragen deutlich intensiviert. Aber im Zentrum des Interesses standen weniger die möglichen Gefahren eines Klimawandels, sondern vielmehr ökonomische und geopolitische Ängste. Denn 1973 war etwas Dramatisches passiert: Der Ölpreis war an einem einzigen Tag, dem 17. Oktober, um mehr als 70 Prozent gestiegen, von drei auf über fünf Dollar je Barrel.[16] Die arabischen ölexportierenden Länder hatten die Produktionsmenge bewusst heruntergefahren, um dem Westen seine Unterstützung Israels im Jom-Kippur-Krieg zu erschweren. Im folgenden Jahr stieg der Preis sogar auf zwölf Dollar, viermal so viel wie ein Jahr zuvor.

Die Ölkrise, der »Ölpreisschock« traf die großen Industrienationen des Westens bis ins Mark. Deutschland deckte damals 55 Prozent des Energiebedarfs mit Erdöl (drei Viertel davon importiert[17]), und trotz aller Sparbemühungen verdoppelten sich die Kosten für Ölimporte binnen Jahresfrist auf 2,9 Prozent des Bruttoinlandsproduktes.[18] Die im ersten Kapitel beschriebenen »langen sechziger Jahre«, geprägt vom (ölgetriebenen) Wirtschaftswunder, mehr oder weniger permanentem Wirtschaftswachstum und der damit verbundenen selbstgewissen Binnenperspektive der Cold-War-Generation, wurden auf diese Weise ziemlich abrupt beendet. In dem Vierteljahrhundert nach dem Zweiten Weltkrieg und bis zur Ölkrise war der Energieverbrauch in Westeuropa um den Faktor 15 gestiegen; das wurde als ganz unproblematisch wahrgenommen und galt als Indikator steigenden Wohlstands. Diese Selbstverständlichkeit war nun vorbei, und gerade darum war die radikale Verteuerung des arabischen Öls so ein Schock (allerdings eher für die Eltern der Cold-War-Generation, die selbst noch zu jung war).

Die Ölkrise, nicht die Gefahr eines möglichen Klimawandels, war denn auch der Anlass, ernsthaft über Alternativen zu fossilen, CO_2-erzeugenden Energien nachzudenken. Der US-Präsident Jimmy Carter unterstützte diese Bemühungen, und ein Wegbereiter in den USA war der Physiker Amory Lovins, der in seinem 1976 erschienen Aufsatz »Energy Strategy: The Road not Taken?« den *Soft Energy Path* beschrieb. Damit meinte er eine Abkehr von einer zentralistischen, auf fossile und nukleare Energie setzenden Strategie hin zu Energieeffizienz und dezentralen, erneuerbaren Energien.[19]

Während die Politik nach dem Ölpreisschock die Abhängigkeit von importierten fossilen Energien als Problem erkannte, forschte eine immer größere Anzahl an Meteorologen in Sachen Klimawandel weiter vor sich hin. Es blieb allerdings lange ein reiner Expertendiskurs. Die erste Weltklimakonferenz 1979 in Genf war noch eine von der *World Meterological Organization* ausgerichtete Fachkonferenz, bei der die Politik außen vor blieb.[20]

Aber der Druck von Umweltaktivistinnen und der Anti-Atom-Bewegung stieg, und in den 1980er Jahren bewegte sich einiges. 1977 war aus der Umweltbewegung das Öko-Institut in Freiburg hervorgegangen und hat durch eine Publikation 1980 den Begriff »Energiewende« eingeführt, womit der »Übergang von der nicht-nachhaltigen Nutzung von fossilen Energieträgern sowie der Kernenergie zu einer nachhaltigen Energieversorgung mittels erneuerbarer Energien« gemeint war.[21] Im selben Jahr wurden Die Grünen gegründet, 1988 dann der Weltklimarat IPCC. Die deutschen Physiker warnten erneut 1985 und 1987; und 1986 widmete *Der Spiegel*, das absolute Leitmedium Westdeutschlands, der »Klima-Katastrophe« eine Titelgeschichte.

Damit war das Thema in der Öffentlichkeit, und der Bundestag setzte 1987 die Enquete-Kommission »Vorsorge zum Schutz der Erdatmosphäre« ein, die 1994 in ihrem Abschlussbericht zu dem Schluss kam, dass ganz konkrete Maßnahmen ergriffen werden müssten. Zwei Jahre zuvor schon hatten die Vereinten Nationen auf der Konferenz für Umwelt und Entwicklung in Rio de Janeiro die Klimarahmenkonvention beschlossen, mit der der weltweite Ausstoß an Treibhausgasen begrenzt werden sollte. 1997 im Kyoto-Protokoll verpflichteten sich dann die Industrienationen erstmals zur Senkung der Treibhausgasemissionen.

Was ist seitdem passiert? Viele Klimaforscherinnen sind mehr als frustriert, wenn sie auf die letzten 25 Jahre zurückschauen. Stellvertretend dafür Wolfgang Seiler, der ehemalige Direktor des Instituts für Meteorologie und Klimaforschung des Forschungszentrums Karlsruhe: »Aber ich muss sagen, es ist im Grunde genommen relativ wenig passiert. Das ist das, was mich am stärksten schmerzt. Wir haben 25 Jahre verloren. Hätten wir damals sofort reagiert, wären wir nicht in der Lage, in der wir heute sind, dass wir unsere CO_2-Emissionen und auch die anderen Treibhausgasemissionen so drastisch reduzieren müssen, dass das tiefe Einschnitte in die Wirtschaft und auch in die Gesellschaft gibt.«[22]

Genau davor hatte die Deutsche Gesellschaft für Physik 1985 erneut gewarnt: »Um die drohende Klimakatastrophe zu vermeiden, muss bereits jetzt wirkungsvoll damit begonnen werden, die weitere Emission der genannten Spurengase drastisch einzuschränken. Wenn diese Einschränkungen aufgeschoben werden, bis in vermutlich 1 bis 2 Jahrzehnten deutliche Klimaveränderungen sichtbar werden, wird es aller Voraussicht nach bereits zu spät sein.«[23]

Als sich dann 1997 – zwölf Jahre nach dem erneuten Aufruf der Wissenschaftlerinnen – die Nationen in Kyoto endlich zur Senkung der CO_2-Emissionen verpflichteten, lagen diese bei 24 118 Millionen Tonnen weltweit.[24]

Das Ergebnis der Verpflichtung? 25 Jahre später, 2022, waren es 38 522 Millionen Tonnen.[25] Beinahe 60 Prozent mehr.

Wie konnte das passieren?[26]

Von Helden und Schurken

Man kann diese Geschichte nun so erzählen, dass die Sache mit dem Klima schon in den 1980er und frühen 1990er Jahren vermasselt worden ist. »Die Klimakatastrophe, die wir heute erleben, hätte verhindert werden können. Vor 30 Jahren gab es die Chance, den Planeten zu retten – doch sie wurde verspielt.« So steht es sogar schon auf dem Umschlag des Buches *Loosing Earth*, der »dramatischen Reportage über ein Menschheitsversagen«, die der US-amerikanische Autor Nathaniel Rich 2019 veröffentlichte und die flugs zu einem Weltbestseller wurde.[27]

Rich schildert detailreich die Entwicklungen der Debatte um den Klimawandel in den USA über einen Zeitraum von etwa zehn Jahren – eine endlose Folge von wissenschaftlichen Tagungen, Senatsanhörungen, TV-Sendungen, politischen Konferenzen. Dabei dreht sich seine ganze Darstellung um zwei Hauptakteure, einen Umweltaktivisten und einen bekannten Klimaforscher, die sich über Jahre bemühen, die globale Erwärmung auf die politische Agenda zu bekommen, und dann am Ende doch scheitern, kurz vor dem vermeintlichen Ziel: Auf einer wichtigen internationalen Klimakonferenz im niederländischen Katwijk 1989 verweigern sich die USA, einer Verringerung ihrer Treibhausgasemissionen zuzustimmen. Hintertrieben habe dies der Stabschef des US-Präsidenten George W. Bush, John Sununu, der ein großes Misstrauen gegen die Klimaforscherinnen hegte und die USA nicht in irgendeiner Form rechtlich binden wollte.

Rich erzählt diese Geschichte wie ein Shakespearesches Drama. Intrigen, Ränkespiele, Machtdrang, Interessen stehen im Mittelpunkt. Es ist ein Kampf Gut gegen Böse mit zwei Helden und einem Oberschurken. Die Geschichte ist ein Pageturner, wir bangen und leiden mit den Helden, die die gute Sache betreiben und am Ende scheitern. Das »wahrhaft globale Versagen« haben die Bösen zu verantworten.

Allein, das ist zu einfach. Zu unterkomplex. Es klingt nur deshalb schlüssig, weil wir inzwischen seit Jahren von der Realität des Klimawandels überzeugt sind und sehen, dass zu wenig getan wird. Aber erst der vierte Sachstandsbericht des IPPC im Jahr 2007 benennt den menschengemachten Klimawandel als eine wissenschaftliche Tatsache: »Die Erwärmung des Klimasystems ist eindeutig.«[28] Die Frage ist, warum das erst so spät in dem Bericht stand, und auf die kommen wir noch. Schon kurz nach der Konferenz in Katwijk wurde 1991 die Klimarahmenkonvention mit dem Ziel beschlossen, »die Treibhausgaskonzentrationen auf einem Niveau zu stabilisieren, bei dem eine gefährliche, vom Menschen verursachte Störung des Klimasystems verhindert wird«.[29] Ist es wirklich überzeugend, anzunehmen, dass nur zwei Jahre zuvor eine stärkere Resolution angenommen worden wäre, wenn sich der böse Sununu im Namen der USA nicht quergestellt hätte? Hätte dann »die Klimakatastrophe verhindert werden können«? Rich selbst lässt im Schlusskapitel seines Buches Sununu zu Wort kommen. Der meint, es »wäre ohnehin nichts draus geworden«. »Das schmutzige kleine Geheimnis«, führte er aus, sei gewesen, dass keiner der Staatschefs bereit gewesen sei, »Zusagen [zu machen], die ihr Land um wesentliche Ressourcen gebracht hätten«.[30] Und angesichts dessen, was wir in den letzten Jahrzehnten erlebt haben, erscheint das mehr als plausibel.

Die Cold-War-Generation betritt die Bühne

1992 gab es also einen internationalen Konsens darüber, dass die Treibhausgasemissionen nicht so weitergehen können wie bisher. Das ist auch etwa der Zeitpunkt, zu dem die Cold-War-Generation die Bühne betritt und sich die nächsten 20 Jahre die Karriereleiter hocharbeitet. Wenn eine Generation die Chance hatte, frühzeitig den Klimawandel zu verhindern oder ihm zumindest entgegenzuwirken, dann sie. Warum ist das in den 1990er und 2000er Jahren und danach nur unzureichend geschehen? Um diese Frage geht es nun. Und die Antworten sind ein bisschen komplexer als das Spiel Gut gegen Böse, Held gegen Schurke, obwohl es solche Aspekte natürlich auch gibt.

Dabei ist es nicht so, dass Teile der Cold-War-Generation nicht aktiv geworden wären. Die Umweltbewegung, das Öko-Institut, Die Grünen – all dies entstand in den späten 1970er Jahren und nahm dann in den 1980ern Fahrt auf. Die Umwelt- oder Öko-Bewegung war wie die Friedens- und Anti-Atomkraft-Bewegung Teil der neuen sozialen Bewegungen, deren Masse Angehörige der Cold-War-Generation stellten. Nicht die Köpfe – dafür waren sie zu jung –, aber die große Anzahl des Fußvolkes.

Erinnert man sich zurück an diese Zeit, dann gab es viele umweltbezogene Themen, die die Gemüter erhitzten: Ganz zentral war der Kampf gegen die Kernkraft (letztlich ist die Umweltbewegung der 1980er Jahre aus der Anti-AKW-Bewegung entstanden); andere Themen waren Umweltverschmutzung durch die Chemieindustrie, Abfallentsorgung, Tropenwaldvernichtung. Zwei Themen erregten besonders die Gemüter: das Waldsterben und das Ozonloch.

Das Waldsterben gilt als eines der bedeutendsten umweltpolitischen Themen der 1980er Jahre und als einer der Gründe für den Aufstieg der Grünen. Forscherinnen hatten großflächige Schäden an Bäumen unterschiedlicher Arten auch fernab von schädlichen Emissionsquellen festgestellt. Das Thema emotionalisierte die

Öffentlichkeit, erst recht nachdem *Der Spiegel* eine Titelgeschichte zum Thema gebracht hatte: »Der Wald stirbt. Saurer Regen über Deutschland«. Forstwissenschaftler hielten 1984 etwa ein Drittel der Bäume in Deutschland für geschädigt, und als Hauptursache galt der saure Regen: säurebildende Abgase und Luftschadstoffe, im Regenwasser gelöst. Schnell bestand ein gesellschaftlicher und parteipolitischer Konsens über die Relevanz und Dringlichkeit des Themas. Die Grünen zogen 1983 in Hessen erstmals in einen Landtag ein, und die Bundesregierung beschloss Maßnahmen zur Schadstoffreduzierung, darunter den Einbau von Filteranlagen in Kraftwerken. Besonderen Einfluss hatte, dass nach der Wende viele Braunkohlekraftwerke der DDR abgeschaltet wurden und sich dadurch der Ausstoß von Schwefeldioxid drastisch reduzierte.[31]

Durch die getroffenen Maßnahmen schien das Waldsterben überwunden (wir wissen allerdings heute, dass das nicht der Fall ist). Jedenfalls erklärte selbst die grüne Umweltministerin Renate Künast das Waldsterben 2003 für »beendet«. »Der Wald wächst wieder gesünder«, stellte sie fest, »die Flächen nehmen zu, die Holzwirtschaft hat in Deutschland eine gute Zukunft. Unsere Wälder sind schöner geworden. Ich kann nur dringend empfehlen, einen Waldspaziergang zu unternehmen.«[32] Das haben wir zwar nicht getan, aber entlastend war das schon. Und eine wichtige Sache hat die Cold-War-Generation gelernt: dass nämlich Umweltprobleme angegangen und beherrscht werden können.

Ähnlich verhielt es sich mit dem Ozonloch, dessen erfolgreiche Bekämpfung als einer der größten jemals erreichten Erfolge der internationalen Gemeinschaft bei der Lösung von Umweltproblemen gilt.

Ein Sieg der Umweltpolitik:
Wie das Ozonloch geschlossen wurde

Was war geschehen? Seit den 1930er Jahren wurden Fluorchlorkohlenwasserstoffe (FCKW), eine Gruppe organischer Verbindungen, industriell hergestellt und zum Beispiel als Kältemittel in Kühlschränken, als Treibgase in Sprühdosen oder als Reinigungsmittel verwendet. Chemiker hatten erstmals in den 1970er Jahren in den USA davor gewarnt, dass freigesetzte FCKW die Ozonschicht in der Stratosphäre zerstören können. Und das wäre fatal, denn Ozon ist ein Gas aus Sauerstoffatomen, das in 15 bis 50 Kilometer Höhe eine Schutzschicht gegen gefährliche ultraviolette Strahlen bildet.

Zunehmender Druck seitens der Verbraucherinnen in den USA führte dazu, dass die US-Regierung die Verwendung von FCKW dort ansässigen Firmen bereits 1974 verbot.[33] Außerhalb der USA geschah aber erst einmal wenig. Ähnlich wie Jahre zuvor bei der globalen Erwärmung, waren sich die Forscherinnen noch nicht einig über die genauen Auswirkungen auf die Ozonschicht.[34]

Das änderte sich schlagartig etwa zehn Jahre später, 1985, als drei britische Forscher ein riesiges Ozonloch über der Antarktis entdeckten. Die NASA maß nach und taxierte das Ozonloch auf die dreifache Größe der USA.[35] Deutsche Forscherinnen der Neumayer-Polarstation hatten zuvor auch schon die stetig sinkenden Ozonwerte registriert, veröffentlichten diese jedoch nicht, weil sie an Messfehler glaubten – so abwegig kamen ihnen die niedrigen Werte vor.[36] Sehr schnell nach der Publikation in dem Wissenschaftsjournal *Nature* war die Weltöffentlichkeit aufgeschreckt: Ein einziges FCKW-Atom kann 100 000 Ozonmoleküle zerstören; die Kälte an den Polen fördert diesen Prozess in unheilvoller Weise.[37] Die *Frankfurter Allgemeine Zeitung* schrieb: »Die Angst vor Hautkrebs, Augenleiden und Missernten geht um«; Institute prognostizierten Millionen von zusätzlichen Toten.[38] Die Sonnenschutzindustrie in Australien boomte und setzt heute eine halbe Milliarde Euro im

Jahr um, dennoch erkranken bis heute zwei von drei Australiern in ihrem Leben an Hautkrebs.[39]

Die Lage schien wirklich dramatisch. Der Ozonschichtexperte Hans Claude vom Deutschen Wetterdienst fasst das in einem Satz zusammen: »Ohne die Ozonschicht in der Stratosphäre wäre ein Leben auf der Erde in der Form, wie wir das heute kennen, überhaupt nicht möglich.«[40]

Aufgeschreckt von der Gefahr, reagierten Öffentlichkeit und Politik schnell. Deutschland war ein großer Exporteur von FCKW; es produzierte zu der Zeit mit 110 000 Tonnen der Stoffe im Jahr zehn Prozent des weltweiten Verbrauchs. Und dennoch positionierte sich selbst der konservative Walter Wallmann von der CDU, Deutschlands erster Bundesumweltminister, schon 1986 eindeutig: »Hier haben einfach die Umweltinteressen tatsächlich nun einmal absolute Priorität gegenüber wirtschaftlichen Interessen – das muss auch jeder begreifen.«[41]

Natürlich tat das nicht jeder, und wenig erstaunlich begab sich die Industrie in Abwehrkämpfe. Ein Verbandsvertreter der deutschen Chemieindustrie meinte, es gebe keine geeigneten Ersatzstoffe, und ein Verbot von FCKW »würde zum Beispiel bedeuten, dass die Kühlschrankproduktion in der Bundesrepublik ganz einfach eingestellt werden müsste, bis die neue Technologie zur Verfügung steht«.[42] Aber die Lobbyisten standen auf verlorenem Posten. Zum einen stellte ein (später von der Treuhand abgewickelter) ostdeutscher Kühlschrankproduzent im Auftrag von Greenpeace sehr schnell einen FCKW-freien Kühlschrank her. Die Industrie stand blamiert da und war als scheinheilig entlarvt. Und zum anderen – vielleicht noch wichtiger – zog die Industrie hier nicht an einem Strang: Der US-amerikanische Branchenriese Dupont durfte ja schon seit über zehn Jahren in den USA kein FCKW mehr verwenden, und er nutzte den weltweiten Aufschrei, um sich nun im eigenen Interesse für ein internationales Verbot von ozonschädigenden Stoffen einzusetzen.[43]

So sprachen sich auch US-Präsident Reagan und andere Staatschefs schleunigst für internationale Regelungen aus, die schließlich zum Montreal-Protokoll führten. Und das superschnell, bereits 1987. Darin verpflichteten sich die Länder, die Ozonschicht zu schützen, indem die Emission von schädlichen Chemikalien zunächst reduziert und dann gestoppt werden sollte. Für Entwicklungsländer galten großzügigere Übergangsfristen als für klassische Industrieländer; Änderungen, die durch neue wissenschaftliche Erkenntnisse bedingt waren, konnten mit Zweidrittelmehrheit vorgenommen werden, obwohl der Vertrag für alle Staaten völkerrechtlich verbindlich ist. Er ist von allen Mitgliedern der Vereinten Nationen ratifiziert worden, als erster in der Geschichte.[44]

Die Folgen des Montreal-Protokolls waren gewaltig: Seit 1995 ist die Produktion von FCKW verboten, und die Vertragsstaaten verringerten bis 2005 die Produktion und den Verbrauch der schädigenden Stoffe um rund 95 Prozent.[45] Die Folge: Wie erwartet, schließt sich langsam das Ozonloch. Das dauert, weil FCKW eine Lebenszeit von 50 bis 100 Jahren haben. Der Höchststand war erst im Jahr 2000 erreicht; seitdem ist die FCKW-Konzentration in der Atmosphäre um etwa zehn Prozent gesunken.[46] 2050 werde das Ozonloch kein Thema mehr sein, glaubte die *World Meteorologocal Organization* 2014.[47] Da allerdings in China 2018 illegale FCKW-Produktionen gefunden wurden, wird sich die Erholung der Ozonschicht voraussichtlich um einige Jahre verzögern.[48] Dass aber die illegale chinesische Produktion überhaupt entdeckt werden konnte, ist einem globalen Netz von Messstellen zu verdanken, die im Montreal-Protokoll beschlossen worden waren. Und nachdem über die illegale Herstellung berichtet wurde, hörte sie wieder auf.[49] Auch hier hat sich das Montreal-Protokoll bewährt.

Am Beispiel des Waldsterbens und des Ozonlochs kann man drei wichtige Dinge aufzeigen: Erstens, dass Öffentlichkeit und Politik durchaus in der Lage gewesen sind, Umweltkrisen zu erkennen. Zweitens, dass es sogar möglich gewesen ist, die Krisen ursächlich zu bekämpfen und damit zu überwinden. Und drittens, dass sich die Cold-War-Generation in ihrer Selbstgewissheit bestärkt sehen konnte: Wenn wir ein Problem erkennen und es angehen, dann können wir es auch lösen.

Die sich aufdrängende Anschlussfrage: Warum ist das dann nicht auch in den 1990er und 2000er Jahren in Bezug auf die globale Erwärmung und den Klimawandel geschehen?

Was die Klimakrise von anderen unterscheidet

Um zu verstehen, warum wir damals bei der Bekämpfung des Ozonlochs, nicht aber bei der globalen Erwärmung vorangekommen sind, ist es hilfreich, sich einige wesentliche Charakteristika der Klimakrise anzuschauen.[50] Sie zeichnet sich durch folgende Merkmale aus:

- Sie ist ein *körperlich-materieller Schock*, der durch Verständnis der materiellen Ursachen bekämpft werden kann. Das unterscheidet sie, zum Beispiel, von der Finanzkrise.
- Sie ist *systemisch*, das heißt, sie hat weltweite Auswirkungen. Das unterscheidet sie, zum Beispiel, von einem Erdbeben.
- Sie ist *nichtlinear*, kann also beim Erreichen von Kipppunkten katastrophale Effekte haben.
- Sie sind *nichtstationär*, das heißt, dass vormals berechnete Wahrscheinlichkeiten und Verteilungen von Ereignissen sich nicht einfach in die Zukunft projizieren lassen.
- Sie ist *regressiv*, indem sie auf vulnerable Bevölkerungen oder Bevölkerungsteile besonders große negative Auswirkungen hat.
- Sie bedarf einer *fundamentalen Veränderung*: weg von kurzfristiger Leistungssteigerung von Systemen, hin zu längerfristiger Steigerung der Widerstandsfähigkeit.

- Sie braucht zu ihrer Bekämpfung *globale Koordination* und *Kooperation*.
- Außerdem ist sie *kein schwarzer Schwan*. Das bedeutet, dass sie nicht einfach aus dem Nichts aufgetaucht ist. Vielmehr waren ihre Risiken – wie wir gesehen haben – seit vielen Jahren bekannt.

Alle diese Merkmale teilen Klimakrise, Ozonloch und übrigens auch die Coronapandemie. Aber es gibt eben auch gravierende Unterschiede. Die Coronapandemie war ein Ansteckungsrisiko, Klimakrise und Ozonloch sind hingegen *Akkumulationsrisiken*, bei denen die Effekte viel weniger genau korrelier- und berechenbar sind.[51]

Hinzu treten zwei andere Merkmale, die die unterschiedliche Reaktion im Falle von Klimakrise, Ozonloch und Coronapandemie zum Teil erklären. Dabei handelt es sich zum einen um die Problemkomplexität und zum anderen um die »Tragik des Zeithorizonts«.[52]

Problemkomplexität

Verglichen mit der Klimakrise, ist die Coronapandemie ein geradezu schlichtes Problem: Ein Virus überträgt sich von einem Menschen auf den nächsten und macht diesen krank oder tötet ihn. Die Folgen sind tragisch und vielschichtig, die Bekämpfung ist schwierig, aber der zu Grunde liegende Mechanismus ist einfach. Ganz anders beim Klimawandel: Zwar weiß man vom menschlichen Einfluss auf den Klimawandel, aber dann beginnen viele unterschiedliche Kausalketten, entstehen Kipppunkte, sind unendlich viele Faktoren in ihren Wechselwirkungen zu berücksichtigen. Hinzu kommt, dass der Klimawandel in sehr unterschiedlichen Formen in Erscheinung tritt, während zumindest die direkten Konsequenzen von COVID-Infektionen überschaubar sind.[53]

Tragedy of the horizon

Während eine globale Gesundheitskrise unmittelbar, alleinstehend und als solche schnell erkennbar ist, sind die Folgen des Klimawandels *graduell*, *kumulativ* und oft *verteilt*. Eine globale Gesundheitskrise erfordert unmittelbare und schnelle Reaktionen, um einer sofort drohenden Gefahr zu begegnen. Die Klimakrise verlangt zwar auch eine sofortige Reaktion, allerdings nicht zur Abwehr einer unmittelbaren Gefahr, sondern als Präventionsmaßnahme zur Verhütung von Schlimmerem, und selbst diese möglichen positiven Konsequenzen sind erst sehr viel später spürbar. Der Zeithorizont bei diesen beiden Krisen ist also völlig unterschiedlich, und entsprechend schlägt Reaktion die Prävention. Dies hat der ehemalige Gouverneur der Bank von England, Mark Carney, gemeint, als er von der *tragedy of the horizon* sprach.[54]

Die Tragik des Zeithorizontes führt dazu, dass wir Maßnahmen zur Bekämpfung des Klimawandels durchführen müssen, obwohl wir selbst – zumindest die Cold-War-Generation – den Effekt wahrscheinlich gar nicht mehr erleben werden. Das hat vielfältige Konsequenzen, sowohl in der Bevölkerung als auch in der Politik. Während die Bekämpfung der Pandemie sehr konkret war, bleibt die Bekämpfung der Klima- und Umweltkrise für viele eigentümlich abstrakt, und das trotz der Tatsache, dass sich nach Analysen der UNO zum Beispiel die Zahl der wetter- und klimabedingten Katastrophen seit 1970 fast verfünffacht hat.[55] Die meisten dieser Hurrikans, Tsunamis, Dürren oder Sturmfluten treffen uns in Mitteleuropa aber eben nicht direkt, zumindest nicht so unmittelbar wie das SARS-CoV-2-Virus.

Die drei genannten Unterschiede zwischen Coronakrise und Klimakrise mögen erklären, warum wir im Fall von Covid schnell gehandelt haben und im Fall des Klimas nicht: Die Pandemie war eine wenig komplexe Ansteckungskrise mit kurzfristigem Zeithorizont und unmittelbarer Gefahr. Die Klimakrise hingegen ist eine extrem komplexe Akkumulationskrise mit langfristigem Zeithorizont, bei der den meisten von uns keine unmittelbare Gefahr droht.

Aber gilt Letzteres nicht auch für das Ozonloch? 1985 brannte die Sonne wegen der FCKW nicht heißer, und der Abbau der FCKW in der Atmosphäre dauert 50 bis 100 Jahre. Warum haben wir dann doch schnell, sogar extrem schnell, und erfolgreich gehandelt?

Klimakrise und Ozonloch unterscheiden sich in einem Merkmal, nämlich der Problemkomplexität auf einer Handlungsebene. Es war schnell klar, dass man lediglich eine Gruppe organischer chemischer Verbindungen, eben FCKW, ersetzen muss, um die Ursache der zurückgehenden Ozondichte an der Wurzel zu packen. Und für FCKW war dann in der Tat schnell Ersatz gefunden.

Das ist bei der Klimakrise natürlich nicht möglich. Kohlendioxid können wir nicht einfach schnell durch irgendetwas anderes ersetzen; unsere ganze Wirtschaft, unsere Energie- und Wärmeversorgung, unser Verkehr – letztlich unsere Lebensform – ist darauf aufgebaut. Deshalb die Probleme mit der Energiewende. Und deshalb ist eine Problemlösung hier viel schwieriger als beim Ozonloch.

Und trotzdem erklärt dies das schnelle Handeln beim Ozonloch nicht wirklich. Denn dass eine technisch recht einfache Lösung zur Verfügung steht, bedeutet ja nicht, dass sie gesellschaftlich auch gefordert und dann sogar flugs politisch umgesetzt wird – und das sogar weltweit, verbindlich und erfolgreich. Denn in Wahrheit teilt die Ozonkrise mit der Klimakrise die meisten Merkmale: Sie ist zwar deutlich weniger komplex, aber trotzdem eine Akkumulationskrise mit langfristigem Zeithorizont, bei der den meisten von uns keine unmittelbare Gefahr drohte.

Die Antwort ist: Die Ozonkrise wurde als etwas anderes *wahrgenommen*. Nämlich beinahe als eine Art Ansteckungskrise, von der kurzfristig unmittelbare Gefahr droht. Und das hat mit dem Loch zu tun.

Die Sache mit dem Loch

Die Rede von dem »Ozonloch« beziehungsweise dem »Loch in der Ozonschicht« macht nämlich eigentlich keinen Sinn. Es gibt weder ein »Loch« noch eine »Ozonschicht«. Nathaniel Rich spricht deswegen von einem »Bildbruch«.[56] Ozon findet sich überall in der Atmosphäre, und die Sache mit dem Loch bezog sich auf einen drastischen Schwund der Ozon*dichte* über der Antarktis, die im Jahr regelmäßig für zwei Monate auftritt. Den Ausdruck »Ozonloch« hatte F. Sherwood Rowland, einer der Entdecker des Problems, bei einer Vorlesung im November 1985 verwendet. Die *New York Times* übernahm den Ausdruck sofort, und obwohl sich die Fachpresse zunächst dagegen sperrte, war der Begriff ein Jahr später Allgemeingut.[57] Die abnehmende Ozondichte hieß nun »Ozonloch«.

Ein halbes Jahr später dann trug Rowland zusammen mit Kollegen in einem Senatsausschuss für Umweltverschmutzung zum Ozonproblem vor. Dort präsentierten sie ein dreiminütiges Video, das im Zeitraffer die Antarktis aus der Vogelperspektive über eine Periode von sieben Jahren zeigte. Das »Ozonloch« war darin pink eingefärbt, und die abnehmende Ozondichte wurde in immer drastischeren Farben angezeigt, »und schließlich nahm er [der Fleck; GV] das dunkle Violett einer heftig blutenden Wunde an«.[58]

Der Film war eine Animation und basierte auf längst bekannten Daten. Rowland und seine Kollegen spiegelten hier keine falschen Tatsachen vor: Sie behaupteten nicht, dass dies reale Satellitenaufnahmen seien, sondern gaben offen zu, dass es sich um eine Simulation handele, um eine bildhafte Darstellung der Daten.[59] Aber der öffentliche Effekt war der von realen Aufnahmen: »Obwohl es [das Ozonloch; GV] ebenso wenig mit bloßem Auge zu erkennen war wie die Erderwärmung, [versetzte] es die Menschen in einen Alarmzustand, weil man es auch Laien vor Augen führen konnte. […] Seine Metaphern wirkten unmittelbar auf die Sinne: Das Loch [ließ] an einen gewaltsamen Riss im Firmament denken, durch den tödliche Strahlung dringt.«[60]

Und so reagierten die Medien sofort; die Angst um die Ozonschicht garantierte eine »anfallsartige Berichterstattung«.[61] Rich bilanziert: »Amerikaner hatten zunehmend das Gefühl, dass ihr Leben und das Leben ihrer Kinder in Gefahr war. Ein abstraktes, atmosphärisches Problem war auf die Größe der menschlichen Vorstellungskraft geschrumpft.«[62]

Obwohl für die meisten Menschen auf der Welt nicht unmittelbar gefährlich, obwohl nicht ansteckend, obwohl nur langfristig relevant, ist beim Ozonproblem damit etwas gelungen, was zu diesem Zeitpunkt beim Klimaproblem scheiterte. Es gewann eine nicht hinwegzudenkende Eigenschaft, die zur Auslösung von Aktivität unabdingbar ist: Salienz.

Salienz

Wenn ich einen rosafarbenen Elefanten in einem Bus sehe, dann wird er mir auffallen.[63] Genauso eine gelbe Plastikente in einer weißen Badewanne[64] oder ein rotes Licht inmitten von grünen Lichtern.[65] Der Elefant, die Plastikente, das rote Licht sind saliente Reize. Das bedeutet, dass der Reiz auffällig oder deutlich ist, dass er ins Auge springt (»Salienz« kommt vom lateinischen *salire* = springen). Der Reiz wird aus seinem Kontext hervorgehoben und so dem Bewusstsein leichter zugänglich gemacht; ich schenke ihm daher mehr Aufmerksamkeit als anderen Reizen.[66] Die Aufmerksamkeitssteuerung kann dabei direkt und quasi automatisch – *bottom-up* – auf den Reiz zurückgehen (wie bei dem rosa Elefanten) oder aber – *top-down* – abhängig von den Bedürfnissen und Motiven der Person sein. Für einen hungrigen Menschen ist Nahrung eher ein salienter Reiz als für einen gesättigten, und mir werden – eher als anderen – Personen ins Auge springen, die »Georg« heißen, weil das auch mein Vorname ist. Das ist dann selektive Wahrnehmung.

Durch die Rede vom »Ozonloch« in der »Ozonschicht« und dann vor allem durch die Visualisierung des vermeintlichen Loches in dramatischen Farben gelang es, ein Abstraktum in einen konkreten salienten Reiz zu verwandeln. Noch viel mehr als für den rosafarbenen Elefanten treffen wesentliche Merkmale[67] für Salienz auf die bildliche Darstellung des Ozonlochs zu: Die Animation war neu, durch die Farbgebung intensiv, sie bewegte sich, sie lieferte relevante Informationen über einen Vorgang, und sie befriedigte ein biologisches Bedürfnis (zumindest in dem Sinne, Wissen über Gefahren zu erlangen, die tödlich enden können). Darum war diese Darstellung des Ozonproblems gerade für die Medien ein Volltreffer; sie befriedigte zudem auch ihr Bedürfnis, ein komplexes atmosphärenwissenschaftliches Problem simpel und nachvollziehbar darzustellen.

In Bezug auf den Klimawandel ist das lange nicht gelungen. Auch hier gab es immer wieder saliente Reize wie den einsam und anscheinend verzweifelt auf seiner Scholle dahintreibenden Eisbären. Aber so traurig das war, handelte es sich eben doch um ein Tier Tausende Kilometer entfernt in der Arktis und nicht um *meine* Haut, in die mir – so wurde das durchaus medial dargestellt – die Sonne *wegen* des Ozonlochs den Hautkrebs einbrennt.

Hinzu kommt: Es gab für das FCKW eine recht einfache technische Lösung in Form von Ersatzstoffen. Diese Lösung verlangte keine wesentlichen Verhaltensänderungen der Bevölkerung. Ein mächtiger Akteur der betroffenen Industrie – Dupont – war sogar für diese Lösung. Und die Umweltbewegung konnte sich auf ein überschaubares, abgrenzbares, nur mittelmäßig komplexes Problem stürzen. Ein Glücksfall, wenn man sämtliche Bedingungen zusammennimmt.

All das trifft nicht zu auf den Treibhauseffekt, der zur globalen Erwärmung und damit zum Klimawandel führt.

Das Fehlen eines starken salienten Reizes und der anderen Merkmale machte den Klimawandelleugnern das Leben leichter. Derer gab es zwar zu Anfang nur wenige. Die aber waren dafür umso einflussreicher.

Die Händler des Zweifels

Seitz, Singer, Nierenberg, Jastrow – das sind die Namen, die man sich zuvorderst merken sollte, will man verstehen, wieso Maßnahmen gegen den Klimawandel immer wieder verzögert, hinausgeschoben, verhindert wurden. Alle vier renommierte Physiker. Keiner ein Klimawissenschaftler. Alle mit Spitzenpositionen im US-amerikanischen Wissenschaftsbetrieb. Fred Seitz und William Nierenberg haben die amerikanische Atombombe mitgebaut, Fred Singer Raketen und Minenabwehr, Robert Jastrow hat an den Raumfahrtprogrammen mitgewirkt. Alle vier Männer verfügten über einen enormen politischen Einfluss. Alle vier waren zeit ihres Lebens politisch rechts stehende, marktfundamentalistische kalte Krieger. Alle mit konservativen Think Tanks in Verbindung. Und Seitz und Singer nahmen wiederholt Geld der Tabak- und Erdölindustrie an.

So wenige Menschen sollen so einen großen Einfluss gehabt haben? Das klingt ja beinahe wie eine Verschwörungstheorie. Aber der Einfluss dieser Männer im Drama um den Klimawandel ist unfassbar groß gewesen, wie Naomi Oreskes, Professorin für Wissenschaftsgeschichte an der Harvard University, und der Historiker und Sachbuchautor Erik M. Conway in ihrem beeindruckenden Buch *Merchants of doubt*, die Händler des Zweifels, detailliert nachgewiesen haben.[68]

In ihrem Kampf gegen den Klimaschutz wendeten diese vier Männer und ihre Mitstreiter die so genannte »*tobacco strategy*« an.[69] Kein Wunder, Seitz und Singer hatten sie für die Tabakindustrie miterfunden. Später kam sie dann auch in Bezug auf Asbest, sauren Regen und das Ozonloch zum Einsatz. Die Tabakstrategie bestand darin, immer wieder Zweifel an einem ursächlichen Zusammenhang zwischen Rauchen und Krebs zu säen. »Zweifel ist unser Produkt«, hatte ein Manager der Tabakindustrie dazu in einem internen Papier zynisch bemerkt, »denn es ist das beste Mittel, um mit den ›Tatsachen‹ zu konkurrieren.«[70] Der Ablauf war immer ähnlich und in Bezug auf den Klimawandel sah er so aus (gerne auch parallel oder in unterschiedlicher Reihenfolge): Erster Schritt: Es gibt gar keinen Klimawandel. Zweiter Schritt: Der Klimawandel ist nur eine natürliche Variation. Dritter Schritt: Selbst wenn es einen Klimawandel geben sollte und er menschengemacht sei, macht er nichts aus, weil wir uns an ihn adaptieren können.[71] In jedem Fall bestritt diese kleine Gruppe von Wissenschaftlern gemeinsam mit einigen Mitstreitern, dass es einen wissenschaftlichen Konsens gebe, obwohl sie mehr oder minder die Einzigen waren, die ihn bestritten. Damit trugen sie wesentlich dazu bei, dass auch Jahrzehnte nachdem sich die Wissenschaft über den Klimawandel einig war, die Politik tatenlos blieb. Und sie prägten damit die Strategie der Klimaskeptiker weltweit. Jahre später gab es wenigstens 26 konservative Denkfabriken, die den anthropogenen Klimawandel als ein soziales Problem in Frage stellten.[72] Besonders bekannt das Marshall Institut und das Heartland Institut, das die Klimaleugnung in Europa wesentlich vorantreibt.[73]

Der Kampf um das richtige Verständnis des Klimawandels begann in den USA schon in den 1970er Jahren kurz nach der Ölkrise. 1979 schrieb eine Gruppe führender Klimawissenschaftler um Jule Charney, einen der Begründer der mathematischen Klimamodellierung, für Präsident Carters wissenschaftlichen Berater einen Bericht mit dem Ergebnis, dass der vermehrte Ausstoß von CO_2 zu einem nicht vernachlässigbaren Klimawandel führen würde.[74] Klimawissenschaftlerinnen waren davon nicht überrascht. Doch das Weiße Haus wollte einen weitergehenden Bericht von der *National*

Academy of Science, und um den Job bewarb sich sehr eindringlich der einflussreiche Bill Nierenberg. Nierenberg war als junger Physiker am geheimen Manhattan Project beteiligt, das im Zweiten Weltkrieg den Bau der Atombombe vorantrieb, später dann Berater des US-Geheimdienstes *National Security Agency* und *Assistant Secretary General* für wissenschaftliche Angelegenheiten der NATO. Er gehörte der elitären *Jason Defense Advisory Group* an, einer Gruppe von Wissenschaftlern, die die Regierung in Fragen der nationalen Sicherheit beriet.

Nierenberg berief nicht nur Physiker und Klimawissenschaftlerinnen in die Projektgruppe, sondern mit Tom Schelling und William Nordhaus auch zwei Ökonomen.[75] Diese heterogene Gruppe konnte sich – anders als üblich – nicht auf einen gemeinsamen Bericht einigen. So schrieben die Klimawissenschaftler fünf Kapitel, in denen sie die Gefahren des Klimawandels analysierten und begründeten, warum sofortiges Handeln nötig sei. Schelling und Nordhaus aber schrieben den Rahmen: das erste und das letzte Kapitel, über Emissionen und die ökonomischen Auswirkungen des Klimawandels. Und – das war entscheidend – sie schrieben die Zusammenfassung.

Sie vertraten völlig andere Ansichten als die Naturwissenschaftlerinnen, ohne dabei die Tatsache des steigenden CO_2-Ausstoßes in Abrede zu stellen. Sie plädierten für Abwarten und Tee trinken. Als einzige mögliche Maßnahme, den CO_2-Ausstoß zu senken, betrachteten sie eine CO_2-Steuer, die sie aber verwarfen: Angesichts der Unsicherheiten, diese Dinge zu berechnen, sei eine »einfache Anpassung an eine Welt mit hohem CO_2 und hohen Temperaturen […] wahrscheinlich ein wirtschaftlicherer Weg der Angleichung«.[76] (Das ist Schritt 3 der *tobacco strategy*.)

Nierenberg hat also zwei Berichte produziert. Naturwissenschaftlerinnen und Ökonomen stritten nicht über das wissenschaftliche Faktum des CO_2-Anstiegs, wohl aber über die angemessene Interpretation: Ob hier ein Problem vorliege oder nicht. Nierenberg vertrat die Sicht der Ökonomen und meinte, wenn wegen schmelzender Polkappen und überfluteter Küsten Menschen zukünftig auswandern müssten, dann sei das eben so. Auch in der Vergangenheit habe sich der Mensch an verändertes Klima angepasst.[77] (Ebenfalls Schritt 3 der *tobacco strategy*.)

Drei Gutachter verrissen die Kapitel der Ökonomen, aber ihre Kritik wurde ignoriert. Öffentlich äußerten sich die Kritiker aber nicht. Warum? »Wir wussten, dass es Müll war, also haben wir es einfach ignoriert.«[78] Eine Haltung, die nicht politisch denkende Wissenschaftlerinnen leider immer wieder an den Tag legen. Damit überließen sie das Feld den Händlern des Zweifels. Denn dem industrienahen Weißen Haus – inzwischen besetzt von Ronald Reagan – kam die Sicht der Ökonomen gelegen, und ebenso wichtigen Teilen der Presse. Die Analyse der Klimaforscher galt jetzt als »alarmistisch«. Und ein Berater des Weißen Hauses meinte nun, Technologie werde das Problem am Ende schon lösen.[79] Kommt einem das nicht vertraut vor?

Damit war ein Topos gesetzt, der immer wieder bei Klimaskeptikern auftaucht: Klimaforschung ist alarmistisch, lasst uns an den Symptomen statt an den Ursachen arbeiten, Technologie wird es schon richten.

Nierenberg wurde dann 1984 Direktor am einflussreichen George C. Marshall Institute – einem Think Tank von alten kalten Kriegern, die Präsident Reagans Star-Wars-Initiative (ein weltraumgestützter Abwehrschirm gegen sowjetische Raketen) gegen massive Einwände anderer Wissenschaftler verteidigten.

Mit dem Fall der Sowjetunion drohte das Institut abgewickelt zu werden – sein *Raison d'être* war schlicht entfallen –, aber schnell war ein neuer Gegner gefunden: die Klimawissenschaft. Dort traf Nierenberg auf alte Bekannte: Jastrow und Seitz. Zusammen publizierten sie ein Büchlein, in dem sie behaupteten, der Temperaturanstieg sei auf natürliche Sonnenaktivitäten zurückzuführen (Schritt 2 der *tobacco strategy*). Um dies zu zeigen, manipulierten sie Daten und zeigten nur Ausschnitte aus Grafiken. Das IPPC und andere Klimaforscherinnen wiesen die Behauptungen empört als falsch zurück; kein seriöser Wissenschaftler glaubte das, was in dem Büchlein stand. Aber das Marshall Institute hatte riesigen politischen Einfluss. In einem Brief an den Vizepräsidenten des – welch Zufall! – Petroleum Institute schrieb Robert Jastrow, dass »der Marshall-Bericht verantwortlich für den Widerstand der Regierung gegen CO_2-Steuern und die Beschränkung des Verbrauchs fossiler Brennstoffe« sei.[80] Das Magazin *New Scientist* war überzeugt, dass das Marshall Institute »den kontrollierenden Einfluss im Weißen Haus« habe.[81]

Und das konnte man sehen. Weiterhin blieb die Regierung untätig. Und konservative Medien wie das *Wall Street Journal* und die *Washington Times* griffen die falschen Behauptungen gerne auf und verbreiteten sie millionenfach. Hinzu kommt: »Präzision ist der Feind der Schlagzeile«, wie der Deutschlandfunk-Moderator Thielko Grieß in einem anderen Kontext bemerkte.[82] Detaillierte Erwiderungen anderer Wissenschaftlerinnen wurden nicht oder nur selten abgedruckt, und wenn, dann viel weniger prominent platziert. Oder sie erschienen in Fachzeitschriften, die kaum jemand zur Kenntnis nahm.

Wenige Akteure mit großem Einfluss auf Politik und Medien vertraten Positionen, die außer ihnen kaum ein Experte glaubte. Fred Singer tat, was er schon in Bezug auf das Rauchen, das Ozonloch, den nuklearen Winter, den sauren Regen, radioaktiven Abfall und den Rückgang amphibischer Lebewesen getan hatte:[83] Das Gegenteil von dem für wahr zu erklären, von dem die wissenschaftliche Community überzeugt war. Wiederholt griff er Kapazitäten der Klimawissenschaften und das IPPC frontal und auch persönlich an, legte ihnen Dinge in den Mund, die sie nicht gesagt hatten, und stellte ständig Falschbehauptungen auf, die er unablässig wiederholte. Eine Standardfloskel war, dass noch zu große wissenschaftliche Unsicherheit herrsche, um zu handeln. Damit nutzt er ein besonderes Merkmal der Klimawissenschaften aus: dass sie nämlich aufgrund der extremen Komplexität ihres Gegenstandes, des globalen Klimas, immer Wissenslücken aufweisen wird. Ein Merkmal, aufgrund dessen die Klimawissenschaft gelegentlich als *post-normal science* bezeichnet wird.[84]

Wir könnten hier viele andere Beispiele anführen, wie wenige Spieler die Bekämpfung des Klimawandels behinderten, bekämpften, hinauszögerten. Das Muster, die *tobacco strategy*, ist immer dasselbe. Es funktionierte deswegen, weil Seitz und Singer, Nierenberg und Jastrow Zugang zur Macht und den Medien hatten, und dies aufgrund ihrer Verdienste als Physiker im Kalten Krieg und ihrer Stellungen im Wissenschaftsbetrieb. Und sie bedienten die Interessen starker Lobbygruppen, entweder direkt über Verbände oder über Think Tanks. Sie hatten eine politische Agenda, und sie verhielten sich so, als hätte der Kalte Krieg nie geendet.[85]

Eine Frage, die am Ende nicht wesentlich ist, sich aber dennoch aufdrängt, ist: Warum taten sie das eigentlich? Bei jedem der Akteure liegt die Motivlage vermutlich etwas anders. Oppositionsdrang spielte eine Rolle. So scheint Singer einfach querulantorische Züge zu haben; bei fast jeder öffentlich diskutierten akademischen Frage vertrat er, wie wir gesehen haben, genau die gegenteilige Ansicht der wissenschaftlichen Gemeinschaft. Seitz war intellektuell und sozial nach Ende des Kalten Krieges durch seinen extremen Antikommunismus isoliert, verachtete die meisten seiner (liberaleren) Fachkollegen und opponierte gegen diese.[86] Geld der Ölindustrie spielte eine Rolle, vielleicht nicht einmal zur eigenen Bereicherung, aber als eine Möglichkeit, Projekte persönlich auswählen und finanzieren, das heißt also, Macht ausüben zu können. Sie alle glaubten an die Überlegenheit von Hochtechnologie – eine Erfahrung, die sie alle in den High-Tech-Waffenprogrammen gemacht hatten, an denen sie beteiligt waren.

Zentral aber ist, dass sie ihre Kalter-Krieg-Attitüde beibehielten, verbunden mit sehr konservativen, fast libertären und den freien

Markt feiernden Ansichten. »Die Zweifler glaubten, der Verlust ökonomischer Freiheit durch Umweltgesetze würde zum Verlust politischer Freiheit führen.«[87] Staatsinterventionen oder -regulationen, wie sie der Kampf gegen den Klimawandel erfordert, waren ihnen grundsätzlich verhasst. Singer glaubte, Klimaforscher wollten den Sozialismus durch die Hintertür einführen.[88] Die Wissenschaft wurde dadurch zum Feind und Singer zu einem weltweiten Handlungsreisenden in Sachen Klimaskepsis. In Deutschland hatte er besonders gute Verbindungen – das sollte angesichts seiner Haltung zu Staatsregulation nicht erstaunen – zur FDP, vor deren Abgeordneten er mehrfach sprach und auf Zustimmung stieß.[89]

Die Händler des Zweifels bahnten durch ihr Tun der organisierten Klimaleugnerszene wie der *Global Climate Coalition* und dem Heartland Institute den Weg. Erfolgreich konnten sie aber nur sein, weil sie so großen Einfluss auf Medien und Politik hatten. Und weil vielen nicht klar ist, wie Wissenschaft funktioniert.

Seltsamerweise hat der Kalte Krieg auf der einen Seite den Kampf gegen den Klimawandel überhaupt erst ermöglicht, auf der anderen Seite hat er ihn aber auch erschwert. Letzteres, wie wir gesehen haben, durch die Händler des Zweifels mit ihrer Kalter-Krieg-Mentalität. Zugleich hat er aber den »Möglichkeitsrahmen« für die Beschäftigung mit dem Klimawandel geschaffen. Darauf weist der Bochumer Umwelthistoriker Frank Uekötter hin. Denn zum einen hat erst der Kalte Krieg die »Globalität des Denkens« eingeführt: »Man musste erst einmal auf die Idee kommen, den Planeten als Ganzes in den Blick zu nehmen, damit ein Phänomen wie die globale Erwärmung überhaupt denkbar wurde.«[90] Und zum anderen brachte erst der Kalte Krieg einen neuen Typus von Großforschung hervor, ohne den die heutige Klimaforschung gar nicht denkbar wäre.[91]

Der Prototyp dafür ist das Manhattan Project. Es ist eine Ironie, dass gerade der Bau der amerikanischen Atombombe im Zweiten Weltkrieg der modernen Klimaforschung den Weg bereitet und zugleich ihre einflussreichsten Gegner hervorgebracht hat.

Krisenrepublik Deutschland

Das fatale falsche Gleichgewicht

Wir hatten schon gesehen, dass konservative, wirtschaftsliberale Medien gerne die abweichenden Meinungen der Händler des Zweifels aufgriffen, was nicht weiter überraschen sollte, passte denen doch die Strategie des Nichtstuns in den ideologischen Kram. Aber auch linksliberale und progressive Medien gaben ihnen ein Forum, und daran wird ein Problem deutlich, das seit einiger Zeit im Wissenschaftsjournalismus als *false balance* diskutiert wird.

Medien, zumindest solche mit Anspruch, wollen fair und ausgewogen berichten. Für oder gegen ein Tempolimit auf Autobahnen, für oder gegen Atomkraft, für oder gegen Waffenlieferungen an die Ukraine – ein Qualitätsmedium würde beide Positionen ausgewogen und fair darstellen. In allen drei Fällen handelt es sich um Meinungen, Ansichten, Positionen, für die man (mehr oder weniger gut) argumentieren kann. Das kann man dann eine Debatte, im Idealfall sogar einen Diskurs nennen.

Diese an sich wünschenswerte Ausgewogenheit in der Darstellung konträrer Positionen, wird aber – gerade im Bereich der Wissenschaft – dann falsch, wenn eine Person mit wissenschaftlicher Autorität auftritt, aber überhaupt nicht den Kenntnisstand der Wissenschaft übermittelt. Der Wissenschaftsjournalist Dirk Steffens, bekannt durch die ZDF-Doku-Reihe *Terra X*, hat das mit einem schönen Beispiel auf den Punkt gebracht: »Angenommen, eine Astrophysikerin sagt in einer Talkshow, die Erde sei eine Kugel. Dann sitzt da noch einer, der behauptet, die Erde sei eine Scheibe. Die Wahrheit liegt verdammt noch mal nicht in der Mitte. Wenn von zwei Aussagen eine völliger Unsinn ist, darf der Journalismus den Unsinn nicht genauso zu Wort kommen lassen wie die Wahrheit.«[92] Und das gilt natürlich auch dann, wenn der Scheibenanhänger ebenfalls Astrophysiker mit Professoren- und Doktortitel ist. Denn er vertritt hier nicht den wissenschaftlichen Konsens. Seitz, Singer, Nierenberg profitierten andauernd vom falschen Gleichgewicht.

Ein Beispiel für *false balance* aus Coronazeiten ist die Rolle des emeritierten deutschen Medizinprofessors Sucharit Bhakdi, der zeitweise sehr viel medialen Raum mit seiner Behauptung bekam, Corona sei nicht gefährlicher als eine Grippe, und der gleichzeitig die zweite Coronawelle leugnete. Bhakdi ist kein Coronaexperte, und selbst wenn er einer wäre, wäre es nicht richtig, ihm diesen Raum zu gewähren, weil er in der wissenschaftlichen Gemeinschaft mit seinen Positionen allein dastand.

Anders verhält es sich selbstverständlich dann, wenn in der wissenschaftlichen Gemeinschaft selbst noch Debatten ausgetragen werden, es also noch keinen wissenschaftlichen Konsens gibt. Das war aber beim Klimaproblem – wir erinnern uns an Hermann Flohn – nur bis Ende der 1980er Jahre, allerspätestens bis Anfang der 1990er Jahre der Fall.

Wie sehr die Aktivitäten der Händler des Zweifels zu *false balance* geführt haben, zeigt eine Untersuchung von Max und Jule Boykoff.[93] Sie haben vier führende Qualitätszeitungen der USA in Hinblick auf ihre Berichterstattung zum Klimawandel in den Jahren 1988 bis 2002 untersucht. Dabei ging es um die mediale Aufbereitung der Frage, ob der Klimawandel natürlich oder menschengemacht sei. In der Wissenschaft herrschte – wie gesagt – schon spätestens seit den 1990er Jahren Konsens über den anthropogenen Klimawandel.[94] Doch 53 Prozent der Artikel berichteten scheinbar »ausgewogen« über beide Positionen, und nur sechs Prozent stellten korrekt den überwältigenden wissenschaftlichen Konsens dar, dass nämlich der Klimawandel anthropogen ist. Wohin dieses falsche Gleichgewicht geführt hat, konnten Mark Lynas und andere 2021 in einer aufwändigen Studie nachweisen:[95] Auf der einen Seite gibt es 2021 einen wissenschaftlichen Konsens von 99 (!) Prozent, dass der Klimawandel menschengemacht ist. Die Autoren haben dafür 3 000 Artikel in wissenschaftlichen Fachzeitschriften ausgewertet, und von denen waren nur 28 klimaskeptisch. Auf der anderen Seite waren von 535 Mitgliedern des US-amerikanischen

Kongresses (Senatorinnen und Abgeordnete) 135 der Ansicht, die Wissenschaft habe diesen Beweis nicht erbracht – das ist ein Viertel der Top Policy Maker der USA. Und 2016 glaubten nur 27 Prozent der Amerikaner, dass »nahezu alle« Wissenschaftler in dieser Frage übereinstimmten – 73 Prozent lagen hier also eklatant falsch.

In Deutschland ist die Lage nicht ganz so drastisch, aber dennoch vergleichbar. 2010, als der wissenschaftliche Konsens zum menschengemachten Klimawandel bei 97 Prozent lag, glaubte ein Drittel der Deutschen, dass die Erde nicht wärmer werde![96]

Das *False-balance*-Problem hat also Ideologinnen, Lobbyisten und Querulantinnen Raum gegeben, die Öffentlichkeit und die Politik im Kampf gegen den Klimawandel gespalten und teilweise sogar gelähmt. Zumindest Teilen der Politik und der Bevölkerung war das aber wohl auch gar nicht so unrecht. Und damit kommen wir zurück zur Rolle der Cold-War-Generation.

In einer Liga: Afghanistan, Nordkorea, Somalia – und Deutschland

Der Treibhauseffekt, der Klimawandel sei überhaupt kein Problem. So zitiert Nathaniel Rich einen US-amerikanischen Politiker in seinem oben erwähnten Buch *Loosing Earth*.[97] Der Klimawandel kein Problem? Aber der Mann ist kein Klimaskeptiker, er hat nur einen interessanten Gedanken in provozierender Form zum Ausdruck gebracht. Natürlich, sagt er, sei der Klimawandel ein existenzielles Problem. Aber kein politisches. Denn politische Probleme hätten Lösungen, und das Klimaproblem habe keine. Kein gewählter Politiker sei wild darauf, auch nur in Hörweite des Scheiterns zu kommen. Nennen wir dies das *Angst-vorm-Wähler-Problem*.

Da ist viel dran. Und wir sehen es jeden Tag.

Zwar behauptet heute wohl kaum noch eine Politikerin in Deutschland – sieht man von weiten Teilen der AfD ab –, dass der

Klimawandel nicht menschengemacht sei, und auch nicht, dass man dagegen nicht vorgehen müsse. Aber die Meisten hätten es gern bitte so, dass es keinem wehtut. Denn immerhin will man in vier Jahren wiedergewählt werden. Zum Angst-vorm-Wähler-Problem tritt häufig noch eine gute Portion Ideologie hinzu. Dann geschieht entweder gar nichts, oder es wird Schritt drei der *tobacco strategy* gewählt: Wir setzen auf Anpassung und Technologie zur Bekämpfung des Klimawandels und müssen sonst kaum etwas tun.

Diese gefährliche Mischung hat dazu geführt, dass wir in Deutschland jahrelang die Energiewende und das Klimaproblem verschleppt und uns stattdessen von angeblich billigem russischem Gas abhängig gemacht haben. Mit Ausnahme der Grünen, die die einsamen Rufer in der Wüste waren, haben das alle relevanten Parteien mitgemacht – es gab einen breiten Parteienkonsens zu diesem Thema.

Prototypisch für die Verbindung von Ideologie und Angst-vorm-Wähler ist heute noch das Verhalten der FDP in Klimafragen, besonders in Bezug auf die Verkehrswende. Exemplifizieren kann man es an ihrer Haltung zum Tempolimit auf Autobahnen. Der Forschungsstand ist hier vollkommen eindeutig: Ein Tempolimit von 120 km/h würde – einer sehr aufwändigen Studie zweier Universitätsinstitute für das Umweltbundesamt zufolge – den CO_2-Ausstoß im Verkehr um mehr als vier Prozent oder 6,7 Millionen Tonnen im Jahr senken, die Stickoxide sogar um knapp zehn Prozent.[98] Fast zwei Drittel der Deutschen sprechen sich für ein Tempolimit aus – selbst die Mehrheit der Mitglieder des ADAC, der früher mit dem Spruch »Freie Fahrt für freie Bürger« warb.[99] (Das tut er heute nicht mehr, weil eben die Mehrheit nicht mehr dahintersteht.) Und ganz nebenbei gesagt, würde sich die Zahl der Verkehrstoten halbieren.[100]

Gleichzeitig ist der Verkehrssektor der einzige Sektor, der bei der Energiewende weit zurückhängt: »Bislang ist Verkehr der einzige

Krisenrepublik Deutschland

Sektor, der in den vergangenen 20 Jahren überhaupt keine Treibhausgase eingespart hat. Das Klimagesetz verlangt aber schon für das Jahr 2030 eine Reduktion der jährlichen Emissionen um 85 Millionen Tonnen. Zehn Prozent davon wären mit Tempo 120 [auf Autobahnen; GV] und 80 [auf Landstraßen; GV] erreicht.«[101]

Und was sagt die FDP in Person des Bundesverkehrsministers Wissing dazu? »Autofahren bedeutet Freiheit.« – »Der Staat sollte sich hier zurückhalten.« – »Das Tempo gehört in die Eigenverantwortung der Bürger, solange andere nicht gefährdet werden.«[102] Als stellte die Nichteinhaltung der Klimaziele keine Gefährdung dar. Das liberale Zauberwort heißt hier immer »Eigenverantwortung«. So als überließen wir es der »Eigenverantwortung« der Bürgerinnen, wie schnell sie in der Stadt oder auf Landstraßen fahren, ob sie ihre Wohnung anmelden oder nicht, ob sie Steuern zahlen oder nicht, ob sie sozialversichert sind oder nicht, ob sie bei Rot über die Ampel gehen oder nicht. Und so weiter und so fort.

Als während der allgemeinen Energieknappheit durch den russischen Angriffskrieg auf die Ukraine diskutiert wurde, ob zumindest ein vorübergehendes Tempolimit auf Autobahnen eingeführt werden sollte (wir erinnern uns, während der Ölkrise 1973 gab es sogar Fahrverbote) meinte Volker Wissing dazu: »Ich halte auch nichts davon, es vorübergehend einzuführen. Das ist mit einem erheblichen Aufwand verbunden. Man müsste entsprechende Schilder aufstellen, wenn man das für drei Monate macht, und dann wieder abbauen. So viele Schilder haben wir gar nicht auf Lager.«[103]

Ernsthaft jetzt? Wissing argumentiert also tatsächlich mit einer Schilderknappheit in Deutschland? Das ist einigermaßen skurril und zeigt gerade darum besonders schön, wie Ideologie den Geist vernebeln beziehungsweise einen zum letzten Strohhalm greifen lassen kann, wenn einem wirklich alle Argumente ausgehen. Wissing meint auch, die »Debatte über Tempolimit ist Gift«,[104] was einer Täter-Opfer-Umkehr nahekommt: Ist die Debatte »Gift« oder nicht vielmehr das durch das Rasen produzierte zusätzliche CO_2?

Dass Deutschland damit international isoliert ist, tut – wenn man ideologisch verblendet ist und zudem die Binnenperspektive der Cold-War-Generation einnimmt – nichts zur Sache. Schaut man sich die Liste der Länder an, die wie Deutschland kein Tempolimit haben, dann ist die sehr kurz. Deutschland spielt da in einer Liga mit Afghanistan, Nordkorea und Somalia. Ein Kfz-Sachverständigenbüro kommentiert das ironisch: »Man kann jedoch die Behauptung wagen, dass in allen Ländern ohne Tempolimit, ausgenommen Deutschland, allein schon wegen des Straßennetzes keine nennenswerten Höchstgeschwindigkeiten erreicht werden können – es sei denn, man fegt in einer Hoovercraft-Hüpfburg über die Straßen.«[105]

Stattdessen setzt Wissing auf E-Fuels, strombasierte synthetische Kraftstoffe zum Antrieb von Verbrennermotoren.[106] Sie »bieten ein großes Potenzial zur Dekarbonisierung des Verkehrs«, meint er.[107] Hier ist er wieder, der Glaube an neue Technologien. Allein, mit diesem Glauben steht die FDP weit gehend alleine da. Das Fraunhofer Institut für System- und Innovationsforschung ISI, links-grüner Umtriebe unverdächtig, hält dies »aus mannigfaltigen Gründen« für Unsinn: »[H]oher Energiebedarf zur Herstellung, fragwürdige Umweltbilanz und mögliches Hindernis für die Verkehrswende.«[108] Zudem gebe es günstigere Alternativen.

Selbstredend lehnt Volker Wissing auch den weiteren Ausbau von Tempo-30-Zonen in den Städten ab, wie es vielfach seitens der Kommunen gefordert wird. (Nebenbei gesagt, würde das noch einmal bis zu fünf Prozent CO_2 einsparen.[109]) »[V]on flächendeckend Tempo 30 halte ich nichts.«[110] Wieder fährt er das ganz große Freiheitsgeschütz auf: »Die Regelgeschwindigkeit bleibt 50, und eine Ausnahme muss begründet werden. […] Das verlangt der Verfassungsstaat.«[111] Kernaufgabe des Staates sei es, »Freiheitseingriffe« zu begründen.[112]

Kein Wunder: Während die Emissionen der Industrie und im Gebäudebereich 2022 sanken, sind sie im Verkehr – wie schon im

Jahr zuvor – weiter angestiegen, und das lag ausschließlich an PKW und leichten Nutzfahrzeugen.[113] Nach dem Klimaschutzgesetz hätte Wissing ein Sofortprogramm zum Erreichen seines Sektorziels aufsetzen müssen. Doch als das Scheitern feststand, änderte die Regierung flugs die Regelungen, strich die konkreten Sektorziele und ermöglichte dem Bundesverkehrsminister, weiter im Nichtstun zu verharren.[114] »Keine Sau hat sich dran gehalten«, klagte Klimaminister Robert Habeck mit Bezug auf das ursprüngliche Klimagesetz.[115] Nach der Neufassung des Klimaschutzgesetzes können nun die Ergebnisse einzelner Sektoren gegeneinander verrechnet werden, so dass Übererfüller die nicht erbrachten CO_2-Einsparungen anderer Sektoren kompensieren können. Und so konnte das Umweltbundesamt im März 2024 erfreut vermelden, dass Deutschland erstmals 2023 seine Treibhausgasemissionen um zehn Prozent senken konnte und auf gutem Wege ist, die Klimaziele für 2030 einzuhalten – obwohl der Verkehr zehn Prozent über seinem Ziel lag.[116]

Die so erfreulich klingende Nachricht ist bei näherem Hinsehen denn auch keine. Denn die Ziele für 2030 sind nur Zwischenziele auf dem Weg zur Klimaneutralität im Jahr 2045. Um dieses Ziel zu erreichen, müssen bis dahin *alle* Sektoren ihre Ziele einhalten – wie bei einem Mannschaftslauf, bei dem die gesamte Mannschaft *gleichzeitig* über die Ziellinie kommen muss. Darum nützt es uns nichts, wenn die Sektoren Energie und Industrie mit großen Schritten voranlaufen, aber der Sektor Verkehr wie eine Schnecke hinterherbummelt und sein Tempo nicht um einen Deut steigert. Das mögliche Erreichen der Zwischenziele für 2030 streut daher nur Sand in die Augen und führt psychologisch zu völlig unangemessenen Entlastungen.

Doch dass wir nun gerade im Verkehrssektor nicht vorankommen, sollte nicht weiter erstaunen: Es ist genau dieser Sektor, in dem die Bürgerinnen direkt und unmittelbar betroffen, viele aber zu Veränderungen nicht bereit sind und die FDP dennoch auf »Eigenverantwortung« setzt. Zukünftig aber müssen wir im Verkehrssektor immer mehr aufholen; es drohen immer drakonischere Maßnahmen. Oder wir erreichen die Klimaneutralität nicht.

Ebenfalls wenig erstaunlich, kritisiert der von der Bundesregierung selbst eingesetzte Expertenrat für Klimafragen den Verkehrssektor schon lange mit Abstand am schärfsten. In einer Pressemitteilung titeln die Expertinnen 2022: »Sofortprogramme können Einhaltung der Klimaziele nicht sicherstellen – Gebäude mit substanziellem Beitrag, Verkehr schon im Ansatz ohne hinreichenden Anspruch.«[117] Und im Oktober 2023 schaltete sich selbst der Bundesrechnungshof mit einem Gutachten ein, in dem er feststellte: »Das Bundesministerium für Digitales und Verkehr (BMDV) wird seiner Verantwortung für den Klimaschutz im Sektor Verkehr nicht gerecht.« Der Minister, der seiner Verantwortung nicht gerecht wird, ist – wir erinnern uns – derjenige, der immer das Wort »Eigenverantwortung« im Munde führt.

Übrigens: Der Zeitgewinn dadurch, dass wir kein Tempolimit haben, ist doch recht überschaubar: »Im Durchschnitt würde jeder Deutsche statt 40 dann 41,5 Minuten pro Tag im Auto sitzen«, so der Stuttgarter Verkehrswissenschaftler Markus Friedrich.[118]

Aber 90 Sekunden für den Klimaschutz sind – um eine beliebte Basta-Floskel von Politikern zu bemühen – »mit der FDP nicht zu machen«.

Nicht, dass nicht auch andere Parteien anfällig für ideologische Verblendungen wären. Dass viele Grüne die Laufzeitverlängerung der drei letzten deutschen Atomkraftwerke im energiekritischen Winter 2022/23 ablehnten – zu einer Zeit, als völlig unklar war, ob das Gas über den Winter reichen würde –, fällt in diese Kategorie. Zwar gibt es mindestens fünf gute Gründe, warum die Atomkraft nicht Teil der Energiewende sein sollte.[119] Dennoch: Gegen eine kurzzeitige Laufzeitverlängerung hätten diese wohl kaum gesprochen. Abgesehen davon sind die Grünen aber die einzige Partei, die die Energiewende beherzt vorantreiben will, um das Klimaproblem, wenn schon nicht zu lösen, so doch besser in den Griff bekommen zu können. Weite Teile der CDU und der SPD und vor allem die FDP tun dies nicht, aus einer Mischung von Ideologie und dem Angst-vorm-Wähler-Problem heraus. Es fehlt, wie der Klimarat sagte, allein schon der Anspruch. Für sie scheint das Klimaproblem – wie der eingangs erwähnte amerikanische Politiker meinte – kein politisches, die Angst vorm Scheitern zu groß zu sein.

Und leider muss man sagen, dass diese Angst ihre Berechtigung hat.

Wasch mich, aber mach mich nicht nass

Denn beim Klimaproblem kann die Politik nur erfolgreich sein, wenn die Bevölkerung mitzieht. Und ob das tatsächlich der Fall ist, daran kann man seine begründeten Zweifel haben. Obwohl es auf den ersten Blick tatsächlich so aussieht.

Denn 81 Prozent der Deutschen stimmen dem weiteren Ausbau der erneuerbaren Energien zu. Das hat die Agentur für Erneuerbare Energien (AEE) in einer repräsentativen Umfrage 2023 herausgefunden.[120] Auch in den Vorjahren war der Wert immer ähnlich hoch. Ging es dann spezifischer darum, ob die Befragten auch den Bau Erneuerbarer-Energien-Anlagen in der eigenen Wohnumgebung befürworten, sank die Zustimmung auf 57 Prozent – immerhin noch eine Mehrheit, aber knapp ein Viertel weniger. Dieses Viertel bedient sich hier schon des *Nimby*-Prinzips (*not in my backyard*): Natürlich bin ich für erneuerbare Energien, aber bitte nicht in meinem Hinterhof! (Übrigens stieg die Zustimmung wieder auf 62 Prozent bei denjenigen, die bereits entsprechende Anlagen in der eigenen Nachbarschaft haben).

Gleichzeitig hat das ZDF-Politbarometer 2023 herausgefunden, dass die Mehrheit der Deutschen (56 Prozent) dafür ist, ab 2024 eingebaute Heizungen mit mindestens 65 Prozent erneuerbarer Energie zu betreiben.[121] Aber können wir das wirklich glauben? Dagegen spricht eine andere Umfrage, die 2021 zwei Zahlen miteinander verglichen hat.[122] Nämlich zum einen, welche Heizungsart Menschen in Deutschland sich zukünftig wünschen. Und zum anderen, welche in den letzten eineinhalb Jahren tatsächlich eingebaut worden sind. Das Ergebnis: Eine Erd-Wärmepumpe wünschten sich 34 Prozent, eingebaut wurden drei Prozent. Eine Brennstoffzelle wünschten sich 17 Prozent, eingebaut wurden zwei Prozent. Gleichzeitig wünschte sich nur ein einziges Prozent eine Gasheizung, eingebaut wurden aber 35 Prozent.

Die Akzeptanz schwindet eben, wenn Meinungen oder Einstellungen in konkretes Verhalten übersetzt werden sollen. Und das trifft sogar auf Anhänger der Grünen zu. Als 2023 im Gespräch war, den Einbau herkömmlicher Gas- und Ölheizungen zu verbieten – der so genannte »Heizungshammer« –, waren 79 Prozent aller Befragten dagegen. (»Nein, jeder sollte über seine Heizung selbst entscheiden können.«) Und auch bei den Anhängerinnen der Grünen waren es immerhin 50 Prozent.[123] Freies Heizen für freie Bürger.

Übrigens: In mindestens elf europäischen Staaten sind Heizungen, die mit fossiler Energie betrieben werden, zumindest teilweise verboten, oder es ist geplant, sie zu verbieten.[124] In Österreich sind Ölheizungen in Neubauten seit 2020 verboten, in Frankreich Ölheizungen in allen Bauten seit 2022 und Gasheizungen in Neubauten seit 2023, in den Niederlanden seit 2018, in Dänemark seit 2013. In Norwegen gibt es weder Öl- noch Gasheizungen: die einen wurden 2017, die anderen 2020 komplett verboten.[125] Und Schweden will den Heizungssektor bis 2030 vollständig auf erneuerbare Energien umstellen.[126] In vielen dieser Länder lief das, was hier »Verbotspolitik« genannt wird, recht geräuschlos, ganz ohne Heizungshammer. Aber um das zu sehen, müsste man natürlich erst einmal seine Cold-War-Binnenperspektive ein klein wenig erweitern und – nur ein bisschen, bis in die Nachbarländer – über den Tellerrand schauen.

Dabei gilt die Bereitschaft, beim Umweltschutz »Abstriche beim persönlichen Lebensstandard zu machen«, in Deutschland als recht hoch. 2019 fanden das 69 Prozent der Deutschen »eher akzeptabel« oder sogar »sehr akzeptabel« – ein Anstieg von fünf Prozent gegenüber 2014.[127] Die Werte sind dabei für Frauen, politisch eher links Orientierte, Höhergebildete und Westdeutsche zum Teil deutlich höher als für die Kontrastgruppen. Bei den Altersgruppen fällt auf, dass hier Jüngere unter 35 nach unten ausbrechen, während die mittlere und die Cold-War-Generation höhere Werte aufweisen.

Doch wie glaubwürdig sind solche Absichtsbekundungen, wenn gleichzeitig nur 38 Prozent sich für höhere Abgaben auf Öl, Gas und Kohle aussprechen?[128]

Ein ähnliches Bild ergibt sich im sehr aufwändigen Sozialen Nachhaltigkeitsbarometer des Forschungsinstituts für Nachhaltigkeit – Helmholtz-Zentrum Potsdam (RIFS), in dessen Rahmen jährlich mehr als 6 000 Menschen repräsentativ befragt werden.[129] Mehr als drei Viertel glauben, dass der Klimawandel menschengemacht sei und schwerwiegende negative Auswirkungen haben werde. Und etwa 85 Prozent sind wegen des Klimawandels besorgt. Immerhin noch um die 60 Prozent meinen, dass es gesetzlicher Vorschriften bedürfe und es nicht dem Einzelnen überlassen bleiben solle, etwas für den Klimaschutz zu tun: Stichwort Eigenverantwortung. Aber nur 31 Prozent sind dafür, umwelt- und klimaschädliches Verkehrsverhalten stärker zu besteuern. Gleichzeitig sind nur knapp die Hälfte der Deutschen (45 Prozent) für eine Verringerung des privaten Verkehrs; fast genau so viele lehnen das ab (39 Prozent). Und die Hälfte konnte sich unter keinen Umständen vorstellen, auf ihr Auto zu verzichten.

Und selbstverständlich, auch das ergab die RIFS-Studie, sehen viele Bürgerinnen Staat und Wirtschaft deutlich mehr als sich selbst in der Verantwortung, wenn es um Klimaschutz geht. Besonders die Verkehrswende ist also mit einer großen Anzahl der Bürger »nicht zu machen«. Viele möchten gerne gewaschen, aber nicht nass gemacht werden. Und das Waschen, das mich nicht nass machen darf, sollen auch noch Staat und Wirtschaft übernehmen.

Unter diesen Randbedingungen lassen sich dann in der Tat »Abstriche beim persönlichen Lebensstandard« machen. Bleibt nur zu fragen, was das dann noch bedeuten soll.

Es ließen sich noch viele weitere Beispiele für den Unwillen zu echtem Klimaschutz anführen. Autos passen da immer. Theodor Weimer, als Chef der Deutschen Börse immerhin CEO eines DAX-Konzerns, konnte mit der Erwartung seines Aufsichtsrats, die Dienstwagen kleiner zu machen, um CO_2 zu sparen, nicht viel anfangen. »Das ist doch dummes Zeug«, entfuhr es dem Herrn Vorstandsvorsitzenden im April 2024 auf einer Veranstaltung im Münchener Luxushotel *Bayerischer Hof*. »Wir müssen die Dienstwagen größer machen. Das schafft nämlich Wachstum.«[130] Nun ja.

Dann noch ein richtiges Reizwort: SUV. Für viele steht es für »Nach mir die Sintflut«. Natürlich ist das auch polemisch und undifferenziert,[131] aber viele dieser angeblichen »Sport- und Nutzfahrzeuge« mit einem Gewicht von um die zwei Tonnen und gigantischen Ausmaßen transportieren lediglich 70 bis 100 Kilo durch die Innenstadt. 2023 waren über 41 Prozent der Neuwagen in Deutschland SUV oder Geländewagen – ein neuer Rekord. Es gab 24 neue Modellreihen – drei Mal so viele wie im Vorjahr.[132] Die durchschnittlichen CO_2-Emmissionen pro Fahrzeug stiegen so 2023 wieder an.[133] Gleichzeitig gibt es aber auch einen Gegentrend: Die Neuzulassungen rein batterieelektrischer Pkw stiegen auf über 18 Prozent aller Pkw-Neuzulassungen und damit auf den bisher höchsten Anteil auf dem deutschen Markt.[134] Wir haben es schon oben an den Zahlen gesehen – eine durchaus nicht kleine Gruppe scheint Klimaschutz ernster zu nehmen. Aber es bleibt die kleinere Gruppe.

Denn mehr als doppelt so viele Neuzulassungen waren SUV, »der Materialhaufen gewordene Egoismus, der hier gleichsam zu sich selbst kommt«, wie Edo Reents in der *Frankfurter Allgemeinen Zeitung* meint.[135] Das sollte man aber im Land der SUV-Fahrer besser nicht schreiben. Auszüge aus den Kommentaren: »unlogisch«,

»Pamphlet«, »Wo Problem?«, »bevormundend«, »Viertelwissen«, »deutscher Neid«, »neues Feindbild«. Aber es gab auch positive Rückmeldungen, und so zeigt sich hier erneut die Spaltung der Gesellschaft in dieser Frage. Anlass von Reents Artikel war die Einführung einer stündlichen Parkgebühr von 18 Euro für SUV in Paris, was eine Verdreifachung darstellte. Und dem stimmten die Pariser auch tatsächlich noch mehrheitlich zu! Für die *Rhein-Neckar-Zeitung* (so, wie sie in der Presseschau des *Deutschlandfunks* zitiert wird) war das – ohne Scherz – eine »Kriegserklärung«, und sie macht auch gleich einen Generationen-plus-Stadt/Land-Konflikt auf, mit impliziertem Seitenhieb gegen Berlin-Mitte und Prenzlauer Berg: »Klar, wer jung ist, hievt locker 40 Kilogramm Gepäck aufs Lastenrad. [… I]m gehobenen Alter […] sieht die Sache aber schon ganz anders aus.«[136] Klar, mit dem Lastenrad kann man billig vom Thema ablenken. Klar, das Lastenrad gefällt einigen in Deutschland als wohlfeiler Trigger für identitätspolitische Schlachten. Warum ist das in Dänemark nur anders? Dort ist sogar König Frederik, auch nicht mehr ein Jungspund, »viel mit seinen königlichen Kids in einem Lastenrad in Kopenhagen herumgefahren – ohne dafür verspottet zu werden, aber gefeiert wurde er auch nicht«.[137] Weil er sich nämlich – für dänische Verhältnisse – einfach ganz normal verhalten hat: »Lastenrad fahren alle Eltern, denen ihre Zeit lieb ist.«[138] Nun ist es natürlich ein weiter Weg von Heidelberg nach Kopenhagen, weswegen es der *Rhein-Neckar-Zeitung* vielleicht schwerfällt, einmal eine andere Perspektive auf das Thema innerstädtische Mobilität einzunehmen. Sie kommt daher zu einem eigenwilligen Schluss: SUV seien »beim älteren Publikum vor allem deshalb so beliebt […], weil hier die Ideologiephase meist schon abgeschlossen ist«.[139] Putzig. SUV-Fahren als Beleg für Ideologiefreiheit – darauf muss man erst einmal kommen! Hat da vielleicht die (zumindest räumliche) Nähe zur heimischen Autoindustrie den Blick ein wenig vernebelt?[140]

Wasch mich, aber mach mich nicht nass! Und schon gar nicht »nach dem ersten Bandscheibenvorfall«, wie die *Rhein-Neckar-*

Zeitung meint, denn dann hat ja das »praktische Denken Oberhand« gewonnen.[141] Der erste Bandscheibenvorfall im »gehobenen Alter« – die Cold-War-Generation, inzwischen mit chronischem Rücken, dafür aber ganz unideologisch, ganz pragmatisch im SUV durch die innerstädtischen Staus dieselnd. Wohl denn! Übrigens, liebe *Rhein-Neckar-Zeitung*: Auch König Frederik X. von Dänemark, Jahrgang 1968, hatte Bandscheibenprobleme.[142] Und fuhr trotzdem Lastenrad, um seine Kinder von der Schule abzuholen.[143] Mit um die 50. Und das als König! Ja, ist denn das die Möglichkeit?

Hat die Cold-War-Generation beim Klima versagt?

Hat also die Cold-War-Generation beim Klimaschutz versagt? Gegenfrage: Hätten es andere Generationen, zum Beispiel die der Kriegskinder oder die Gen Z, besser gemacht? Auf diese grundlegende Frage werden wir im Schlusskapitel eingehen. Tatsache ist jedenfalls: Andere *Länder* haben es besser gemacht. Als Leuchtturm gilt hier regelmäßig Dänemark, und das mit einigem Recht.

Dänemark war so wie kein anderes Land mit Ausnahme von Japan vom Ölpreisschock 1973 betroffen – es importierte damals 92 Prozent seiner Primärenergie in Form von Erdöl.[144] Fast zur selben Zeit veröffentlichte der dänische Physiker Bent Sørensen einen Plan für den Umstieg Dänemarks auf Wind- und Solarenergie, und zwar vollständig bis 2050. Die dänische Politik setzte davon eine Menge um: wiederholte Erhöhung der Steuern auf fossile Energieträger bereits ab 1974, eine CO_2-Abgabe schon 1992, massiver Ausbau der Windkraft und eine Einspeisevergütung für erneuerbare Energien bereits 1981. Ölheizungen wurden abgeschafft und durch Fernwärme ersetzt. Die Kommunen mussten schon 1979 kommunale Wärmepläne aufstellen.

Das Ergebnis: Während 2023 in Deutschland gerade einmal 15 Prozent der Haushalte ans Fernwärmenetz angebunden und deren Strom nur zu 15 Prozent grün ist, werden zwei Drittel und bald drei Viertel der dänischen Haushalte mit Fernwärme versorgt, davon 75 Prozent aus erneuerbaren Quellen; 2030 sollen es 95 Prozent sein. Bereits 2020 war Fernwärme in Dänemark günstiger als Gas oder Strom der eigenen Wärmepumpe. Das alles hat das Land übrigens ohne Atomkraftwerke geschafft, die Dänemark nie hatte und deren Bau bereits 1985 gesetzlich ausgeschlossen wurde. Die Produktionskapazitäten erneuerbarer Energien an der Gesamtstrommenge lagen 2022 in Dänemark bei über 85 Prozent,[145] während es in Deutschland gerade einmal die Hälfte, 43 Prozent, waren.[146] Gleichzeitig hat Dänemark seine CO_2-Emissionen zwischen 1996 und 2020 halbiert,[147] während in Deutschland der Rückgang nur etwa 20 Prozent betrug.[148]

Vielleicht sind die Dänen tatsächlich umweltbewusster: In der wie in Deutschland intensiven Landwirtschaft gibt es schon seit 1990 eine Pestizidsteuer, und die Pestizidbelastung ist nur etwas mehr als halb so hoch wie bei uns.[149] Dänen geben zudem mehr als doppelt so viel für Bioprodukte aus wie wir.[150] Auffällig ist, dass das 2019 verabschiedete ambitionierte Klimaschutzgesetz von fast allen Oppositionsparteien einschließlich der rechtspopulistischen Dänischen Volkspartei mitgetragen wurde[151] – das wäre bei der AfD nun doch ziemlich undenkbar und spricht für einen breiten gesellschaftlichen Konsens in Klimafragen. Dass die Sensitivität für Umweltfragen aber Grenzen hat, zeigt sich daran, dass sich Dänemark gleichzeitig die größte industrielle »Nerzproduktion« der Welt leistet, in der die Tiere unter unbeschreiblichen Bedingungen gehalten werden und von Tierschutz keine Rede sein kann.[152]

Dänen sind vielleicht umweltbewusster, aber natürlich nicht, weil sie an sich die besseren Menschen sind. Das wäre ja auch eine ziemlich lächerliche Behauptung. Vielleicht fiel der Energieumstieg ihnen auch viel leichter, und zwar aus unterschiedlichen Gründen? Dass Deutschland hinterherhinkt, kann man vermutlich am besten auf eine Kombination struktureller, historischer und kultureller Ursachen zurückführen. Zum einen hat Dänemark – anders als Deutschland – eine lange Tradition der Nutzung von Windkraft, die schon vor 100 Jahren ganz dezentral von vielen Landwirten betrieben wurde. Zum anderen ist Deutschland ein Industrieland mit bedeutender Groß- und Schwerindustrie, während Dänemark eine eher rohstoffarme Handels- und Dienstleistungsgesellschaft ist, in der die Industrie eine untergeordnete Rolle spielt. Zentralisierte Großkraftwerke, die mit Gas, Öl oder – wie in Schweden und Finnland bis heute – Atomkraft befeuert wurden, spielten daher sicherlich eine weniger bedeutende Rolle.

Deutschland konnte weniger an eine Tradition dezentraler Windenergie anschließen, und die Politik agierte großindustrienah (so wie Dänemark nerzindustrienah). Außerdem gab es ja immer noch die billige heimische Kohle. Hinzu kommt die besondere Rolle der Autoindustrie, des größten Sektors in Deutschlands (während Dänemark überhaupt keine Autoindustrie hat). Selbst als die Umweltbewegung in den 1980er Jahren Fahrt aufnahm, gab es einen ganz großen CDUCSUSPDFDP-Konsens pro Auto, wenn auch – wie der Karlsruher Technikhistoriker Kurt Möser ausführt[153] – teils aus unterschiedlichen Gründen: CDU/CSU unterstützten die Autoindustrie vor allem aus Gründen des Wirtschaftswachstums, die FDP zusätzlich wegen des Freiheitsversprechens des Individualverkehrs und die SPD wegen der gut bezahlten Arbeitsplätze. Am Ende kam es aufs Gleiche raus: Auto first.

Für all das kann man der Cold-War-Generation kaum einen direkten Vorwurf machen. Und man kann auch nicht sagen, dass die Cold-War-Generation an sich kein Umweltbewusstsein hat. Wir haben gesehen, dass die ab der 1980er Jahre verstärkt aufkommende Umweltbewegung stark von dieser Generation getragen wurde. Es gibt Generationseinheiten in der Cold-War-Generation, die sich stark umweltpolitisch engagiert haben und es immer noch tun. Diese Teile der Generation haben sich – zum Teil recht erfolgreich, wie wir gesehen haben – gegen das Ozonloch, den sauren Regen und das Waldsterben engagiert. Bei all diesen Projekten gab es saliente Reize – das angebliche tieflila gefärbte Ozonloch, die absterbenden Wälder in der Nachbarschaft. Und es waren relativ überschaubare Projekte, für die es auch recht klare Lösungen gab, die dann auch noch ergriffen wurden. Das passte durchaus zur Selbstgewissheit und zur Gewinnerperspektive der Generation. Der Klimawandel als solcher hingegen blieb lange ein Abstraktum, eine nicht wirklich greifbare Akkumulationskrise selbst für die engagierten Teile der Generation.

Der größere, nicht engagierte Teil der Generation blieb hingegen fest in der Erlebnis-, Gefühls- und Handlungswelt der langen sechziger Jahre verankert, in der sie die grundlegenden Prägungen erfahren haben. Das Wachstums- und Wohlstandsdenken der Wirtschaftswunderzeit, die Stabilität des Kalten Krieges, der Wunsch nach Beständigkeit und moderatem Fortschritt ohne radikale Veränderungen, die selbstzufriedene Binnenperspektive wiegen stärker als die möglicherweise erlangte Erkenntnis, dass unsere Lebensform nicht nachhaltig ist und wir diese wegen des Klimawandels nicht nur in Frage stellen, sondern grundlegend verändern müssen. Dabei kommt dem Auto eine besondere symbolische Rolle zu: Sinnbild für den Wiederaufstieg des Landes, die Aufstiegsbewegung der eigenen Familie und den persönlichen Erfolg. Sicherer Hafen. Privater Rückzugsraum. Wunsch nach Freiheit (allerdings in Maßen und gut abgesichert durch die Leitplanken der deutschen Autobahnen).

Für einen großen Teil der Cold-War-Generation gilt damit in Bezug auf den Klimawandel das Gleiche wie in Bezug auf die Rente und die deutsche Einheit: Wasch mich, aber mach mich nicht nass! Wir müssen die Rente langfristig sicherstellen? Selbstverständlich, mach bitte, lieber Staat, aber fass meine Rente nicht an! DDR und BRD sollen vereinigt werden? Klar bin ich dafür, lasst Ostdeutschland ruhig beitreten, solange es mich nichts kostet und sich nichts für mich ändert! Wir müssen den Klimawandel endlich bekämpfen? Selbstredend, ganz wichtig, die Industrie soll Energie sparen und der Staat die Erneuerbaren ausbauen, aber rührt meine Heizung nicht an! Und auf *gar keinen Fall* meinen Verbrenner!

»Wir sind nicht auf dem Weg«, bis 2050 Klimaneutralität zu erreichen, sagte auch der Vorstandsvorsitzende des US-Öl-Konzerns ExxonMobil, Darren Woods (ob ihm das zupasskommt oder nicht, sei dahingestellt). »Eine der Herausforderungen besteht darin, dass die Gesellschaft zwar eine Reduzierung der Emissionen wünscht, aber niemand dafür bezahlen will.«[154] Wobei sich »bezahlen« hier auf zwei unterschiedliche Dinge beziehen lässt: Zum einen schlicht auf das Pekuniäre und zum anderen auf das Habituelle – die Mühe und Anstrengung, die es kostet, eigene Gewohnheiten und Verhaltensmuster in Frage zu stellen und dann zu überwinden.

Die Politik weiß das, und daher hört man selbst von engagierten und entschlossenen Klimaschützern wie Robert Habeck, der wirklich entschieden scheint, die Energiewende zu vollenden, ein Stichwort schon länger nicht mehr, das aber für den Erfolg der Energiewende unabdingbar ist: *Energiesuffizienz.* Also die nachhaltige *Begrenzung* des Energiebedarfs.

Energiesuffizienz ist weniger ein technischer, sondern vielmehr ein sozialer und kultureller Faktor. Sie verlangt direkte und konkrete Verhaltensänderungen. Und sie ist als Ergänzung zur gesteigerten Energieeffizienz absolut notwendig, weil nämlich bessere Effizienz allein den Energieverbrauch oft gar nicht mindert.[155] Energiesuffizienz erfordert also die *Bereitschaft*, weniger Energie zu verbrauchen. Und gerade im Verkehr, auch bei Gebäuden, eben überall dort, wo es das *eigene* Verhalten betrifft, sind sehr viele dazu nicht bereit.

Sind die Angehörigen der Cold-War-Generation nun *normal people* oder Versager im Klimawandel? Beides. Zumindest, wenn man auf diesem hohen Aggregationsniveau spricht. Im Schlussteil des Buches werden wir auf einige grundlegende, vor allem psychologische Mechanismen eingehen, die es der Mehrzahl der Menschen erschweren, Dinge zu tun, die man eigentlich tun sollte und die man selbst dann nicht tut, wenn man weiß, dass es richtig wäre. Und vermutlich steht die Generation im Vergleich mit anderen auch nicht schlechter dar. Insofern sind sie *normal people*.

Aber zugleich sind sie eben auch Klimaversager. Denn es ist an *dieser* Generation, und an keiner anderen, das Klima zu retten. Wir haben gesehen, dass wir seit den 1990er Jahren Sicherheit über die Gefahren des Klimawandels haben. Zu der Zeit begann die Cold-War-Generation ihre Aufstiegsbewegungen in Politik und Gesellschaft. Sie hätte erheblich mehr erheblich früher tun und damit erheblich mehr erreichen können. Aber eine Mischung aus dem spezifischen Charakter der Krise, Lobbyismus, Ideologie, *false balance*, Ignoranz, Egoismus und eben die historisch-kulturelle Prägung, das besondere Psychogramm der Cold-War-Generation, die tiefe Eingebundenheit in die Lebensform der »langen sechziger Jahre«, hat das verhindert.

Doch die Hoffnung stirbt zuletzt: In den letzten Jahren scheint es zumindest etwas voranzugehen. Vergleicht man das Konjunkturprogramm 2009 nach der Finanzkrise mit dem nach der Coronapandemie, so fallen beträchtliche Unterschiede auf. Schon damals forderten Ottmar Edenhofer vom Potsdam Institut für Klimafolgenforschung und der britische Klimaforscher Nicholas Stern ein »grünes Wiederaufbauprogramm«, das eine CO_2-Bepreisung, Fokus auf den öffentlichen Verkehr, Wärmedämmung und Investition in den Schienenverkehr beinhalten sollte. Sie wurden nicht einmal angehört. Stattdessen wurde eine »Abwrackprämie« aufgelegt, die 3,8 Milliarden Euro aus der Staatskasse und damit knapp 12 400 Euro pro zusätzlich verkauftem Fahrzeug kostete und den Klimawandel durch Verschrottung funktionsfähiger Fahrzeuge beförderte.[156] Heute haben wir das Pariser Klimaabkommen, das Klimaschutzgesetz, den *Green New Deal* der EU, die CO_2-Bepreisung, und Ottmar Edenhofer und andere Expertinnen werden gehört. Sie sind in der Wissenschaftsplattform Klimaschutz vereinigt und haben der damaligen Bundesregierung auf *deren* Wunsch hin eine Stellungnahme zum Coronakonjunkturpaket vorgelegt. Edenhofer und die anderen Autorinnen begrüßten dabei ausdrücklich, dass es gelungen sei, den Klimaschutz als wichtige Zieldimension zu berücksichtigen.[157]

Auf der einen Seite kommen die Einschläge des Klimawandels in Form von Überschwemmungen, Dürren und Hitzesommern immer näher. Auf der anderen Seite werden Teile der Gen Z immer ungeduldiger und ungehaltener, man denke an *Fridays For Future* und *Extinction Rebellion*. Vielleicht trägt beides dazu bei, die langen sechziger Jahre endlich hinter uns zu lassen. Wenn nicht, sollten wir uns nicht wundern, wenn wir es wieder mit »Autoterroristen« wie zu Beginn des letzten Jahrhunderts zu tun bekommen.

DRITTER TEIL

Im Zeitalter der Narren

Wir streiten uns um die unwichtigen Dinge,
um den wichtigen nicht ins Auge sehen zu müssen.

Roman Herzog

The world's response to date is reprehensible –
we live in an age of fools.

Südafrikanische Klimawissenschaftlerin

A politician thinks of the next election.
A statesman, of the next generation.

James Freeman Clarke

6

Cold-War-Generation:
Normal people oder Generation Ego?

Erinnert sich noch jemand?

»Ein Gefühl der Lähmung liegt über unserer Gesellschaft. […] Wer immer noch glaubt, das alles gehe ihn nichts an, weil es ihm selbst noch relativ gut geht, der steckt den Kopf in den Sand. […] Unser eigentliches Problem ist also ein mentales: Es ist ja nicht so, als ob wir nicht wüssten, dass wir Wirtschaft und Gesellschaft dringend modernisieren müssen. […] Wir streiten uns um die unwichtigen Dinge, um den wichtigen nicht ins Auge sehen zu müssen.«[1]

Diese Worte fielen vor beinahe einer Generationsspanne, 1997, im Hotel Adlon in Berlin. Gesprochen hat sie der damalige Bundespräsident Roman Herzog in seiner ersten und gleichzeitig wirkmächtigsten »Berliner Rede«. In der fiel auch der folgende Satz: »Durch Deutschland muss ein Ruck gehen. Wir müssen Abschied nehmen von lieb gewordenen Besitzständen.«[2] Bekannt wurde sie deshalb als die »Ruck-Rede«.

In Bezug auf die drei Krisen, die wir in diesem Buch besprochen haben, gilt Herzogs Mahnung auch heute noch eins zu eins. Wir haben schon das Gefühl, dass etwas auf die schiefe Bahn geraten ist: Dass der demografische Wandel und der so lang anhaltende und immer noch vorhandene Unwillen, ein attraktives Einwanderungsland zu werden, uns vor immer größere Probleme stellen wird. Dass die Renten à la longue natürlich nicht sicher sind. Dass wir den Klimawandel nicht im Griff haben.

Alle diese Themen sind Krisen im Sinne des Soziologen Wilhelm Heitmeyer: Die Routinen der politischen, gesellschaftlichen und ökonomischen Instrumente funktionieren in Bezug auf sie nicht mehr richtig. Und der Zustand vor den Krisen lässt sich nicht mehr herstellen: Wir werden keine junge Gesellschaft mehr sein. Wir werden von der gesetzlichen Rente nicht mehr auskömmlich leben können. Wir werden den Kohlenstoffgehalt in der Atmosphäre nicht auf den Stand der 1970er Jahre senken.

Wir spüren all das, und eigentlich wissen es die Meisten auch. Krisen erzeugen Unbehagen; sie lassen Kontrollverlust befürchten, und diese Furcht ist sogar sachangemessen: Wenn die politischen Routinen, die herkömmlichen Instrumente nicht mehr funktionieren, wäre es ja naiv, den Verlust der Kontrolle nicht zumindest als eine Möglichkeit zu sehen. Und wer ist verantwortlich?

Wir haben in diesem Buch der Generation nachgespürt, die die Geschicke des Landes in den letzten Jahrzehnten bestimmt hat, die Boomer oder Cold-War-Generation. »Es schaudert einem vor den Babyboomern«,[3] liest man. Angeblich sind das die Leute, die in ihren »abbezahlten Eigenheimen sitzen« und »zum Golfen nach Ägypten jetten«.[4] Die Generation Ego eben. Aber wir haben gesehen, dass wir die Dinge differenzierter betrachten sollten, ohne die Generation deshalb gleich von Verantwortung freizusprechen.

Wenn wir abschließend den Beitrag, die Verantwortung der Generation in Bezug auf unsere Krisenthemen Demografie, Rente und Klimawandel einschätzen wollen, dann erscheint es vernünftig, zwei Perspektiven zu unterscheiden: Zum einen eine historisch-genetische Betrachtung: Welche Rolle spielte die Cold-War-Generation bei der Entstehung der Krisen, beim falschen Abbiegen? Und zum anderen eine aktuelle Perspektive: Wie ist der Beitrag dieser Generation zur Ausbreitung der Krisen in den, sagen wir, letzten zehn Jahren einzuschätzen? In einem Zeitraum also, als diese Krisen längst bekannt waren?

Beginnen wir mit der historischen Perspektive.

Im Zeitalter der Narren

Späte Geburt

Hier haben wir in Bezug auf die demografische und die Rentenkrise gesehen, dass deren Wurzeln in eine Zeit zurückreichen, in der die Generation noch gar nicht geboren war oder gerade in den Kinderschuhen steckte. Adenauer hat den Drei-Generationen-Zusammenhang der Versorgung auseinandergerissen und den Grundstein für ein einseitiges, nicht nachhaltiges Rentensystem gelegt. Wohl auch mit der impliziten Annahme, dass die Menschen auch ohne großen äußeren Anreiz weiterhin sehr viele Kinder bekommen werden. Als spätestens Ende der 1960er, Anfang der 1970er Jahre klar war, dass das – einem weltweiten Trend folgend – nicht der Fall war, wurde das Ruder aber anders als in den nordischen Ländern nicht herumgerissen. An der Macht und damit verantwortlich waren die Eltern und Großeltern der Cold-War-Generation. Diese muss man hier eher als Leidtragende einer reaktionären, antinatalistischen Politik sehen, unter der besonders Frauen litten. Wir konnten sogar feststellen, dass diese Politik sich erst dann änderte, als die Familienpolitik auch durch den Druck der Cold-War-Generation auf die Agenda kam und ein Faktor für den Wahlsieg Gerhard Schröders wurde.

In Bezug auf den Klimawandel haben wir gesehen, dass es seit spätestens Ende der 1980er Jahre, Anfang der 1990er Jahre als gesichert gelten kann, dass er menschengemacht ist. Auch da war die Generation noch sehr jung. Und nicht unbedeutende Generationseinheiten haben sich stark umweltpolitisch engagiert, beispielsweise im Kampf gegen das Waldsterben und das Ozonloch. Aber der Klimawandel ist sicherlich das mit Abstand komplexeste und komplizierteste Problem, das wir in diesem Buch behandelt haben – eine lange abstrakt erscheinende, nichtlineare Akkumulationskrise ohne saliente Reize. Sehr lange wurde der Kampf gegen den Klimawandel hinausgezögert durch eine ungute Melange aus politisch unbedarften Experten, macht- und wissenschaftspolitisch extrem einflussreichen und vernetzten Klimaskeptikern, klassischer Lobbyarbeit von Interessengruppen vor allem der fossilen Industrien und erdölproduzierenden Länder, marktfundamentalistischen liberalen Ideologen und dem falschen Gleichgewicht in der medialen Darstellung des Problems. Eine bizarre Folge all dessen war, dass der Klimawandel erst 2007 vom IPPC als gesichert menschengemacht anerkannt wurde – 20 Jahre nachdem hierüber bereits weit gehende wissenschaftliche Eindeutigkeit bestand. Genau wie beim demografischen Wandel und der Rente gilt auch hier: Das kann man der Cold-War-Generation, den Boomern nicht vorwerfen.

Alle von uns diskutierten Krisen sind also bereits zu Zeiten entstanden und haben sich auszubreiten begonnen, bevor die Cold-War-Generation eine aktive Rolle zu spielen begann. Und wenn wir einen Blick auf ihr Psychogramm werfen, verstehen wir besser, warum es der Generation auch später schwerfallen musste, diese Krisen überhaupt zu sehen.

Stabil verankert

Dass man sich mit Bevölkerungsschrumpfung und ihren Auswirkungen lange nicht befasst, wenn man selbst der Generation der Vielen, der größten Generation der Geschichte angehört, erscheint psychologisch betrachtet mehr als naheliegend. Dass das sich abzeichnende Rentenfiasko bis in die 2000er Jahre hinein nicht richtig gesehen wurde, obwohl die Rente immer wieder als ein Problem auf der Agenda war, muss einen schon eher wundern. Aber offenbar vertrug das Rentensystem ja doch immer neue Ausdehnungen, und die 1990er Jahren waren die goldenen Zeiten der Rentenversicherung mit extrem vielen Beitragszahlerinnen und wenigen Rentenbeziehern.

Entscheidend aber ist die Prägung, die Grundierung der Generation in den goldenen Zeiten des Wirtschaftswunders, die Erfahrung nahezu stetig steigenden Wohlstands und vor allem die dreifache Stabilitätserfahrung in politischer, wirtschaftlicher und sozialer Hinsicht. Viele zu sein, war normal – anders als für Vorgängergenerationen, die teils starke Rückgänge durch die Weltkriege zu verzeichnen hatten. Eine auskömmliche Rente zu erwarten, war normal – anders als noch für die Generation der Eltern und Großeltern. Die Umweltkrisen der 1980er und 1990er Jahre waren zwar nicht normal (Tschernobyl war ein gravierender Einschnitt), aber hier hatte die Generation ja durchaus Erfolge durch aktives Herangehen zu verzeichnen. Was wiederum die Selbstzufriedenheit, mitunter das Überlegenheitsgefühl verstärken konnte.

Die Generation ist aufgewachsen in einer automobilen, konsum- und freizeitorientierten Welt, in der das Erleben in den Mittelpunkt rückte (und nicht mehr das Überleben wie bei ihren Eltern). Die großen Krisen schienen in der Vergangenheit zu liegen; die Cold-War-Generation war der dreifache Kriegsgewinner – nach dem Zweiten Weltkrieg geboren, in Westdeutschland aufgewachsen, den Kalten Krieg gewonnen. Die erhöhte Verletzlichkeit, die viele von ihnen aufgrund der Traumatisierungen der Eltern vermutlich aufweisen, verstärkte noch den Wunsch nach Normalität und Stabilität.

Die feste Verankerung in der ereignis- und konsumbezogenen Lebenswelt, der Wunsch nach und die Erfahrung von Stabilität und Normalität erschweren es deutlich, aufkommende Krisen frühzeitig zu erkennen. Die spezifische Prägung der Cold-War-Generation hat ihre Krisensensibilität nicht gerade gestärkt.

Doch damit nicht genug. Ganz unabhängig von Fragen der historischen Prägung einer Generation, hat uns allen die Natur diverse Streiche gespielt, wenn es darum geht, Informationen angemessen registrieren, verarbeiten und einschätzen zu können.

Falsch verdrahtet

Wir Menschen sind in verschiedenen Hinsichten kognitiv ziemlich unzureichende Wesen, leiden an diversen Verzerrungen, und richtig rechnen können wir auch nicht. Dass diese Unzulänglichkeiten ohne Einfluss auf ein proaktives Krisenmanagement bleiben sollen, kann nur ein frommer Wunsch sein.

Schauen wir uns einige kognitive Fallen, in die wir immer wieder tappen, etwas genauer an. Und zwar solche, die hier von Relevanz sind.

Da ist zunächst das, was Psychologinnen den *normalcy bias*, die Normalitätsverzerrung nennen.[5] Wir mögen ein aufziehendes Problem, eine sich anbahnende Krise, vielleicht noch erkennen, aber wir reagieren nicht oder nur sehr langsam. Oft dann zu spät. Das Risiko bleibt uns gedanklich und emotional seltsam fern; es bleibt eine abseitige, abstrakte Störung außerhalb der Routinen, Gewohnheiten und Sicherheiten unserer alltäglichen Lebenswelt. Wir wollen, dass die Welt so weitergeht, wie wir sie kennen. Weil nicht sein kann, was nicht sein darf. Und weil wir es uns kaum anders vorstellen können.

Dazu gesellt sich verstärkend der *Herdentrieb*. In unserem Verhalten tendieren wir sehr deutlich und unbewusst dazu, uns an anderen in unserer Umgebung zu orientieren. Auch das haben Psychologinnen gezeigt: Wenn ich mich allein in einem Raum befinde, in dem sich plötzlich merkwürdiger Rauch entwickelt, tendiere ich dazu, ihn zu verlassen. Sind andere Menschen mit im Raum, sinkt diese Bereitschaft. Ich schaue nach Hinweisen von anderen; wenn da nichts kommt, tue ich auch nichts. Wenn andere für ihre Rente nicht vorsorgen, tue ich es auch nicht. Wenn andere sich ein großes Auto kaufen, tue ich es auch.

Philosophen nennen den *normalcy bias* manchmal auch das Argument des Unglaubens.[6] Von der empirisch-psychologischen Tatsache, dass ich mir kaum vorstellen kann, dass Brandenburg zur Steppe wird, die Nordseeküsten in den Fluten untergehen, die Rentenkasse nicht mehr pünktlich, zumindest nicht mehr hinreichend zahlen kann, Altenheime ohne Pflegekräfte dastehen werden, schließe ich fehlerhaft, dass solche Situationen nicht möglich oder zumindest völlig unwahrscheinlich sind. Dieser logische Fehlschluss ist psychologisch plausibel, weil mir jegliche Erfahrungswerte und auch Narrative dazu fehlen. Aber mangelnde Vorstellungskraft oder fehlender Glauben hat nichts mit der Wahrheit zu tun.

Die Macht des *normalcy bias* konnten wir zuletzt bei der Coronapandemie und dem russischen Krieg gegen die Ukraine beobachten. Antonio Guterres, langjähriger Generalsekretär der Vereinten Nationen und vormaliger Premierminister Portugals, ist wahrscheinlich einer der erfahrensten und bestinformierten Politiker der Welt. Und dennoch sagte er zur Eröffnung der Sitzung des UN-Sicherheitsrats am 24. Februar 2022, dem Tag des russischen Überfalls auf die Ukraine, dass er in der jüngsten Vergangenheit Hinweisen auf einen bevorstehenden Angriff keinen Glauben geschenkt habe, weil er sich nicht habe vorstellen können, dass etwas »Ernsthaftes« passieren würde.

Lothar Wieler hat sich zeit seines Lebens mit Tierseuchen beschäftigt. Das hat ihm neben einer Professur zwei Ehrendoktorwürden eingebracht, schließlich die Leitung des Robert-Koch-Instituts, die er von 2015 bis 2023 innehatte. Und dennoch: Monatelang stufte sein Institut das COVID-Risiko in Deutschland als gering ein.

Der *normalcy bias* ist eine Wahrnehmungsverzerrung, die dazu führt, dass wir Gefahren unterschätzen und Warnungen keinen Glauben schenken. Dieser Verzerrung unterliegen etwa 70 Prozent der Menschen.[7] Wenn das top informierten Expertinnen so geht, warum sollte es bei gewöhnlichen Leuten anders sein? Noch stärker wirkt die Normalitätsverzerrung, wenn es keine oder wenig Erfahrung mit dem Risiko gibt. Nicht der Mangel an Wissen um das Risiko ist das Problem, sondern der Unglaube, die Unvorstellbarkeit. Die Normalitätsverzerrung führt zu Passivität, Unbeteiligtsein, *lack of ownership*.

Ähnlich gelagert wie der *normalcy bias,* ist der *optimism bias.* Kurz gesagt: Während die Normalitätsverzerrung dafür sorgt, dass wir oft denken, *es* werde schon nichts passieren, führt die Optimismusverzerrung dazu, dass wir glauben, *uns* werde schon nichts passieren – alles wird gut gehen. Auch das haben Psychologinnen in empirischen Studien hinreichend belegt. Sehr viele Raucher glauben, weniger durch Lungenkrebs gefährdet zu sein als andere Raucherinnen. Sehr viele Aktienhändlerinnen glauben, ihr persönliches Verlustrisiko sei viel geringer als das anderer Händler. Sehr viele Berufseinsteiger überschätzen die Wahrscheinlichkeit, zukünftig in ihrem Job besonders erfolgreich zu sein. Sehr viele Ehepartner unterschätzen die Wahrscheinlichkeit einer Scheidung. 90 Prozent der Autofahrer glauben, zur besseren Hälfte der Autofahrer zu gehören. Und so glauben wir eben, dass uns in Hinblick auf die Rente, den demografischen Wandel, das Klima schon nichts passieren wird. Etwa 80 Prozent unterliegen dieser Verzerrung.[8]

Und wiederum sind auch Experten nicht vor der Optimismusverzerrung gefeit. Ein anschauliches Beispiel für die vernebelnde, letztlich lähmende Wirkung einer Kombination von *normalcy bias* und *optimism bias* bietet der Biologe Pierre Ibisch in einem Interview. Dort sagt er im Sommer 2020 angesichts des Zustandes des Waldes in Deutschland nach drei klimawandelbedingten Dürrejahren: »Ich erinnere mich an eine Veranstaltung zum Wald in Berlin vor fünf Jahren. Damals verkündete das Landwirtschaftsministerium: Dem Wald geht es so gut wie noch nie! Und alle waren trunken vor Glückseligkeit. Und jetzt, fünf Jahre später, sagt das gleiche Haus – [...] beraten von denselben Experten – genau das Gegenteil: Dem Wald geht es so schlecht wie nie, und das hat keiner kommen sehen. Aber es war absehbar. Offenkundig muss immer erst eine Katastrophe passieren.«[9]

Im Zeitalter der Narren

Man könnte hier noch eine Reihe anderer kognitiv-psychologischer Mechanismen anführen, die es uns als Menschen systematisch so schwermachen, Risiken, Krisen, mögliche Katastrophen richtig einschätzen zu können und dann angemessen zu handeln. Drei seien hier noch kurz genannt:

Wir verstoßen immer wieder gegen ein Vorsichtsprinzip (das *Hedging*-Prinzip), das es eigentlich gebietet, im Lichte möglicher katastrophaler Ereignisse proaktive Maßnahmen zu ergreifen, deren Kosten relativ gering sind und die das Risiko »einhegen« (engl. *to hedge*). Stichwort Tempolimit, Stichwort Maskentragen in der Pandemie.

Wir sind *exponentiell kurzsichtig*, das heißt, wir haben gewaltige Schwierigkeiten, Statistiken und stochastische Entwicklungen richtig einschätzen zu können. Uns fehlt jede Intuition dafür, dass – wenn wir auf das erste Feld eines Schachbretts ein Reiskorn legen und dann die Anzahl bei jedem weiteren Feld verdoppeln – wir am Ende 2^{64} = 18 446 744 073 709 551 615 ($\approx$18,45 Trillionen) Weizenkörner auf dem Schachbrett hätten. Das sind etwa 730 Milliarden Tonnen Weizen und entspricht dem Tausendfachen der weltweiten Weizenernte im Jahr 2014/2015. Auch das können wir uns nicht vorstellen, weshalb uns für Akkumulationskrisen wie den Klimawandel jeder Sinn fehlt.

Und schließlich das *Präventionsparadox*: Wird eine vorbeugende Maßnahme gegen eine Krankheit oder ein Problem ergriffen, so dass dieses Problem sich abzumildern beginnt, dann wird die vorbeugende Maßnahme kritischer ins Auge gefasst, Nebenwirkungen in den Vordergrund gestellt und schließlich weniger akzeptiert – es war doch alles gar nicht so schlimm. Das sehen wir typisch bei Impfungen, aber auch bei Maßnahmen zur Entlastung der Rentenkasse oder präventive Maßnahmen beim Klima- und Umweltschutz. Das ist die grundsätzliche Schwierigkeit von Prävention: Sie führt dazu, dass etwas nicht passiert, also alles weit gehend so bleibt, wie es ist. Diejenigen, die dem Präventionsparadox unterliegen, verstehen nicht, dass etwas nicht passiert ist, *eben weil* vorbeugend gehandelt worden ist.

All diese kognitiven Unzulänglichkeiten, all diese Streiche der Natur führen dazu, dass wir Krisen systematisch unterschätzen und dazu neigen, die Hände in den Schoß zu legen.

Zwischenstand zur Frage der Verantwortung der Cold-War-Generation in Bezug auf die hier diskutierten Krisen: Alle Krisen haben begonnen beziehungsweise wurden angelegt, bevor diese Generation die Bühne betrat. Doch selbst als die Cold-War-Generation dann im aktiveren Alter war, fiel es ihr nicht leicht, sie zu erkennen. Das liegt zum Teil am Charakter der Krisen, an strukturellen Gründen und vor allem auch am Psychogramm der Generation. Und dann treten noch die gerade beschriebenen kognitiven Verzerrungen hinzu, die ein Handeln selbst im Lichte hinreichender Information eher unwahrscheinlich machen.

Folgt daraus, dass die Generation nun von jeder Verantwortung für die Krisen freigesprochen werden sollte? Weil ihre Angehörigen entweder zu jung oder durch ihre soziale Prägung zu blind oder einfach als normale menschliche Wesen zu unfähig waren, um diese Krisen zu sehen?

Das wäre eine allzu bequeme Ausflucht in die Schicksalsergebenheit. Und würde sofort die Frage aufwerfen, warum denn dann beispielsweise Niederländerinnen und Schweden dieser Generation in der Lage gewesen sind, ihre Rentensysteme nachhaltig zu reformieren, und wieso Dänen fähig waren, die Energiewende 20 Jahre früher zu beginnen, und warum es eben Teile der Generation gab, die sich durchaus engagiert haben, vor allem beim Thema Klimawandel.

Nein, zumindest mit Blick auf die letzten 15, 20 Jahre kann man die Generation nicht von Verantwortung freisprechen. Viele haben die Krisen gesehen und dennoch nicht gehandelt. Warum?

Wir wollen Veränderung, ohne uns zu verändern

Seit 2002 verschickt die Deutsche Rentenversicherung ihre detaillierten jährlichen Renteninformationen, in denen auch auf die wahrscheinliche Rentenlücke hingewiesen wird. 2007 hat das IPPC offiziell den menschengemachten Klimawandel als das Megaproblem anerkannt. Und zur selben Zeit waren die Geburtenzahlen in Deutschland auf einem Tiefstand.

Warum hat die Cold-War-Generation diese Krisen nicht auf die Tagesordnung gesetzt; warum haben die Entscheiderinnen in Politik und Gesellschaft nicht entsprechend agiert?

Die oben genannten Merkmale – soziale Prägung, Lebensform, Normalitäts- und Optimismusverzerrungen, Präventionsparadox – spielen sicherlich die Hauptrolle. Aber – das haben wir im Kapitel über den Klimawandel gesehen – selbst wenn wir von unserer Alltagswelt Abstand nehmen und uns die Welt nicht schönreden, sondern ein Problem angemessen identifizieren und den Handlungsdruck erkannt haben, geschieht eben doch oft nichts. So wie bei all den Leuten, die eine Wärmepumpe wollten und sich dann eine Gasheizung kauften. Psychologinnen nennen das die Intentions-Verhaltens-Lücke oder *Einstellungs-Verhaltens-Lücke*.[10] Aus einer bestimmten Überzeugung oder Einstellung folgt allein schon deswegen nicht unmittelbar eine Handlungskonsequenz, weil ich ja viele Überzeugungen oder Einstellungen habe, und die können miteinander in Konflikt stehen.

Zum Beispiel folgende:

»Der Klimawandel ist bedrohlich.« Und: »Ich fahre gerne Auto.«[11]

Oder:

»Unser Rentensystem benachteiligt die nächste Generation.« Und: »Ich möchte eine hohe Rente beziehen.«

Oder: »Wir brauchen wegen des demografischen Wandels mehr Zuwanderung.« Und: »Ich möchte mich nicht an zu viele neue Menschen gewöhnen müssen.«

Das nennt man kognitive Dissonanz. Diese Widersprüche oder Unverträglichkeiten zwischen verschiedenen, zur gleichen Zeit vertretenen Überzeugungen führen zu unangenehmen Gefühlen, zu inneren Spannungen. Menschen wollen diese Spannungen in irgendeiner Form loswerden. Sie können dabei ganz unterschiedliche Schlüsse ziehen und Hilfskonstruktionen benutzen, um die innere Spannung abzubauen. Um ein Beispiel von oben aufzugreifen: Wenn ich den Klimawandel für bedrohlich halte, kann ich die Verhaltenskonsequenz ziehen, weniger Auto zu fahren, *obwohl* ich gerne Auto fahre. Das reduziert die kognitive Dissonanz, und es gibt keine (oder eine kleinere) Einstellungs-Verhaltens-Lücke. Das wäre gut. Sehr häufig kommt es aber nur zu Einstellungsänderungen oder einem Hinzufügen von Kognitionen, was ebenfalls zur Dissonanzreduktion führt:[12] »Andere fahren noch viel mehr Auto.« – »Mit dem ÖPNV zu fahren, ist für mich noch bedrohlicher oder aufwändiger.« – »Ich kann mir nicht alle Probleme der Welt zu eigen machen.« – »Ich schaue mir die Nachrichten nicht mehr an.« – »Was soll ich allein schon ausrichten.« – »Da soll sich die Politik drum kümmern.«

Und all diese zusätzlichen Kognitionen führen dann zur Einstellungs-Verhaltens-Lücke, das heißt, eben gerade *nicht* zu Verhaltensänderung, obwohl ich (auch) die richtigen Einsichten habe.

Nicht verändern möchte ich mein Verhalten vor allem dann, wenn ich zufrieden bin. Wir haben schon im Klimakapitel gesehen, dass die Lebenszufriedenheit der Deutschen recht hoch ist. Eine Studie der Deutschen Bank aus dem Dezember 2023 bestätigt das: Selbst im Lichte von Kriegen, Krisen und Inflation ist die Lebenszufriedenheit der Deutschen noch hoch – Note 2 minus mit nur geringen Unterschieden zwischen den Bundesländern.[13] Wenn ich aber in Bezug auf meine Grund- und Sicherheitsbedürfnisse, meine sozialen und individuellen Bedürfnisse und auch im Hinblick auf Selbstverwirklichung (all das wurde erfragt) zufrieden bin – warum soll ich dann irgendetwas ändern?

Es ist also nicht nur so, dass die Menschen sich ihr Leben nicht anders vorstellen *können* (die Normalitätsverzerrung) – in Wahrheit *wollen* sie es auch gar nicht ändern. Aus der kognitiven Dissonanz wird daher häufig derjenige Schluss gezogen, der das aktuelle Leben am wenigsten ändert. Veränderung tut not, ja – aber *mein* Leben soll sich bloß nicht ändern.

Und das betrifft sogar Leute, die den Umwelt- und Klimaschutz für sehr wichtig halten und aktiv unterstützen. Das spürt zum Beispiel Greenpeace:

[A]llgemein stammt in Deutschland ungefähr die Hälfte der Spenden [an Greenpeace; GV] von gut situierten Bürgerinnen und Bürgern, die über 60 Jahre alt sind. Mithin also einer Generation angehören, zu deren Lebensstil oft ganz selbstverständlich noch Einfamilienhaus, Flugreisen und Auto gehören. ›Ganz viele unserer Fördermitglieder haben ein Auto‹, erzählt jedenfalls Greenpeace-Sprecher Jan Haase. Und: »Sobald unsere Kampagnen auf Änderungen des persönlichen Verhaltens zielen, kriegen wir massiv Gegenwind.« Anstelle von Spenden träfen dann in Hamburg empörte Nachrichten ein. »Ich habe euch 30 Jahre unterstützt. Jetzt ist Schluss. Ich lass mir doch von euch nicht mein Auto nehmen.«[14]

Der Sprecher beklagt sich hier zu Recht über die Cold-War-Generation. Nur ist dieses Verhalten nicht spezifisch für diese Generation, sondern weit verbreitetes, normales menschliches Verhalten.

Wir können allmählich unsere Frage beantworten, was die Cold-War-Generation, die Boomer denn nun sind: die Generation Ego oder doch nur ganz normale Leute, *normal people*. Die Antwort: *Sie sind beides.* Selbstzentriert und gerade dadurch ganz normal. Zumindest zu einem großen Teil. Die kognitiven Verzerrungen, der Wunsch, das eigene Leben möglichst nicht zu verändern und kognitive Dissonanzen möglichst verhaltensschonend abzubauen, seinen Lebensstandard nicht ändern zu wollen – all das ist normal. Das Psychogramm der Cold-War-Generation – mit dem Wunsch nach und der Erfahrung von Stabilität, der Risikoscheu, dem Fortschrittsglauben, der Selbstgewissheit – kommt dann noch erschwerend hinzu.

Die Generation Z hat zwar ein anderes Psychogramm, aber natürlich besteht auch sie aus ganz normalen, selbstzentrierten Leuten im oben beschriebenen Sinne. Kein Wunder also, dass Boomer und Gen Z sich gegenseitig die gleichen Dinge vorwerfen: egoistisch zu sein und nur an sich zu denken.

Ziemlich ähnlich: Cold-War-Generation und Gen Z

Boomer nennen die Gen Z gerne bequem, verwöhnt, fordernd, anspruchsvoll. Weil sie angeblich so sensibel sind, beschimpft man sie als »Schneeflocken« – unter Druck schmölzen sie einfach so dahin.[15] »Generation Z ist zu faul«, titelt die *Bild*.[16] »Die Gen Z zerfließt in Selbstmitleid«, befindet eine Lokaljournalistin der *FAZ*.[17] Der Journalist Uwe Ritzer, Jahrgang 1965, meinte in einem Streitgespräch mit der klugen und selbstbewussten Journalistin Ronja Ebeling, Jahrgang 1995, keine Generation mache es sich so einfach und könne es sich so einfach machen: Die Gen Z ruhe sich auf dem Wohlstand der Vorgängergeneration aus.[18] Der Talkshow-Host Markus Lanz, Jahrgang 1969, nannte die Gen Z »so eine Hafermilchgesellschaft, so eine Guavensaft-Truppe, die wirklich die ganze Zeit auf der Suche nach der idealen Work-Life-Balance ist«.[19] In einem anderen Format meinte er zu jungen Politikerinnen der Grünen und der FDP, er und seine Generation hätten sich seinerzeit, als er selbst noch in den Zwanzigern gewesen sei, »null Kopf um die Rente gemacht«.[20]

Das ist schon eine ziemlich offensive Strategie, wenn man bedenkt, dass es die Generation von Markus Lanz und Uwe Ritzer war, die – wie wir gesehen haben – das Thema Rente und den Klimawandel nicht angegangen ist und die in weiten Teilen auskömmliche Renten beziehen wird – auf Kosten der nächsten Generationen. Auch erben tut erst einmal die Cold-War-Generation – und zwar etwa 400 Milliarden Euro jedes Jahr (sozial und regional höchst ungleich verteilt).[21] Während die Cold-War-Generation Krisen vor allem im Rückspiegel sah, hat die Gen Z sie direkt vor Augen – Klima, Rente, Kriege, mangelnder Wohnraum.

Zudem ist am Vorwurf der Faulheit rein gar nichts dran, wie eine Studie des DIW gezeigt hat.[22] Tatsächlich ist es so, dass die Arbeitszeit aktuell – unabhängig vom Alter – gleich hoch (oder niedrig) ist, junge Frauen aber – wenig überraschend – etwa 25 Stunden mehr pro Woche für Kinderbetreuung aufwenden als ältere Frauen und junge Männer etwa zehn Stunden mehr als ältere Männer.[23] 17 Prozent der jüngeren Männer würden gerne mehr arbeiten, wohingegen es bei den älteren nur sechs Prozent sind.[24] Dagegen wollen 70 Prozent der Cold-War-Generation vorzeitig in Rente gehen.[25] So viel zum Thema Faulheit der Gen Z.

Dennoch ist es wahr, dass von Angehörigen der Gen Z öfter von Work-Life-Balance und der Vier-Tage-Woche die Rede ist als in der Cold-War-Generation. Das aber hat nichts mit der Generation zu tun: Es handelt sich um einen Perioden- und nicht um einen Kohorteneffekt. Der Arbeitsmarkt hat sich gedreht (Danke, demografischer Wandel!), wir haben einen Arbeitnehmermarkt, und gute Leute können sich die Jobs aussuchen. Unterscheidet das die Gen Z von den Boomern? Nein, tut es nicht, nur die Umstände haben sich geändert. Hat irgendjemand der Cold-War-Generation Faulheit vorgeworfen, weil Zehntausende ältere Boomer in den 2000er Jahren mit 53 oder sogar 51 Jahren zu fast vollen Bezügen in den Ruhestand gingen?[26] Alle suchen für sich nach den besten und bequemsten individuellen Möglichkeiten. Das kann man beklagen, sollte es aber nicht einer Generation anlasten.

Dass dabei die Ansprüche der Gen Z höher sind als die der Elterngeneration, sollte uns ebenfalls nicht wundern. Die Ansprüche der Cold-War-Generation waren es ja auch, verglichen mit denen ihrer Eltern. Man muss es nicht gutheißen, wenn sehr gut verdienende Paare von Anfang 30 »hektisch« alle Hebel in Bewegung setzen, um mit Hilfe eines Honorarberaters ihr Jahreseinkommen auf unter 200 000 Euro zu drücken, damit sie 7 000 Euro Elterngeld kassieren können (der Trick: spenden!). »Als Leistungsträger fühlt man sich in diesem Land nicht ausreichend wertgeschätzt«, lautete die FDP-ige Begründung.[27] Man muss auch nicht unbedingt vor Mitleid zerfließen, wenn ein anderes junges Paar, ebenfalls gerade Anfang 30, verzweifelt, weil es meint, sich trotz eines monatlichen Nettoeinkommens von 9 000 Euro (!) keine Immobilie in Frankfurt leisten zu können. Der Preis: eine Million Euro.[28] Und dabei liegt der von der OECD errechnete »Erschwinglichkeitsindex«, der Immobilienpreise ins Verhältnis zu Einkommen und Zinsen setzt, heute bei etwa 40 Punkten. Im Jahr 1980 waren es 100. Immobilien sind heute also wesentlich erschwinglicher als früher; allerdings ist wohl die Bereitschaft gesunken, dafür auf aufwändige Urlaubsreisen und teure Restaurantbesuche zu verzichten.

Auch beim Thema Urlaubsreisen, Klimawandel, nachhaltige Geldanlagen gibt es kein umweltbewussteres und ökologischeres Verhalten der Gen Z, im Gegenteil.[29] Genauso, wie Friedensaktivisten und Umweltschützerinnen eine (nicht unerhebliche) Minderheit bei der Cold-War-Generation bildeten, sind es *Fridays for Future* und *Extinction Rebellion* bei der Gen Z. Damals wurden die Aktivistinnen von der herrschenden CDU als »fünfte Kolonne Moskaus« diffamiert, heute von der herrschenden SPD – ja, vom Kanzler persönlich – etwas schlichter als »bekloppt«.[30] Weder mit Unzurechnungsfähigen noch mit feindlichen Agenten muss man sich diskursiv befassen; beide kann man eigentlich gleich wegsperren. Auch in dieser Hinsicht hat sich also nicht so wahnsinnig viel geändert.

Doch natürlich gibt es Unterschiede zwischen den Generationen. Der Kemptener Jugendforscher Simon Schnetzer, Autor der jährlichen »Jugend-in-Deutschland«-Trendstudie, fasst sie im persönlichen Gespräch so zusammen: Die Gen Z lebt – vor allem durch die sozialen Medien – in einer anderen Taktung und mit einer anderen Geschwindigkeit; sie erwartet schnellere Reaktionen. Sie ist weniger hierarchisch und erwartet Augenhöhe; Kompetenz und vorbildhaftes Verhalten sind ihnen wichtiger als Lebensalter, um Respekt und Anerkennung zu erlangen. Und Entscheidungen der Jungen haben eher den Charakter einer Statusmeldung, um sich möglichst viele Optionen offen zu halten. Auch Unterschriften, zum Beispiel unter Arbeitsverträgen, werden oft nicht als wirklich verbindlich angesehen.

Die Gen Z wächst in erheblich unbeständigeren Zeiten auf. Zudem haben große Teile der Gen Z Abschnitte der besonders prägenden Phasen der Pubertät oder Post-Pubertät, in denen die Abnabelung vom Elternhaus stattfindet und die direkte Interaktion mit Gleichaltrigen besonders entscheidend ist, zu Hause bei den Eltern verbracht: im Lockdown während der Coronapandemie. Vor den psychischen Folgen wurde schon während der Pandemie gewarnt.[31] All dies mögen Gründe sein, warum mehr als doppelt so viele Jugendliche (46 Prozent) gestresst sind wie Angehörige der Cold-War-Generation, wie die Trendstudie »Jugend in Deutschland« 2023 herausgefunden hat.[32] Gleichzeitig weisen drei Mal so viele Angehörige der Gen Z (33 Prozent) Selbstzweifel auf.[33] Das könnte auch ein Alterseffekt sein, ist aber vermutlich eher ein Generationseffekt: Die Cold-War-Generation ist eben geprägt durch eine selbstzufriedene Binnenperspektive und kann im Allgemeinen auf ein krisenarmes Leben zurückblicken. »Hierin zeigt sich deutlich«, schreibt Simon Schnetzer, »wie wenig die gegenwärtigen Krisen dem psychischen Gleichgewicht der 50- bis 69-Jährigen anhaben können.«[34]

Die erhöhte Anspannung und Krisensensibilität mag auch erklären, warum bei der Europawahl 2024 die Grünen außergewöhnliche Verluste unter den jungen Wählern zu verbuchen hatten, während die AfD extrem zulegte und auch neue Parteien wie Volt gut abschnitten. Zwar wird das Klimathema nach wie vor für wichtig gehalten, doch ist es überlagert von aktuellen Krisen, die die Jungen auf sich zurollen sehen: Krieg in Europa, Inflation, Wohnungsmangel. Und dies alles vor dem Hintergrund des Kontrollverlusts während der Coronapandemie. Die Grünen als eine etablierte, regierende Partei signalisieren keinen Aufbruch, anders als die AfD und Volt: die eine Richtung Autoritarismus und (vermeintlich) soziokulturell zurück in die 1950er Jahre, die andere Richtung europäische Integration.

Die Verantwortung der Cold-War-Generation

Die Krisen, vor denen wir heute stehen, haben große Ausmaße angenommen, und zumindest in Bezug auf die Klimakrise ist zweifelhaft, ob wir sie beherrschen werden. Klimawissenschaftlerinnen sind regelrecht verzweifelt. Nach einer 2024 durchgeführten Umfrage der Londoner Zeitung *The Guardian* glauben nur noch sechs Prozent der 380 befragten führenden Experten, dass das Ziel von 1,5 Prozent Temperaturanstieg gegenüber vorindustriellen Zeiten erreicht werden kann. 77 Prozent gehen von einem Anstieg von wenigstens 2,5 Prozent aus, 42 Prozent sogar von drei Prozent.[35] Die Folgen wären eine einzige Katastrophe. Jedes Zehntelgrad zusätzlichen Anstiegs führt dazu, dass 140 Millionen Menschen mehr unter unerträglicher Hitze leiden.[36] Drei Grad bedeuteten, dass Städte wie Shanghai, Rio de Janeiro, Miami und Den Haag unter dem Meeresspiegel lägen.[37]

Die Cold-War-Generation ist die Krisen nicht angegangen, obwohl sie es hätte tun können. Ja, die Cold-War-Generation ist aus all den Gründen, die wir genannt haben, eine Generation Ego – so, wie jede Generation selbstzentriert ist. Vielleicht gesteigert gegenüber der Generation ihrer Eltern, deren Psychogramm nicht durch eine selbstzufriedene Binnenperspektive, sondern durch Nazi-

Ideologie und Krieg und deswegen durch Härte und Aufopferung geprägt war. Aber dadurch, dass die Cold-War-Generation – anders als die Gen Z – in ihrer Kindheit und Jugend den Umgang mit Krisen kaum gelernt hat, hat sie es versäumt, rechtzeitig zu agieren.

Dies gilt vor allem im Hinblick auf den Klimawandel, aber auch in Bezug auf die Rente. Wir haben im Durchgang durch die Krisen gesehen, warum. Auch wenn wir viele Gründe und Ursachen für das Nichtstun großer Teile der Generation erörtert und verstanden haben, ergibt sich daraus aber kein Freibrief, im Gegenteil: Die Cold-War-Generation hatte eine besondere Verantwortung, gerade für die kommenden Generationen. Weil das *window of opportunity*, der Zeitraum zu handeln, nun einmal in ihre aktive Zeit gefallen ist und immer noch fällt und sie dieses Handlungsfenster bisher unzureichend genutzt hat.

Der *Zeit*-Journalist Thomas E. Schmidt bestreitet das.[38] »Ernsthaft kann niemand das Individuum für den Klimawandel oder den Rechtsextremismus verantwortlich machen […] Verantwortlich ist jemand nur im Rahmen seiner realistischen Handlungsmöglichkeiten.« Es gebe keine »universale Verantwortungsgemeinschaft […] Man kann sein Leben leben und Mitleid empfinden; mit Weltverantwortung wird das allerdings sauer und sinnlos.«

Das erscheint mir zu leicht. Schmidt beginnt mit einem so genannten Strohmann-Argument, das heißt, er attackiert eine Position, die niemand vertritt. Oder wer würde »ernsthaft« behaupten, dass *Individuen* für Klimawandel und Rechtsextremismus verantwortlich seien? Dass es individuelle »Weltverantwortung« gebe? Er gesteht ein, dass jemand im Rahmen seiner Handlungsmöglichkeiten verantwortlich sei, am Ende läuft das aber auf »Mitleid« hinaus. Mitleid bedeutet aber lediglich, dass jemand kognitive, vielleicht emotionale Empathie für einen anderen empfindet – daraus resultiert aber keineswegs ein Handeln. Empathie ohne Konsequenz bleibt Schall und Rauch; letztlich werden Einzelne damit der Verantwortung enthoben.

Die Frage der Verantwortungsgemeinschaft stellt sich für die Cold-War-Generation – bei allen hier aufgezeigten, nachvollziehbaren Gründen für die Vernachlässigung der Krisen – allein schon aus Fragen der Gerechtigkeit zwischen vorhergehenden und nachfolgenden Generationen, in unserem Fall zwischen der Cold-War-Generation und ihren Nachfolgern.[39] »Mitleid« ist hier ein unpassendes Gefühl, ein Kategorienfehler, weil es die Frage der Verantwortung gar nicht aufwirft.

Der Tübinger Philosoph und Politikwissenschaftler Jörg Tremmel hingegen hat Generationengerechtigkeit folgendermaßen definiert: »Generationengerechtigkeit ist erreicht, wenn die Chancen der Angehörigen der jungen Generation, sich ihre Bedürfnisse erfüllen zu können, mindestens so groß sind wie die der Angehörigen ihrer Vorgänger-Generation.«[40]

Zwischen der Generation der Kriegskinder und der Cold-War-Generation hat es in diesem Sinne Generationengerechtigkeit gegeben, wie wir im Kapitel über die langen sechziger Jahre gesehen haben: Die Cold-War-Generation hatte weitaus bessere Möglichkeiten, ihre Bedürfnisse nach Wohlstand, Sicherheit, einer intakten Umwelt zu erfüllen als die Generation ihrer Eltern, und sie tat das in weiten Teilen auch.

Ganz anders sieht es zwischen der Cold-War-Generation und den Generationen Z und Alpha aus: Der Klimawandel bedroht wesentliche Grundbedürfnisse (eine für Menschen erträgliche Umwelt, auch Sicherheit und Wohlstand), die ausbleibenden Rentenreformen haben einen negativen Einfluss auf den Wohlstand und letztlich die soziale Sicherung. Es wäre die Verantwortung der Cold-War-Generation gewesen, hier rechtzeitig gegenzusteuern. Möglichkeiten dazu hätte sie in den letzten 20 Jahren gehabt.

Doch bekanntlich folgen aus moralischen Verpflichtungen nur selten entsprechende Handlungen. Auch dies hat mit der Einstellungs-Verhaltens-Lücke, strukturellen Gründen, oft auch einfach mit Egoismus zu tun. Inzwischen aber ist die moralische Verpflich-

Im Zeitalter der Narren

tung – in Bezug auf den Klimawandel – auch von den höchsten Gerichten anerkannt und damit in rechtliche Verpflichtungen überführt worden.

So hat im April 2024 der Europäische Gerichtshof für Menschenrechte (EGMR) entschieden, dass die mangelhafte Klimapolitik eines Staates gegen das in Artikel 8 der Menschenrechtskonvention festgeschriebene Recht auf Achtung des Privat- und Familienlebens verstoßen kann. Das umfasst nämlich auch das physische und psychische Wohlbefinden.[41] Mangelhafter Klimaschutz ist damit ein Verstoß gegen die Menschenrechte.

Und das Bundesverfassungsgericht hat bereits 2021 in seinem Urteil zum Klimaschutzgesetz festgestellt, dass »die zum Teil noch sehr jungen Beschwerdeführenden […] in ihren Freiheitsrechten verletzt [sind, weil d]ie Vorschriften hohe Emissionsminderungslasten unumkehrbar auf Zeiträume nach 2030 [verschieben]. Dass Treibhausgasemissionen gemindert werden müssen, folgt auch aus dem Grundgesetz.«[42] Zur Begründung führt das Gericht das Konzept der »intertemporalen Freiheitssicherung«[43] ein. Und dies ist ein Anwendungsfall der intertemporalen Generationengerechtigkeit, über die wir oben gesprochen haben.

Wenn wir uns den Krisen nicht einfach ergeben wollen, was ist dann jetzt zu tun? Wie können wir alle, besonders aber die Cold-War-Generation, in einen Modus kommen, der uns die Zukunft auch im Sinne unserer Nachkommen zu gestalten ermöglicht? Damit wechseln wir zum Schluss des Buches von der Analyse und dann Bewertung auf die Ebene der Handlungskonsequenz, und zwar individuell und gesellschaftlich.

Politik für Erwachsene – und andere Dinge, die wir jetzt tun sollten

Um den Krisen zu begegnen, müssen wir aktiv Wandel gestalten. »Wir« – das meint alle, wobei die Cold-War-Generation aufgrund ihrer Versäumnisse in der Vergangenheit, ihrer schieren Größe von einem Viertel der Bevölkerung und ihrer politischen und gesellschaftlichen Macht in besonderer Verantwortung steht. Einiges kann jeder für sich und direkt in Angriff nehmen, auch wenn das nicht leicht ist. Und dann gibt es Dinge, die sich auf der politisch-institutionellen Ebene ändern sollten. Vielleicht ist die Auflistung hier naiv, auf jeden Fall ist sie idealistisch – wie viel davon wir angesichts innerer Barrieren, von Partikularinteressen und auch im Lichte erstarkender autoritärer Putin-Bewunderer und Xi-Anhänger tatsächlich umsetzen können, sei dahingestellt.

Die Dinge beim Namen nennen

Das klingt trivial. Ist es aber nicht, und einige Akteure können es auch nicht immer (siehe im nächsten Abschnitt). Wir haben im Verlauf dieses Buches gesehen, dass unglaublich viele Unwahrheiten, Halbwahrheiten und zurechtgebogene, kontextenthobene Wahrheiten im Umlauf sind. Dass Probleme zugekleistert oder geleugnet werden. Dass Ideologie, Lobbyismus, Partikularinteressen,

psychologische Selbstentlastungen alles dafür tun, Probleme klein-
zureden oder zu verschleiern. Wir müssen hier klar sein. Zum Beispiel: Wenn wir für nachfolgende Generationen den Lebensstandard halbwegs halten wollen, brauchen wir Zuwanderung. Punkt.
Und ein anderes Rentensystem. Und massive, wirklich massive An-
strengungen *und* Verhaltensänderungen in Bezug auf den Klimawandel.

Wir können Probleme nur dann angehen, wenn wir sie erst einmal als solche benennen.

Respektieren, dass nicht jeder die Dinge beim Namen nennen kann

Die Probleme klar benennen, die Wahrheit sagen kann aber vermutlich nicht jeder. Jedenfalls nicht so leicht zu jedem Zeitpunkt.
Das haben wir am Beispiel von Robert Habeck gesehen, der nach
der Kampagne der *Bild-Zeitung* gegen »Habecks Heiz-Hammer«
das Wort »Energiesuffizienz« nicht mehr in den Mund nimmt.
Ja, wir müssen alle Energie sparen. Ja, das bedeutet, dass wir bestimmte energieintensive Aktivitäten reduzieren müssen. Oder gar
auf sie verzichten. *V-e-r-z-i-c-h-t-e-n!* Aber wir können von Habeck kaum erwarten, dass er das so offen ausspricht. Dann könnte
er auch gleich den Ball für FDP, CDU und AfD auf den Elfmeter-
punkt legen und sich dann hinters Tor stellen. Auch hier sollten
das andere gesellschaftliche Akteure übernehmen, die sich nicht
kurzfristig zur Wiederwahl stellen müssen. Wir müssen respek-
tieren lernen, dass nicht jede alles zu jeder Zeit offen an- und aussprechen kann. Weil es der Sache dann mehr schadet, als sie vor-
anzubringen.

Unsere kognitiven Verzerrungen verstehen

Es wäre gut, sich klarzumachen, dass die Meisten von uns einer Normalitäts- und einer Optimismusverzerrung unterliegen. Dass wir denken, die Dinge würden sich schon nicht ändern, und für uns selbst würde schon alles gut bleiben. Wir wissen, dass das nicht so ist. Und auch, dass wir Schwierigkeiten haben, komplexe Berechnungen durchzuführen und die Wirkung von Prävention zu verstehen. Seine eigenen Überzeugungen und Wünsche ein wenig in Klammern zu stellen und noch einmal kritisch zu überprüfen, ob sie rationaler Reflektion standhalten – das wäre eine notwendige Einstellung, um zu Veränderung zu gelangen.

Gleiches gilt für kognitive Dissonanzen. Wir sollten uns klarmachen, wieso es zur Einstellungs-Verhaltens-Lücke kommt. Um dann angemessener entscheiden zu können, ob wir es dabei belassen oder nicht doch etwas tun wollen, um die Lücke zu schließen. In Bezug auf die Klimakrise beispielsweise ist Ohnmacht die ausgeprägteste Emotion.[1] Ohnmacht aber führt zu Passivität, Vermeidung, Frustration, Verleugnung – also zum Gegenteil von Handeln; es verstärkt die Einstellungs-Verhaltens-Lücke. Werden wir uns darüber bewusst und wissen auch, dass das Gegenteil von Ohnmacht Selbstwirksamkeit ist, dann können wir uns selbst befragen: Okay, ich allein kann die Klimakrise nicht lösen, aber welchen Teil kann ich dazu beitragen? Was kann ich tun oder unterlassen? Wie kann ich auf andere positiv wirken? (Und auch: Wo entscheide ich mich ganz klar, dass ich es nicht will?)

Wenn wir unsere kognitiven Verzerrungen und unsere kognitiven Dissonanzen besser verstehen, wird uns auch klarer, woher (auch emotionale) Widerstände kommen. Die Quellen unserer Widerstände zu verstehen, ist eine unverzichtbare Vorbedingung für ihre Überwindung.

Über unseren eigenen Schatten springen

Das bedeutet, die Komfortzone zu verlassen, unsere Perspektive zu erweitern und auch, die Perspektive anderer zu übernehmen. Um die Selbstzentrierung, die uns vor allem immer mitteilt, was alles *nicht* geht, wenn schon nicht zu überwinden, so doch wenigstens zu mildern. Wir könnten so zu einer »Horizonterweiterung«, idealerweise sogar zu einer »Horizontverschmelzung« gelangen, wie das der Philosoph Hans-Georg Gadamer in etwas anderem Kontext genannt hat. Das fängt bei einfachen Dingen an: Was haben die Niederlande getan, um ihre Renten zu stabilisieren? Wie kann sich Island eine Kinderrente erlauben? Wieso findet es in der Schweiz Akzeptanz, dass es keine Beitragsbemessungsgrenze bei der Rente gibt? Wie haben es so viele Länder recht geräuschlos geschafft, den Neu-Einbau von Gas- und Ölheizungen zu verbieten? Ist es Zufall, dass außer uns nur das katholische Luxemburg und das noch katholischere Polen ein Ehegattensplitting kennen?

Man kann diese Fragen ja auch ironisch stellen, um etwas Distanz zur eigenen Lebenswelt zu bekommen: Wie kommt es, dass Somalia, Afghanistan, Deutschland und Nordkorea den gleichen Freiheitsbegriff teilen (Freiheit = kein Tempolimit)? Gibt es in Italien, Schweden und diversen anderen europäischen Ländern keine Krankenpfleger und Dachdeckerinnen, oder wieso kann dort das Rentenalter in Abhängigkeit von der Lebenserwartung steigen?

Eine intertemporale Perspektive einnehmen

Wichtig ist, dass wir unsere Perspektive auch intertemporal erweitern – was bedeuten unsere heutigen Entscheidungen für nachkommende Generationen? Hier wird es sicher ähnlich häufig zu Meinungsverschiedenheiten kommen wie bei einer viel öfter gestellten anderen Gerechtigkeitsfrage, nämlich der nach (intratemporaler) sozialer Gerechtigkeit. Das ist okay. Nicht okay ist, dass wir die intertemporale Perspektive nur so selten einnehmen.

Perspektivenübernahme und Horizonterweiterung führen auch zu mehr Empathie – mit anderen Gesellschaften, mit Menschen anderer sozialer Klassen, Orientierungen oder Regionen, mit kommenden Generationen. Dies wiederum ist eine Voraussetzung für Veränderungsbereitschaft.

Einen James-Vaupel-Mindset entwickeln

James Vaupel – das haben wir im vierten Kapitel gesehen – ist mit einer völlig anderen Geisteshaltung an das Thema Alter und Rente herangegangen. Und zwar auf der Basis von Fakten: Wir haben mehr gesunde Lebensjahre im Alter – ist das nicht großartig? Und welche Möglichkeiten ergeben sich daraus? Offenheit für neue Ideen und für Veränderungen statt Beharren auf dem Althergebrachten – das etwa war seine Herangehensweise, und dadurch hat er das Thema neu geframt.

Das können wir auch im Hinblick auf die anderen Themen tun: Wir werden weniger Menschen in Deutschland sein? Okay, aber welche Möglichkeiten ergeben sich daraus? Wir könnten in 20 Jahren klimaneutral sein. Welche Möglichkeiten ergeben sich daraus? Kein einziges der vielen in diesem Buch angesprochenen Probleme wird durch ein solches Re-Framing kleingeredet. Aber wir eröffnen uns damit neue gedankliche Möglichkeitsräume und kommen weg von einer reinen Negativität.

Verantwortung übernehmen

Das betrifft in unserem Zusammenhang vor allem die Cold-War-Generation. Es kann einfach – normativ betrachtet – nicht sein, dass wir die absehbaren, bekannten Konsequenzen einer falschen Renten- und unzureichenden Klimapolitik den nachkommenden Generationen überlassen, selbst aber noch die Früchte eines Alterssicherungssystems und Umweltverhaltens aus industriellen Zeiten ernten. Das bedeutet, dass diejenigen, denen es finanziell gut genug geht (und das ist die Mehrheit der Angehörigen der Cold-War-Generation) mental und emotional bereit sein sollten, sich einzuschränken, um bessere Generationengerechtigkeit zu erreichen.

Dies sollte die Cold-War-Generation übrigens auch aus Eigennutz tun. Wer weiß, ob nicht in 15, 20 Jahren, wenn Millionen Angehörige dieser Generation um die 80 Jahre alt sind und immer noch üppige Renten verzehren, irgendein jungdynamischer Demagoge auf die Idee kommt, die wenigen Beitragszahler gegen die Alten aufzuwiegeln und der Gerontokratie den Kampf anzusagen?

Was bedeutet all das auf der gesellschaftlichen und politischen Ebene? Einiges davon sind Anwendungen der gerade ausgeführten individuellen Maßnahmen auf einer institutionellen Ebene.

Transformations- und Nachhaltigkeitsbildung einführen

Die Dinge, die wir gerade angesprochen haben, sind alles andere als leicht zu erwerben: Verzerrungen und Dissonanzen erkennen, den Horizont erweitern, Ohnmacht in Selbstwirksamkeit verwandeln, Vaupel-Mindset. Fast niemandem wird das beigebracht. Was wir brauchen, ist – mit einem Begriff der Klimapsychologin Jana Hoppmann – Transformations- und Nachhaltigkeitsbildung,[2] und das schon in der Schule. So könnten unsere Kinder lernen, proaktiv Transformationen zu gestalten, anstatt – wie wir – in die Krisen hineinzuschlittern. Bestandteil und Grundlage dessen müsste immer auch Demokratiebildung sein.

Teil der Transformations- und Nachhaltigkeitsbildung müsste es sein, sicherzustellen, dass alle Bürgerinnen über die wichtigsten Fakten informiert werden. Die Erfurter Psychologieprofessorin Cornelia Betsch sagt dazu in Bezug auf die Klimakrise: Wir »dürfen [...] uns nicht fragen: Wie finden die Bürger die Informationen, sondern: Wie erreicht die Information die Bürgerinnen und Bürger? Es bräuchte eine Institution, deren ureigenste Aufgabe es ist, alle Mitglieder unserer Gesellschaft zu erreichen. Und zwar mit den wichtigsten wissenschaftlich fundierten Fakten über den Klimawandel und was dagegen getan werden kann. Darauf ließe sich auch aufbauen, wenn es darum geht, politische Maßnahmen zu erklären.«[3]

Anschlussfähige, positive Zukunftsbilder entwickeln

Auf der politischen Ebene bedeutet ein James-Vaupel-Mindset, positive Zukunftsbilder zu entwickeln. Man könnte auch »Visionen« sagen, obwohl ein ehemaliger Kanzler meinte, wer so etwas habe, solle besser zum Arzt gehen. Wenn wir Veränderungen für unerlässlich halten, aber gleichzeitig wissen, dass damit häufig nicht Veränderung der eigenen Situation gemeint ist, ist ein motivierendes, attraktives Zukunftsbild unabdingbar. Wir könnten Narrative entwickeln, in denen Menschen in ihren letzten Lebensjahrzehnten nicht einsam auf Parkbänken sitzen, sondern noch einige Stunden in Gemeinschaft mit anderen arbeiten, Jüngere beraten, ehrenamtlich in Schulen oder Krankenhäusern mitwirken. Teilhabe statt »Ruhestand« (allein dieses Wort spricht Bände). Wir könnten uns bei der Verkehrswende an Kopenhagen orientieren – ein leuchtendes Vorbild für eine die Bürgerinnen mitnehmende, Widerstände adressierende, behutsam, aber entschieden und Schritt für Schritt umgesetzte Vision: nämlich die fahrradfreundlichste Stadt der Welt zu werden, *ohne* die Autos komplett aus der Stadt zu verdrängen.[4] Man könnte aufzeigen, warum das lebenswerter, gesünder, schöner und stressfreier *für alle* ist. Ohne solche Visionen wird die Veränderungsbereitschaft nicht steigen.

Einen interessanten zusätzlichen Gedanken bringt hier der BMW-Chefdesigner Adrian van Hooydonk ins Spiel.[5] Kürzlich hat er die Designstudie eines Autos vorgestellt, das sich von den aktuellen Modellen deutlich unterscheidet: Es ist eher klein und flach, hat große Aquarien-Fenster, wirkt nicht aggressiv. Auf den Türschwellern prangt das Motto: *The future is bright.* Es sieht aus wie ein Matchbox-Auto – alle Angehörigen der Cold-War-Generation erinnern sich an diese ikonischen Spielzeuge. Warum solch ein Fahrzeug, fragt ihn der *Zeit*-Reporter Henning Sussebach. Seine Antwort: »Weil wir wissen, dass die Veränderungen enorm sind, wollen wir ein Stück Historie beimischen.« In den 1960er Jahren, an die die Studie erinnert, habe man die Technik noch leichter verstanden. Daran wolle er anschließen, sagt van Hooydonk. Sussebach schließt: »Ein mögliches Zuviel an Veränderung hat der Designer mit Vertrautem verpackt.« Man könnte auch sagen: Van Hooydonk versucht, den Menschen die Zukunft nicht nur verdaulich, sondern schmackhaft zu machen.

Und genau darum geht es: Positive, genussvolle Visionen, Zukunftsentwürfe zu entwickeln, die – kognitiv und emotional – an Vertrautes, Liebgewonnenes, gern Erinnertes anschließen, das heißt also, *Anschlussfähigkeit* zu den angenehmen Aspekten der Lebenswelten der Menschen herzustellen. Damit die Menschen Veränderungsnotwendigkeiten nicht nur als Zumutungen, sondern als gute, schöne Weiterentwicklungen der eigenen Lebenswelten interpretieren.

Wobei klar ist, dass das Hand und Fuß haben muss. Und schon sind wir bei der Rolle der Experten.

Expertinnen ernst nehmen

Wie ein roter Faden zieht sich ein Aspekt durch dieses Buch: Wir wussten in allen diskutierten Fällen frühzeitig, dass aus ihnen Krisen entstehen können. Und ebenso, dass es in allen diskutierten Krisen einen ausgeprägten wissenschaftlichen Konsens über die Fakten und häufig auch über die Maßnahmen gibt, die nötig sind, um den Krisen zu begegnen: Die Bevölkerungswissenschaftler sind sich einig, dass wir schon lange eine geregelte Zuwanderung und eine pronatalistische Familienpolitik brauchen. Die Rentenexpertinnen sind sich einig, dass wir weit gehende Reformen des Rentensystems benötigen. Die Klimawissenschaft ist sich einig, dass wir mit viel drastischeren Maßnahmen den Klimawandel bekämpfen müssen.

Allein, sie werden nicht gehört oder gar als »angebliche Experten, die nicht rechnen können«, verhöhnt, vom querrechnenden Bundeskanzler höchstpersönlich, wie wir befremdet zur Kenntnis nehmen mussten. Wir haben gesehen, warum das so ist: Partikularinteressen, Ideologie, Angst-vorm-Wähler, kognitive Verzerrungen. All das können wir uns angesichts der Größe der Krisen einfach nicht mehr erlauben. Wir müssen die Expertinnen ernst nehmen, anstatt sie in den Elfenbeinturm einzuschließen. Die Situation ist ja eigentümlich paradox: Auf der einen Seite leben wir im Zeitalter des größten Wissens, das die Menschheit jemals in ihrer Geschichte angehäuft hat. Und auf der anderen – wie eine deprimierte südafrikanische Klimawissenschaftlerin, die es vorzog, sich im *Guardian* nur anonym zitieren zu lassen, anmerkte – im *age of fools*, im Zeitalter der Narren.[6] »Ich erwarte eine halb dystopische Zukunft«, und »die Reaktion der Welt heute ist verwerflich«, sagte sie mit Bezug auf die Klimakrise und den globalen Süden.[7] Aber nicht nur in diesem Fall, auch in Bezug auf die anderen Krisen ist es verwerflich, Wissen, das wir haben, einfach nicht zur Kenntnis zu nehmen. Der Duden definiert »Narr« als »törichte männliche

Person, die sich in lächerlicher Weise täuschen, irreführen lässt«.[8] Und genau das ist der Fall: Angesichts all des Wissens, das wir haben und nicht ernst nehmen oder sogar leugnen, lassen wir uns in lächerlicher Weise täuschen. Durch uns selbst. Sprach Immanuel Kant nicht von der Aufklärung als Überwindung der selbst verschuldeten Unmündigkeit? In Hinblick auf unsere Fragen scheinen wir immer noch eher im *age of fools*, im Zeitalter der Narren, zu verharren. Womit natürlich auch Närrinnen gemeint sind. Was wir brauchen, ist eine Politik für Erwachsene.

Zumutungen aussprechen – Politik für Erwachsene betreiben

Olaf Scholz hatte seinen Bundestagswahlkampf 2021 unter das Motto »Respekt« gestellt – in einer grundlegenden Hinsicht ist sein Politikansatz allerdings das genaue Gegenteil. Er ist ein gelehriger Schüler Angela Merkels, deren Politikverständnis der *Zeit*-Journalist Bernd Ulrich schon 2021 als »zumutungsarme Politik« treffend charakterisiert hat.[9] In Bezug auf Olaf Scholz nennt er es »Zumutungslosigkeitsideologie«:

Demnach sollen die große Transformation und die Kaskade der Krisen, die nicht mehr abreißen wollen, weit gehend ohne einen größeren finanziellen und ökologischen Beitrag selbst der wohlhabenderen Hälfte der Bevölkerung auskommen. [...] Aus dem erhabenen for the people, by the people, wurde unter Olaf Scholz das dürftige for the people, without the people.[10]

Das ist sicher auch eine Folge des Angst-vorm-Wähler-Problems, das in den Kapiteln über die Rente und den Klimawandel eine wichtige Rolle spielte. Aber es führt eben dazu, dass Menschen in der fatalen Haltung des »Wasch mich, aber mach mich nicht nass« und des »Ich will Veränderung, ohne mich zu verändern« bestärkt werden. Das ist keine Politik für Erwachsene, nicht mal für Teenager, sondern höchstens für Kinder: *Lass das mal den Papa machen, Papa macht das gut!* Problematisch ist hier nicht primär – wie oft behauptet – die Kommunikation, sondern die *Haltung*: Scholz tritt auf wie ein wohlmeinender mittelständischer Unternehmer, ein guter Patriarch, der seine schützende Hand über seine Schäfchen und damit alle Unbill von ihnen fernhält. Nur dass das eben nicht funktioniert! Er kann nicht allen alles versprechen: Der Cold-War-Generation höhere *und* der Gen Z stabile Renten und konstante Abgaben – das glaubt kein Mensch, weil es offensichtlich unwahr ist. Den Klimawandel bekämpfen und das Klimaschutzgesetz so aufweichen, dass das Klimaneutralitätsziel unerfüllbar wird. Die Energiewende wollen und gleichzeitig zulassen, dass Ölheizungen eingebaut werden, Bayern keine Windräder baut, Diesel subventioniert und Flugbenzin nicht besteuert wird. Den Leuten erzählen, dass all die Krisen und notwendigen Transformationen ihr eigenes Leben nicht berühren – dass alles so weitergeht wie bisher. Statt die Normalitätsverzerrung, der die Meisten von uns unterliegen, aufzubrechen und für klare Sicht zu sorgen, wird der *normalcy bias* so noch verstärkt.

Das ist keine Politik für Erwachsene; vielmehr werden die Bürgerinnen infantilisiert und nicht ernst genommen. Sie werden damit in einer Sicherheit gewiegt, die sie aber selbst als trügerisch wahrnehmen. Was dann wieder für Frustrationen sorgt. Erst recht, weil es keine große Erzählung, keine Vision dahinter gibt.

Gibt es Antipoden in der aktuellen Politik? Die recht neue Partei Volt verfolgt die Vision einer weit gehenden europäischen Integration mit einer gemeinsamen Regierung, eigener Armee und europäischer Rechtsprechung. Daneben setzt sie sich für weit gehenden Klimaschutz und Digitalisierung ein. Selbst wenn man diese Vision nicht teilt – das Entscheidende ist, Volt *hat* offensichtlich eine. Damit gewann sie bei der Europawahl 2024 immerhin 2,6 Prozent der Wählerinnen in Deutschland, und gerade bei jungen Wählern kommt das an: Von denen stimmten sieben Prozent für diese Partei – so viele wie für die FDP und mehr als für die Linkspartei. In großen Städten wie zum Beispiel Hamburg, München, Frankfurt oder Köln wählten mehr als sechs Prozent der Bevölkerung Volt, in Berlin knapp fünf, in Münster beinahe sieben.

Solange man keine Regierungsverantwortung trägt und permanent vor schwierigen Entscheidungen steht, fällt es leichter, eine Vision zu haben. Aber wir finden auch Beispiele in der etablierten Politik. Vizekanzler Robert Habeck betreibt wohl am ehesten eine Politik für Erwachsene. Er argumentiert, er liefert Hintergründe und Zusammenhänge, er ist wirklich bemüht, seine Politik verständlich zu machen und zu erklären. Immer wieder kommuniziert er seine Vision eines klimaneutralen, nachhaltigen Deutschlands, er spricht mit den Menschen als *Bürgerinnen* (und nicht »zu den Leuten«), lässt seine Zuhörer an seinen Denkprozessen teilnehmen, korrigiert sich und gesteht öffentlich Fehler ein. Er bindet die Menschen ein; sein Politikverständnis ist partizipativ, und er macht immer wieder deutlich, dass es ohne Teilhabe der Bürgerinnen nicht geht. Wenn er sagt: »Wir brauchen nicht bessere Menschen, sondern eine andere Politik«,[11] dann ist das glaubwürdig. Er verkörpert eine andere Haltung: Nicht Politik *für* die Menschen, sondern *mit* den Bürgern. Das verlangt ihnen natürlich mehr ab, auch Zumutungen, und es kann schiefgehen und für Kampagnen missbraucht werden, wie wir beim »Heizungshammer« gesehen haben.[12]

Man könnte einwenden, die Forderung, Zumutungen auszusprechen, sei weltfremd. Die Grünen ziehen jetzt schon den meisten Hass der Demokratiefeinde und Veränderungsmüden auf sich,[13] und noch offener Zumutungen auszusprechen, würde sie vollends ins Abseits stellen.

Vielleicht stimmt das. Darum haben wir oben ja auch gesagt, dass nicht immer jeder überall und zu jeder Zeit die Wahrheit offen aussprechen kann, sondern auch taktieren muss. Die Gesellschaft ist fragil, natürlich müssen wir das berücksichtigen. Dennoch stellt sich die Gegenfrage: Was ist denn die Alternative? Die Kreditanstalt für

Wiederaufbau schätzt den Investitionsbedarf bis Mitte des Jahrhunderts auf fünf Billionen Euro[14] – dafür brauchen wir einen langfristigen Plan und Zumutungen, zum Beispiel steuerlicher Natur. Und wir brauchen Verhaltensänderungen. Auch wenn hier Kompromisse gemacht und taktiert werden muss – langfristig führt an Zumutungen, tief gehenden Veränderungen, einer Politik für Erwachsene kein Weg vorbei. Ansonsten nehmen die Dinge einfach ihren Lauf.

Eine Politik für Erwachsene stellt extreme Ansprüche an Politiker: Sie müssen Helden des Aufbruchs und zugleich Helden des Rückzugs sein. Helden des Aufbruchs, indem sie eine Vision entwickeln – für das nachfossile Deutschland, für ein starkes Europa nach dem Ende der unipolaren Welt. Damit sind sie zugleich »Helden des Rückzugs«, ein Begriff, den Hans Magnus Enzensberger schon 1989 am Ende des Kalten Krieges entwickelte. »[D]er schwierigste aller Rückzüge«, schrieb er damals, »steht in jenem Krieg bevor, den wir seit der industriellen Revolution gegen unsere eigene Biosphäre führen. [...] Das *non plus ultra* der Kunst des Möglichen besteht darin, eine unhaltbare Position zu räumen.«[15]

Ein Held des Aufbruchs kann ich daher nur sein, wenn ich zugleich ein Held des Rückzugs bin – möglicherweise um den Preis, wie Enzensberger schrieb, meine eigene Position zu unterminieren. Aber dazu gibt es keine Alternative.

Auf das System einwirken

Wir sollten nach Möglichkeiten suchen, auf das System Einfluss auszuüben und den Wandel voranzutreiben. Zum Beispiel, indem wir uns mit anderen zusammenschließen. Es ist gut, wenn wir selbst versuchen, nachhaltiger zu leben, die großen Veränderungen finden aber auf institutioneller Ebene statt – oder eben auch nicht. Wir können uns in Parteien einbringen, wir können Gruppen unterstützen, die sich für die Rechte der nachkommenden Generationen einsetzen, oder Naturschutz- und Umwelt-NGOs. Zentral ist, auf die Institutionen einzuwirken und sich zu engagieren. Teilzuhaben. Damit entgeht man auch dem, was die Psychologin Cornelia Betsch die »Individualisierungsfalle«[16] genannt hat – sich auf individuelle Verhaltensänderungen zu fokussieren (und damit unter Umständen zu überfordern und zu scheitern) und die viel wirksameren gesellschaftlichen Veränderungsnotwendigkeiten zu übersehen. Wir können auch auf Unternehmen einwirken, indem wir zum Beispiel zu einem wirklich nachhaltig-ökologischen Stromanbieter wechseln und den Greenwashing-Konzern verlassen. Geschieht das massenhaft, hat es Wirkung. Wir können uns auch Verbänden anschließen, die Landesregierungen und Parlamente verklagen, weil es – wie der Rechtsprofessor Thomas Groß schreibt – bisher eine »Rezeptionsverweigerung« des wegweisenden Klimaschutzurteils des Bundesverfassungsgerichts gibt und noch keine Entscheidung getroffen wurde, die klimaschädliche Maßnahmen verhindert oder zusätzliche Klimaschutzmaßnahmen gefordert hätte.[17]

Die nächste Generation stärken – Wahlrecht für alle

Die 20 Millionen Angehörigen der Cold-War-Generation sind meines Erachtens in der Pflicht, die Einflussmöglichkeiten und Rechte der 14 Millionen Bürgerinnen zu stärken, die kein Stimmrecht haben, aber die zukünftigen Belastungen unseres jetzigen Handelns bzw. Nichthandelns tragen müssen – ganz einfach deswegen, weil sie noch auf der Welt sein werden, wenn wir längst tot sind. Die Rechte der jungen Generation werden systematisch hintangestellt, und das kann sich nur dann ändern, wenn sie mehr Einfluss bekommt. Daher: Wahlrecht für alle, und zwar ab Geburt.

Das mag radikal klingen, ist es aber überhaupt nicht. Kindern fehle die »Mündigkeit« oder geistige Reife, um an einer Wahl teilnehmen?

Das ist ein Scheinargument: Das Grundgesetz sieht kein Kompetenzkriterium zur Teilnahme an Wahlen vor.[18] Über ein brauchbares Modell zum Wahlrecht ab Geburt haben wir in Kapitel 4 schon gesprochen. Der Deutsche Familienverband und die Generationenstiftung unterstützen diesen Vorschlag. Bereits 2003 und 2008 haben Bundestagsabgeordnete die Einführung eines Wahlrechts ab Geburt beantragt, was aber von der Mehrheit der Abgeordneten abgelehnt wurde.[19]

Eine Gleichung für Wandel

Sollten wir tatsächlich all dies tun, so schaffen wir zumindest einige Bedingungen, um nachhaltigen Wandel zu ermöglichen. Man kann das auch auf eine einfache Formel bringen. Die so genannte *change equation* oder *formula for change* wird in der Organisationsentwicklung und im Führungscoaching verwendet, sie lässt sich aber auch auf die Gestaltung unserer Lebenswelt übertragen. Die Veränderungsgleichung geht so:

$$C = D \times V \times F \times S > R^{20}$$

C = Change || D = Dissatisfaction || V = Vision || F = First concrete steps || S = Support || R = Resistance

Ausformuliert: Nachhaltige Veränderung *(C)* kann gelingen, wenn wir …

- unzufrieden mit aktuellen Zuständen sind *(D)*,
- eine Vision davon haben, wie die Zukunft aussehen kann *(V)*,
- erste konkrete Schritte kennen, um dorthin zu gelangen *(F)*,
- beim Ergreifen dieser Schritte unterstützt werden *(S)*.

Im Zeitalter der Narren

Und wenn diese vier Faktoren in Kombination stark genug sind, den Widerstand *(R)* gegen Veränderungen zu überwinden.

Natürlich ist das keine Garantie für das Gelingen von Veränderung, aber vermutlich ist es richtig, zu sagen, dass die vier Faktoren notwendige Bedingungen für nachhaltigen Wandel sind. Auch wenn die Mehrheit von uns – wie wir gesehen haben – recht zufrieden mit ihrem Leben ist und hohe Widerstände (*R*) gegen Veränderung aufweist, können wir doch Folgendes festhalten: *D* (Unzufriedenheit mit aktuellen Zuständen) liegt bei vielen sowohl in Bezug auf die Klimakrise als auch die Auswirkungen des demografischen Wandels vor, bei nicht wenigen auch in Bezug auf die Rentenpolitik. Am *V* (Vision, positiver Zukunftsentwurf) müssen wir noch stark arbeiten, hier brauchen wir Visionen des Aufbruchs und des Rückzugs. Impulse können hier geben Wissenschaftler wie James Vaupel, Politiker wie Robert Habeck, Parteien wie Volt, zivilgesellschaftliche Aktivistinnen wie zum Beispiel Kinderrechts- oder Umweltverbände, die entsprechende Narrative entwickeln. Auch Intellektuelle sind hier natürlich gefragt. *F* (erste konkrete Schritte) kennen wir mehr als genug, und – auch wenn das einige provozieren mag – gerade das Heizungsgesetz ist hier ein Beispiel. Dass das Habeck-Bashing mit dem Durchstechen des Gesetzes begann und die Popularität des Ministers danach in den Keller ging, lag (neben handwerklichen Fehlern) vor allem am fehlenden *S* (Unterstützungsstrukturen), also hier der sozialen Abfederung der Heizungsauflagen. (Das im Gesetzentwurf noch fehlende *S* war ja gerade der Grund für den politischen Gegner, ihn zu diesem frühen Stadium durchzustechen.)

Ideologen, Lobbyistinnen, die AfD, auch manche Interessenvertreter der Cold-War-Generation werden natürlich immer wieder versuchen, das *R*, den Widerstand gegen Veränderung zu stärken: positive Zukunftsentwürfe ins Lächerliche ziehen, die konkreten Schritte als undurchführbar oder gar als »unanständig« und die Unterstützungen als unsinnig oder unbezahlbar darstellen – also das *V*, das *F* und das *S* angreifen. Das ist nun mal das politische Spiel. Diesem Kampf muss man sich stellen. Man wird ihn aber wohl nicht gewinnen, wenn man keine Vision, keine konkreten Schritte, keine Unterstützungsstruktur kommuniziert, sondern sich immer wieder an die Widerständler, die Lobbyisten des *R*, anbiedert.

Erinnern wir uns abschließend an die Autoterroristen vor gerade einmal drei Generationen, gut 100 Jahren, die mit Drahtseilen und Wurfgeschossen gegen die motorisierten Ungetüme kämpften. Und es gleichzeitig ganz normal fanden, durch kniehohen Pferdemist zu waten, der zudem zigtausende Tote verursachte. Weil sie sich keine andere Welt vorstellen konnten und wollten. Wir alle – ob links oder rechts, Gen X, Y, Z, Alpha oder Cold-War – schmunzeln heute darüber. Jene Welt ist zu weit weg; wir können sie uns einfach nicht ausmalen. Wir können uns ja kaum noch vorstellen, dass bis vor gerade einmal 25 Jahren Frauen ganz selbstverständlich fünf Jahre früher in Rente gehen konnten als Männer – schon mit 60 Jahren. Ganz einfach, weil sie Frauen waren.

Vielleicht geht es unseren Nachkommen in zwei, drei Generationen genauso, wenn sie an unsere Debatten über Tempolimits, »Kinder statt Inder«, Ölheizungen oder die Rente mit 63 oder 73 denken. Und an Teenager, die nicht wählen dürfen. Und an Landwirte, die mit Traktoren vor Ministerien fahren und dort Gülle abkippen, weil sie den billigen Diesel behalten wollen.

Hätten die Verhinderer sich vor 100 Jahren durchgesetzt, könnten heutige Bauern nicht mit 500 PS starken Treckern vorfahren, sondern hätten für ihr Fuhrwerk gerade mal zwei lebende Pferdestärken zur Verfügung. Wenn sie nicht vorher in dem ganzen Mist auf den Straßen stecken geblieben wären.

Nach uns die Sintflut? *Transformation by disaster*? Oder $C = D \times V \times F \times S$? Wir haben es in der Hand. Die Hoffnung stirbt zuletzt.

Dank

Sehr herzlich möchte ich mich bei denjenigen bedanken, die mich in unterschiedlicher Hinsicht beim Verfassen dieses Buches begleitet und unterstützt haben.

Mit einer Reihe von Fachleuten habe ich Hintergrundgespräche geführt. Für diese Gelegenheiten, Ideen, Thesen und Schlüsse kritisch zu diskutieren und zu reflektieren, bin ich ihnen sehr dankbar. Mit Prof. Dr. Detlef Siegfried, Professor für Neuere Deutsche und Europäische Geschichte an der Universität Kopenhagen und Mitglied der Königlich Dänischen Akademie der Wissenschaften, habe ich »die langen sechziger Jahre« (ein Begriff, der von ihm stammt) und die Prägung der Cold-War-Generation diskutiert. Die Themen demografischer Wandel und Rente habe ich erörtert mit Prof. Dr. Martin Werding, Professor für Sozialpolitik und öffentliche Finanzen an der Ruhr-Universität Bochum und Mitglied des Sachverständigenrats zur Begutachtung der gesamtwirtschaftlichen Entwicklung, sowie mit Prof. Dr. Martin Bujard, Stellvertretender Direktor des Bundesinstituts für Bevölkerungsforschung (BiB) in Wiesbaden und Professor für Medizinische Soziologie und Familiensoziologie an der Ruprecht-Karls-Universität Heidelberg. Dem Unternehmensberater und Vergütungsexperten Dr. Konrad Reiher verdanke ich viele Hinweise auf Versorgungssysteme außerhalb der gesetzlichen Rentenversicherung, der Modedesignerin Elena Nancu (www.elenanancu.com) auf Genderrollen in Frauenzeitschriften der 1960er Jahre. Über Unterschiede zwischen den Generationen aus Sicht der Unfallforschung sprach ich mit Kristin Zeidler, Leiterin der Unfallforschung der Versicherer im Gesamtverband der Deutschen Versicherungswirtschaft (GDV). Ihre Einsichten zur Energiewende in Dänemark teilte die dänische Energiewendeexpertin Dr. Kirsten Hasberg (www.kirstenhasberg.dk) mit mir. Mit Prof. Dr. Holm Tetens, Professor für Philosophie an der Freien Universität Berlin, habe ich über Klimawandel und intergenerative Gerechtigkeit diskutiert. Mit dem Jugendforscher Simon Schnetzer aus Kempten, Herausgeber der Trendstudie »Jugend in Deutschland« (www.simon-schnetzer.com) über Gemeinsamkeiten und Differenzen zwischen der Cold-War-Generation und den Generationen Z and Alpha.

Bedanken möchte ich mich auch bei drei aus Ostdeutschland stammenden Politikern: Zwei ehemaligen Beauftragten der Bundesregierung für Ostdeutschland, den Parlamentarischen Staatssekretären a. D. Marco Wanderwitz, MdB, und Christian Hirte, MdB, sowie dem ehemaligen Landtagspräsidenten des Freistaates Thüringen, Minister a. D. Christian Carius. Mit ihnen habe ich über das schwierige deutsch-deutsche Verhältnis gesprochen, und zwar für ein Kapitel mit der Überschrift »Das große Missverständnis – Warum sich Deutschland-Ost und Deutschland-West nicht verstehen«. Dort gehe ich aus einer westdeutschen Perspektive dem Beitrag der Cold-War-Generation am unguten deutsch-deutschen Verhältnis nach. Ich teile die Ansicht der US-amerikanischen Philosophin Susan Neiman, dass Westdeutschland seine Beziehung zu Ostdeutschland erst noch aufarbeiten müsse und dass statt ernsthafter Beschäftigung vor allem Ignoranz herrsche. Einen Beitrag zu dieser Aufarbeitung zu leisten, war das Anliegen dieses Kapitels, aber leider war es zu raumgreifend für dieses Buch und wird einen anderen Ort finden müssen.

Sehr dankbar bin ich auch für den Zugang zu Daten, Umfragen und Statistiken, die unveröffentlicht beziehungsweise nur sehr schwer zugänglich sind. Mein Dank gilt hier dem IW, Institut der deutschen Wirtschaft, Köln, besonders dem Senior Researcher Christoph Schröder; infas, Institut für angewandte Sozialwissenschaft, Bonn, besonders dem Director Marketing & Communications, Joachim Scholz; und dem ifd, Institut für Demoskopie Allensbach, besonders der Archivarin Gertrud Petrig.

Für das Lesen des Manuskripts, vielfältige Hinweise und sehr hilfreiches Feedback danke ich herzlich Dr. Konrad Reiher, Prof. Dr. Holm Tetens und Uwe Vorberg.

Für die professionelle und kollegiale Begleitung danke ich dem Team bei Penguin Random House. Für ihre Unterstützung und ihren Zuspruch schon im Vorfeld Stephanie Walter, dann für die exzellente Betreuung meinen Lektorinnen bei Heyne Sachbuch, Sophie Boysen und Jessica Hein, meiner Redakteurin Ulrike Strerath-Bolz, meiner Korrektorin Claudia Haimerl und für die Pressearbeit Andrea Neuhoff. Mein Dank gilt auch dem Züricher Grafiker Dominic Wilhelm (wilhelm typo grafisch) für das – wie ich finde – wunderbare Cover des Buches.

Anhang

Das Literaturverzeichnis ist unter
heyne.de/generation_ego
abrufbar

Abbildungsverzeichnis

Kapitel 3, Seite 112: UNO-Fertilitätsratenanalyse und -prognose nach Kontinenten, https://de.wikipedia.org/wiki/Gesamtfertilit%C3%A4tsrate#/media/Datei:UNO-Fertilit%C3%A4tsratenanalyse_und_-prognose_(1950%E2%80%932050).png*

Kapitel 3, Seite 113: MPI für demografische Forschung, Rostock, www.mpg.de/416243/forschungsSchwerpunkt*

* abgerufen am 20.03.2024

Anmerkungen

Einleitung: Die Boomer – Kinder des Kalten Krieges

1 Weißbrod, Bernd (2005): Generation und Generationalität in der Neueren Geschichte, *Aus Politik und Zeitgeschehen*, 16.02.2005

2 UNDP (1990): Human Development Report 1990, *United Nations Development Program (UNDP)*, 1990: 111
UNDP (2024): Human Development Report 2023/2024. *United Nations Development Program (UNDP)*, 2024: 274 (table 1). Der 1990er-Bericht weist Deutschland auf Platz 119 von 130 Ländern aus, allerdings begann die Liste damals mit den am wenigsten entwickelten Ländern. Das wurde später geändert.

3 EIU (2024): Democracy Index 2023. Age of conflict, *Economist Intelligence Unit*

4 Heitmeyer, Wilhelm (2024): Soziale Desintegration und gruppenbezogene Menschenfeindlichkeit, *deutschlandfunk.de*, 28.03.2024

5 DPG (1971): Machen Menschen das Wetter?, Presseinformation zur 36. Physikertagung in Essen vom 27.9. bis 2.10.1971, *Deutsche Physikalische Gesellschaft*

6 Zum Beispiel Quarch, Christoph & Evelin König (2013): *Wir Kinder der 80er*, München: Riemann; Arntz, Jochen (2013): *1964. Deutschlands stärkster Jahrgang*, München. Süddeutsche Zeitung Edition 2013

7 Besonders deutlich Schröder, Martin (2018): Der Generationenmythos, *Kölner Zeitschrift für Soziologie und Sozialpsychologie*. Kritisiert wird er dafür zum Beispiel von Albert, Mathias et al. (2019): Der Nutzen des Begriffs Generation in Soziologie und Jugendforschung, *Kölner Zeitschrift für Soziologie und Sozialpsychologie* und Schnetzer, Simon (2023): Gibt es die Generation Y? *Blogeintrag*

8 Jobteaser (2023): *Corporate Website*

9 Mannheim (2023): Eintrag zu »Karl Mannheim« auf *Wikipedia*

10 Mannheim, Karl (1928): Das Problem der Generationen, in ders., *Wissenssoziologie*

11 Mannheim 1928: 16

12 Mannheim 1928: 21

13 Mannheim 1928 28

14 Jureit, Ulrike: Einleitung, in: Karl Mannheim 1928

15 Vgl. Schetter, Frederik (2020): Editorial, in: Generationen, *Aus Politik und Zeitgeschehen*, 52–53/2020, 21.12.2020

16 Ziemann, Benjamin (2020): Zur Kritik eines problembeladenen Begriffs, in: Generationen, Aus *Politik und Zeitgeschehen*, 52–53/2020, 21.12.2020, S. 11

17 Bock, Christoph (2014): Gorbatschow hat den berühmten Satz nie gesagt, *welt.de*, 06.10.2014

ERSTER TEIL
Die Cold-War-Generation – Wie sie wurde, wer sie ist

1 Roberts, B. W., & DelVecchio, W. F. (2000): The rank-order consistency of personality traits from childhood to old age. *Psychological Bulletin*, 12; Asendorpf, Jens B. (2005): Persönlichkeit: Stabilität und Veränderung, in: *Handbuch der Psychologie / Handbuch der Persönlichkeitspsychologie und Differentiellen Psychologie*, Göttingen: Hogrefe Verlag

2 Roth, Gerhard (2015): Was Kinder prägt: Wie entsteht Persönlichkeit?, *tagesspiegel.de*, 05.06.2015

3 Vgl., auch für den ganzen Abschnitt, Siegler et al. (2008): *Entwicklungspsychologie im Kindes- und Jugendalter*, Heidelberg: Spektrum Verlag

1 Die »langen sechziger Jahre« – Die Lebenswelt der Cold-War-Generation

1 Siegfried, Detlef (2003): »Trau keinem über 30?«, *Aus Politik und Zeitgeschichte* B45 / 2003, 25–32

2 Siegfried, Detlef (2016): Die frühen 1960er-Jahre als »zweite Gründung« der Bundesrepublik, *pop-zeitschrift.de*

3 Gröhne, Matthias (o. J.): Farb-Epochen: Von den 60er-Jahren bis heute, *Malerblatt*

Anmerkungen

4 Stern (2020): Autofarben im Wandel der Zeit. Farbenlehre, *stern.de*, 03.08.2020

5 Zitiert nach Rotz, Bruno von (2012): Die Sicherheit und Beliebtheit von Autofarben im Jahr 1968, *zwischengas.com*, 25.04.2012

6 Brügge, Matthias (2022): So bunt rollten Autos in den 70ern und 80ern vom Band!, *autobild.de*, 06.07.2022

7 Baroni, Oliver (2020): Rosso Corsa oder Viper Green – welche Autofarbe hätten Sie denn gern? *watson.ch*, 04.07.2020

8 Vgl. für die nächsten drei Absätze Wirtschaftswunder (2023): Eintrag zu »Wirtschaftswunder« auf *Wikipedia* und die dort angegebenen Quellen

9 Hermann, Ulrike (2019): *Deutschland, ein Wirtschaftsmärchen*, Frankfurt: Westend, Seite 219

10 Hermann 2019: 179

11 NATO (2024): NATO leaders: Lord Ismay, *nato.int*

12 Siegfried 2003: 25

13 Schildt, Axel (2002): Vor der Revolte: Die sechziger Jahre, *Aus Politik und Zeitgeschichte*, 26.05.2002

14 Schildt 2002: 3

15 Brandtner, Matthias (o. J.): Bezahlter Erholungsurlaub – früher Privileg, heute Selbstverständlichkeit, *lwk-nieder-sachsen.de*

16 Carstens, Christian (2022): Welche Reisen waren eigentlich in den 60ern angesagt?, *reisereporter.de*, 09.11.2022

17 Hessburg (o. J.): Kaufkraftrechner, *hessburg.de*

18 Buß, Michael und Wolfgang Darschin (2004): Auf der Suche nach dem Fernsehpublikum, *Media Perspektiven*

19 Nicolussi (2010): Wie die Fussball-WM das Fernsehen revolutioniert, *20min.ch*

20 Buß und Darschin 2004: 4

21 Siegfried 2016: 6

22 Maase, Kaspar (2003): Körper, Konsum, Genuss, *Aus Politik und Zeitgeschichte* B45 / 2003

23 Beatlemania (2023): Eintrag zu »Beatlemania« auf *Wikipedia*

24 Rytlewski, Ralf & Manfred Opp de Hipt (1987): *Die Bundesrepublik Deutschland in Zahlen 1945/49–1980*, München: BeckD

25 Siegfried 2016: 5

26 Vgl. Hermann 2019: Kap. 3. Jutta Hoffritz setzt sich mit Erhards Verteidigern auseinander und teilt Hermanns Einschätzung weit gehend. Hoffritz, Jutta (2023): Vater des Widerstandsmärchens, *zeit.de*, 16.08.2023

27 Siegfried 2016: 9

28 Schönhoven, Gerhard (2006): Mehr Demokratie wagen, *Hans-Böckler-Stiftung*, Magazin Ausgabe 03/2006

29 Heinemann, Karl-Heinz (2013): Warnung vor der »Bildungskatastrophe«, *deutschlandfunk.de*, 09.07.2013

30 Siegfried 2016: 7

31 Zitiert nach Siegfried 2016: 7

32 Ladipo, Eva (2023): Bei Magdeburg begann für ihn Asien, *faz.net*, 14.08.2023

33 Siegfried 2016: 8

34 Rytlewski & Opp de Hipt 1987: 172

35 Siegfried 2003: 26

36 Köpcke, Monika (2023): Wie die Adenauer-Ära vor »Tarzan« und »dem Lümmel« schützte, *deutschlandfunk.de*, 09.06.2023

37 Köpcke 2023

38 Köpcke 2023

39 Lehr 2023: Eintrag zu »Robert Lehr« auf *Wikipedia*

40 Siegfried 2016: 3

41 Langenhuisen, Ralf (2011): Bill Haley und die Revolte der Schmalzlocke, *Westfälische Rundschau*, 01.06.2011

42 Hermann 2019: 108–114

43 Maase 2003: 10

44 Zitiert nach Maase 2003: 10

45 Wir (Lied) (2024): Eintrag zu »Wir (Lied)« auf *Wikipedia*

46 Schildt, Axel (2002): Vor der Revolte: Die sechziger Jahre, *Aus Politik und Zeitgeschichte*, 26.05.2002

47 So Hermann 2019: 74 und 75

48 Schildt 2003: 8

49 Brake, Michael (2022): Vom Sich-Wehren, *fluter.de*, 20.12.2022

50 § 1356 BGB i.d.F. des Gleichberechtigungsgesetz v. 18.6.1957, BGBl I 1957, 609 m.W.v. 1.1.1958: »1. Die Frau führt den Haushalt in eigener Verantwortung. 2. Sie ist berechtigt, erwerbstätig zu sein, soweit dies mit ihren Pflichten in Ehe und Familie vereinbar ist.« Jahnke, Jür-

gen (o. J.): § 8 Ausfall im Haushalt / I. Entwicklung von § 1356 BGB, *haufe.de*

51 Insgesamt wurden es 400 000 Exemplare. Vgl. Schröder, Jörg & Barbara Kalender (2007): Sexfront 1, *taz.de*, 07.08.2007

52 Neue Mode (1968): *Neue Mode*, 21. Jahrgang, Nr. 8, August 1968, S. 19

53 Neue Mode 1968: 52

54 Neue Mode (1970): *Neue Mode*, Nr. 12, Dezember 1970, S. 18 und 32

55 Griese, Inga (2009): Lange Nächte in Hamburg – so begann die Weltkarriere, *abendblatt.de*, 31.10.2009

56 Bode, Susanne (2004): *Die vergessene Generation: Die Kriegskinder brechen ihr Schweigen*, Stuttgart: Klett-Cotta und Bode, Susanne (2009): *Kriegsenkel: Die Erben der vergessenen Generation*, Stuttgart: Klett-Cotta

57 Dass einige Autoren deswegen von der »goldenen Generation« sprechen, ist gedankenlos und ungewollt zynisch – dies sind Kriegskinder und nicht »goldene« Kinder. Außerdem liegt hier eine Verwechslung von (Zeit-)Periode und (Alters-)Kohorte vor. Die Zeit mag man als golden wahrnehmen (sie war es nicht, wie wir gesehen haben, sie wurde nur bunter), aber das betraf alle dort lebenden Generationen, und nicht nur die Kriegskinder.

58 Kinderlandverschickung (2023): Eintrag zu »Kinderlandverschickung« auf *Wikipedia*

59 Jähner, Harald (2019): *Wolfszeit. Deutschland und die Deutschen 1945–1955*, Berlin. Rowohlt

60 Jachertz, Norbert & Adelheid Jachertz (2013): Kriegskinder: *Deutsches Ärzteblatt* 2013; 110 (14)

61 Jachertz & Jachertz 2013

62 Radebold, Hartmut (o. J.): Das Interview: Prof. Hartmut Radebold, *Evangelisches Bildungszentrum Bad Bederkesa*

63 Radebold o. J.

64 Radebold o. J.

65 Haarer (2023): Eintrag zu »Johanna Haarer« auf *Wikipedia*

66 Zitiert nach Kratzer, Anne (2019): Erziehung für den Führer, *spektrum. de*, 17.01.2019

67 Kratzer 2019

68 Zitiert nach Kratzer 2019

69 Kratzer 2019

70 Kratzer 2019

71 Kratzer 2019

72 Zitiert nach Kindergarten (2023): Eintrag zu »Kindergarten« auf *Wikipedia*

73 Festring-Hashem Zadeh, Kristina (2016): Wie Nazi-Lehrer nach dem Krieg Karriere machten, *ndr.de*, 18.04.2016

74 AGJ (2010), *Heimerziehung in den 50er und 60er Jahren, Abschlussbericht des Runden Tisches*, Arbeitsgemeinschaft für Kinder- und Jugendhilfe – AGJ, Eigenverlag, Berlin, Anhang S. VI

75 AGJ 2010, Anhang S. IX

76 AGJ 2010, Anhang S. VIII

77 Rytlewski & Opp de Hipt 1987: 171

78 Rytlewski & Opp de Hipt 1987: 173

79 Zitiert nach Politik und Unterricht (1999): Die sechziger Jahre in der Bundesrepublik Deutschland, *LpB Baden-Württemberg 1999*

80 Jachertz & Jachertz 2013

2 Selbstzufriedene Aufsteiger – Ein Psychogramm der Cold-War-Generation

1 Siegfried 2003: 29

2 Janker, Karin (2015): Die Kinder der Traumatisierten, *Süddeutsche Zeitung*, 12.09.2015

3 Feuerbach, Leoni (2017): Ein bisschen erwachsen, *faz.net*

4 Heinz Bude beschreibt den Deutschen Herbst in seinem Boomer-Buch als ein besonders prägendes Ereignis für seine Generation. Dafür gibt es vermutlich zwei Gründe: Zum einen bezieht er sich in seinem Buch weit gehend auf eine spezielle »Generationseinheit« der Boomer, nämlich nach Westberlin gezogene Studenten eher linksalternativer Milieus. Zum anderen hat Bude, selbst Jahrgang 1954, offensichtlich eher ältere Boomer der späten oder sogar mittleren 1950er Jahrgänge vor Augen. Für die mag der Deutsche Herbst größere Bedeutung gehabt haben, weniger aber für die besonders geburtenstarken Jahrgänge 1963, 1964 und 1965. Ähnliches gilt für HIV/Aids. Für die älteren Jahrgänge mag dies ein besonders einschneidendes Ereignis gewesen sein. Für die mittleren und jüngeren Jahrgänge der Generation hingegen nicht, weil für sie die Existenz von Aids und ent-

sprechendes Verhalten schon das Normal darstellte. Vgl. Bude, Heinz (2024): *Abschied von den Boomern*, München: Hanser

5   Bundeswahlleiter (2022): *Wahl zum 20. Deutschen Bundestag am 26. September 2021. Heft 4: Wahlbeteiligung und Stimmabgabe nach Geschlecht und Altersgruppen*, Der Bundeswahlleiter, Statistisches Bundesamt 2022

6   Bude 2024: 106

7   Evil Empire Speech (2024): Eintrag zu »Evil Empire speech« auf *Wikipedia*

8   Juri Andropow, der nach 15 Monaten an der Spitze starb und beinahe die Hälfte seiner Amtszeit nicht regierungsfähig war, und Konstantin Tschernenko, der nach nur 13 Monaten als Generalsekretär starb.

9   Moviejones (o. J.): Die weltweit erfolgreichsten Filme 1983 – PLATZ 1–10, *moviejones.de*

10 Wargames (2024): Eintrag zu »WarGames«, *Wikipedia*

11 Able Archer (2024): Eintrag zu »Able Archer 83«, *Wikipedia*

12 Petrow (2024): Eintrag zu »Stanislaw Jewgrafowitsch Petrow«, *Wikipedia*

13 Goldin, Ian & Robert Muggah (2021): *Atlas der Zukunft*, Köln: Dumont; S. 223 ff. und Fn. 29

14 Welthandel (2023): Eintrag zu »Welthandel« auf *Wikipedia*

15 Welthandel 2023

16 Jähn, Thomas (2016): Wie die Welt in die Kiste kam, *ndr.de*, 05.05.2016

17 BpB (2023): Entwicklung des grenzüberschreitenden Warenhandels, *Bundeszentrale für politische Bildung*, 13.04.2023

18 Statista (2023): Einschätzung der eigenen Englischkenntnisse nach Altersgruppen im Jahr 2022, *Statista*

19 Rytlewski & Opp de Hipt 1987: 79

20 Umweltbundesamt (2023): Wie viele Menschen arbeiten in der Landwirtschaft?, *Umweltbundesamt*

21 Frie, Ewald (2023): *Ein Hof und elf Geschwister. Der stille Abschied vom bäuerlichen Leben in Deutschland*, München: C.H.Beck

22 Süß, Wilfried (2007): Der bedrängte Wohlfahrtsstaat, *Archiv für Sozialgeschichte* 47

23 Möckel, Benjamin (2020): Zukünftige Generationen. in: Generationen, *Aus Politik und Zeitgeschehen*, 52–53/2020

24 Wirtschaftswoche (2003): Waldsterben in Deutschland gestoppt, *Wirtschaftswoche*, 19.07.2003

25 Alle Daten in diesem und dem nächsten Abschnitt von Demografieportal (d): Natürliche Bevölkerungsentwicklung 1950–2020, *Statistisches Bundesamt*, und darauf beruhenden eigenen Berechnungen.

26 Fuchs, Werner et al. (1978): *Lexikon zur Soziologie*, Opladen: Westdeutscher Verlag

27 BfA (1984): Sonderdruck: Arbeitsmarktanalyse 1983, *Bundesanstalt für Arbeit*, März 1984

28 BfA 1984 : 357

29 BfA 1984: 219 f.

30 BfA 1984: 220

31 Brandt, Willy (2009): Rede von Willy Brandt am 10. November 1989 vor dem Rathaus Schöneberg, *Bundeszentrale für politische Bildung*

32 Planet Wissen (2021): Willy Brandt und der Mauerfall, *SWR Planet Wissen*, 13.12.2021

33 Brandt; Willy (1959): »Berlin bleibt frei« – Kundgebung am 1. Mai 1959, *Bundeskanzler Willy Brandt Stiftung*

34 Noelle-Neumann, Elisabeth (1990): Opferbereitschaft für die deutsche Einheit, *Institut für Demoskopie Allensbach*, S. 11–14

35 Noelle-Neumann, Elisabeth (1989): Ein deutsches Jahr, *Institut für Demoskopie Allensbach*, Anhangtabellen Tabelle A 5

36 Brandt 2009

37 Fussballdaten (2023): Teamvergleich: Deutschland vs. DDR, *fussballdaten.de*

38 Noelle-Neumann 1989: Anhangtabellen Tabelle A2

39 Schniederjann, Nils (2022): »Das Ende der Geschichte«, *Berliner Zeitung*, 02.10.2022

40 Destatis (2023): Registrierte Arbeitslose und Arbeitslosenquote nach Gebietsstand, *Destatis (Statistisches Bundesamt)*, Stand 05.01.2023

41 Bangel, Christian et al. (2019): Ost-West-Wanderung: Die Millionen, die gingen, *zeit.de*, 02.05.2019

42 BIB (2023): Wanderungen zwischen West- und Ostdeutschland (1991–2020), *Bundesinstitut für Bevölkerungsforschung*

43 Berliner Zeitung (2019): Wende an Universitäten und Bibliotheken, *Berliner Zeitung*, 06.11.2019

44 Buschzulage (2023): Eintrag zu »Buschzulage« auf *Wikipedia*

3 Alarmistisches Nichtstun – Warum Deutschland den demografischen Wandel verschlafen hat

1 Alle Zitate von Knauß, Ferdinand (2014): Deutschland wagt die Bevölkerungskatastrophe, *Wirtschaftswoche*, 23.06.2014

2 Sinn, Hans-Werner (2014): Land ohne Kinder – die Fakten, die Folgen, die Ursachen und die Politikimplikationen, Vortrag vor der *nordrheinwestfälischen Akademie der Wissenschaften*, Düsseldorf, Juni 2014

3 Keese, Christoph (2006): Das Versagen einer Generation vor dem Leben, *Welt am Sonntag*, 19.03.2006

4 Sonnabend, Holger (2007): Die Ehe- und Sittengesetzgebung des Kaisers Augustus, *Statistisches Monatsheft Baden-Württemberg, 8/2007*, S. 1

5 Sonnabend: 2007: 1

6 Pabst, Angela (2021): Kaiser Augustus' Ehegesetze – fortschrittlich oder reaktionär?, Blog, *Martin Luther-Universität Halle-Wittenberg*, S. 4

7 Schneider, Christina (2014): Kaiser Augustus: Drei-Kind-Politik, *zeitonline.de*, 20.05.2014

8 Sonnabend 2007: 2

9 Keese 2006

10 BIB (2024a): Bevölkerungsstand in Deutschland (1816–2022), *Bundesinstitut für Bevölkerungsforschung*

11 BIB (2022): Corona-Pandemie: Lebenserwartung in Teilen Deutschlands stark gesunken, Pressemitteilung 17.08.2022, *Bundesinstitut für Bevölkerungsforschung*

12 BIB (2024b): Altenquotient in Deutschland (Kreisebene, 2022) sowie Jugendquotient in Deutschland (Kreisebene, 2022), *Bundesinstitut für Bevölkerungsforschung*

13 Berlinghoff, Marcel (2018): Geschichte der Migration in Deutschland, *bpb (Bundeszentrale für politische Bildung)*, 14.05.2018

14 Demografieportal (a): Wanderungen mit dem Ausland, *Statistisches Bundesamt*. Eigene Berechnung auf Basis der dortigen Excel-Datei.

15 BIB (2024c): Bevölkerung mit Migrationshintergrund (2005–2022), *Bundesinstitut für Bevölkerungsforschung*

16 Demografieportal (b): Bevölkerung mit Migrationshintergrund, *Statistisches Bundesamt*

17 BIB (2024d): Ausländische Bevölkerung in Deutschland (Kreisebene, 2022), *Bundesinstitut für Bevölkerungsforschung*

18 Schneider, Norbert & Jürgen Dorbritz (2011): Wo bleiben die Kinder? Der niedrigen Geburtenrate auf der Spur, *Aus Politik und Zeitgeschehen*, 02.03.2011

19 Vgl. zum Folgenden Schwentker, Björn (2014): Pillenknick? Kannst du knicken!, *spiegel.de*, 19.03.2014

20 Süssmuth, Rita (2016): »Kinder kriegen die Leute immer« – oder?, *ifo Institut*, und Bujard, Martin (2022): Die Ursachen der Geburtenentwicklung, *Bundeszentrale für politische Bildung (bpb)*, Informationen zur politischen Bildung Nr. 350/2022, 29.04.2022, S. 40

21 Süssmuth 2016

22 Bujard 2022: 40

23 Bpb (2020): Erwerbstätige nach Stellung im Beruf, *Bundeszentrale für politische Bildung*, 28.11.2020

24 Schneider & Dobritz 2011: 32

25 Bujard 2022: 43

26 Bujard 2022: 42

27 Schneider & Dobritz 2011: 31

28 Schneider & Dobritz 2011: 31

29 Schneider & Dobritz 2011: 32

30 Bujard 2022: 46

31 »Schätzungen der Weltgesundheitsorganisation (WHO) zufolge liegt bei etwa 8–10 % aller Paare eine Form von Unfruchtbarkeitsproblematik vor«, die etwa gleich häufig ihre Hauptursachen bei medizinischen Problemen des Mannes und der Frau hat. Vgl. CFC (2024): Fakten zum Thema Unfruchtbarkeit, *Copenhagen Fertility Center*

32 Bujard 2022: 42

33 Brech, Sara Maria (2013): CDU und Kohl – erst Heimschicker, dann Integrierer, *welt.de*, 02.08.2013; Lindhoff, Alicia (2019): Einwanderungsland? Wir doch nicht, *zeit.de*, 17. September 2019

34 Bryant, Thomas (2011): Alterungsangst und Todesgefahr – der deutsche Demografie-Diskurs (1911–2011), *Aus Politik und Zeitgeschichte (APuZ)*, März 2011: 41 ff., Bujard Martin (2022a): Diskurse über demografischen Wandel, *Bundeszentrale für politische Bildung (bpb), Informationen zur politischen Bildung*, 29.04.2022: 37

35 Bryant 2011: 43

36 Vgl. Bryant 2011: 44

37 Zitiert nach Bryant 2011: 45

38 Bryant 2011: 45

39 Neyer, Gerda (2005): Geburtenentwicklung und Familienpolitik: Ergebnisse vergleichender Studien zu den nordischen Ländern, Forschungsbericht 2005 – *Max-Planck-Institut für demografische Forschung*

40 BMFSFJ (2023): Geschichte des Ministeriums, *Bundesministerin für Familie, Senioren, Frauen und Jugend*

41 Budde, Constanze (o. J.): Kindergarten in Schweden, *schwedenstube. de*

42 Wanke, Helga (1990): Auch der Staat hat Mutterpflichten!, *Emma*, 01.07.1990

43 Schultz, Ulrike (2003): Ein Quasi-Stürmlein und Waschkörbe voller Eingaben: Die Geschichte von Art. 3 Abs. 2 Grundgesetz, *fernuni-hagen.de*

44 Zander, Ingo (o. J.): Erlebte Geschichten mit Ministerin Christine Bergmann, *wdr.de*

45 Welt (2002): Stoiber macht Wahlkampf mit seiner Familie, 20.02.2002, *welt.de*

46 Welt 2002

47 FAZ (2002): Streitthema Familienpolitik, *Frankfurter Allgemeine Zeitung*, 18.04.2002

48 FAZ 2002

49 FAZ 2002

50 Spiegel (2002): Wer ein uneheliches Kind hat, darf nicht über Familie reden, *spiegel.de*, 29.06.2002

51 Spiegel 2002

52 Rathfelder, Erich (1992): Verdrängte Haßkampagne, *die tageszeitung*, 10.10.1992

53 (2011): Nichteheliche Geburten – Konfession der Mutter, 1955–2010, *Forschungsgruppe Weltanschauungen in Deutschland (fowid)*, 20.11.2011

54 BMFSFJ 2023

55 Und leider klappt das alles andere als reibungslos, weswegen einige vom »Kita-Kollaps« sprechen, vgl. Christmann, Karin (2024a): Deutschland steckt tief in einer Care-Krise, *tagesspiegel.de*, 15.05.2024. Und das, obwohl sich die Anzahl der Erzieher in den letzten zehn Jah-

ren auf über 700 000 und damit um 51 Prozent erhöht hat; vgl. Destatis (2024): Kita-Betreuung: 51 % mehr pädagogisches Personal im März 2023 als zehn Jahre zuvor, *Destatis (Statistisches Bundesamt)*, Pressemitteilung vom 24. Januar 2024

56 Bujard 2022: 42

57 Schneider, Jens (2010): Gegen das »Wickelvolontariat«, *sueddeutsche.de*, 19.05.2010

58 Bujard 2022: 45

59 Statista (2023a): Zusammengefasste Geburtenziffer: Entwicklung der Fertilitätsrate in Deutschland von 1990 bis 2022, *Statista*

60 Bujard 2022: 46

61 Kinderlosigkeit (2018): Seite »Kinderlosigkeit«, *Bund-Länder-Demografieportal*

62 Keese 2006

63 Kurtz, Stanley (2005): Wie sich das Denken in unserer überalterten Welt verändern wird… In: *Frankfurter Allgemeine Zeitung*, 11.03.2005, Flöttmann, Holger Bertrand (2005): Der Wunsch nach einem Kind, *Frankfurter Allgemeine Zeitung*, Nr. 134, S. 7, am 13.6.2005

64 Flöttmann 2005

65 Keese 2006

66 Blome, Agnes (2014): Das Werden einer Wende. *Wissenschaftszentrum Berlin, WZB Mitteilungen Heft 143*, März 2014: 6

67 Blome 2014: 7, Stöss, Richard & Gero Neugebauer (2002), Mit einem blauen Auge davon gekommen. Eine Analyse der Bundestagswahl 2002, Arbeitshefte aus dem Otto-Stammer-Zentrum, Nr. 7, *Freie Universität Berlin*, S. 53

68 Stöss & Neugebauer 2002: 116

69 Blome 2014: 7

70 Stöss & Neugebauer 2002: 45 und 47

71 Bujard, 2022: 46

72 Bujard 2022: 46

4 Der Mythos vom Generationenvertrag – Warum unser Rentensystem aus der Zeit gefallen ist

1 Statista (2023b): Lebenserwartung von Männern und Frauen bei der Geburt in Deutschland im Zeitraum der Jahre 1871 bis 2022, *Statista*

2 Destatis (2023a): Entwicklung der Lebenserwartung in Deutschland seit 1871/1881, *Destatis (Statistisches Bundesamt)*

3 BMAS (2021); Geschichte der Gesetzlichen Rentenversicherung, *Bundesministerium für Arbeit und Soziales*, 13.09.2021

4 Kulke, Ulli (2013): Der große Irrtum unserer Rentenversicherung, *Welt*, 21.07.2013

5 BMAS 2021

6 Roßbach, Gundula (2021): Stabilität durch 65 Jahre umlagefinanzierte Rentenversicherung, *Deutsche Rentenversicherung Bund*, Presseseminar 03.-04.11.2021, S. 4

7 Ein Umlageverfahren stellt die erste Rentnergeneration beitragslos, während ein Kapitaldeckungsverfahren die erste Generation gleich doppelt belastet – durch auszuzahlende Renten und den Aufbau des Kapitalstocks. Dabei war diese radikale Umstellung gar nicht so geplant. Ursprünglich wurde mit »der Rentenreform von 1957 […] das sog. ›Abschnittsdeckungsverfahren‹ eingeführt. Der Beitragssatz der Rentenversicherung war danach so festzulegen, dass die Einnahmen ausreichten, um alle in einem Zehn-Jahres-Zeitraum anfallenden Rentenansprüche decken zu können.« (Roßmann 2021: 8). Dieses Verfahren wurde angesichts der hohen zu erwartenden Beiträge allerdings schon 1966 wieder abgeschafft – und damit das uns bekannte heutige Problem zementiert. Den Hinweis auf das Abschnittsdeckungsverfahren verdanke ich Martin Werding.

8 Kulke 2013

9 Dazu schrieb mir Martin Werding per E-Mail am 18. Mai 2024: »1957 und in den Folgejahren dürfte die Tatsache, dass das US-System von Anfang an im Umlageverfahren finanziert war, dazu beigetragen haben, dass man dies in Deutschland dann ebenfalls für akzeptabel hielt – zunächst nur de facto, aber ohne ernsthafte Versuche, wieder nennenswerte Reserven zu bilden, ab 1969 dann auch offiziell. Markanter Unterschied der beiden Rentensysteme ist, dass die Rentenansprüche in den USA nicht strikt proportional mit den individuell entrichteten Beiträgen zunehmen, sondern degressiv, mit sinkendem Wert höherer beitragspflichtiger Entgelte für die spätere Rente.«

10 BMAS 2021

11 BMAS 2021

12 Bundestag (2017): Vor 60 Jahren: Bundestag beschließt die Rentenreform, *Deutscher Bundestag*, 16.01.2017

13 Bundestag 2017

14 BMAS 2021

15 Destatis (2021): Konsumausgaben von Familien für Kinder, *Destatis (Statistisches Bundesamt)*, 21.06.2021, S.17

16 Orth, Martin (2019): Was es kostet, ein Kind zu haben, *deutschland.de*, 24.01.2019

17 BMFSFJ (2008): Sozialbilanz Familie – Eine ökonomische Analyse mit Schlussfolgerungen für die Familienpolitik, *Bundesministerin für Familie, Senioren, Frauen und Jugend*, 30.06.2008, S.105

18 BMSGPK (2021): Kinderkostenanalyse 2021. Endbericht. *Österreichisches Bundesministerium für Soziales, Gesundheit, Pflege und Konsumentenschutz (BMSGPK)* 2021: 4

19 BMSGPK 2021: 4

20 BMFSFJ 2008: 105

21 Ferber, Michael (2022): Wie viel ein Kind in der Schweiz kostet?, *Neue Zürcher Zeitung*, 05.12.2022; Girod, Ellen (o. J.): Warum kostet ein Kind eine Million?, *wireltern.ch*

22 Schreiber(2023): Eintrag zu »Wilfrid Schreiber« auf *Wikipedia*

23 Kulke 2013

24 Kulke 2013

25 Schreiber 2023

26 Bundestag 2017

27 Zitiert nach Generationenvertrag (2023): Eintrag zu »Generationenvertrag« auf *Wikipedia*

28 Süssmuth 2016. Ob Adenauer tatsächlich den berüchtigten Satz »Kinder kriegen die Leute immer« so gesagt hat, ist nicht gesichert; inhaltlich war er aber genau dieser Ansicht.

29 Werding, Martin (o. J.): Generationenvertrag, *Gabler Wirtschaftslexikon*

30 Prinz, Aloys & Fabian Dittrich (2022): Die Rente ist sicher – oder doch nicht? *Universität Münster*, 06.04.2022

31 BMAS 2021

32 Vgl. zum gesamten Abschnitt BMAS 2021

33 Rentenversicherung (2023): Bundesmittel und Bundeszuschüsse: Staat erstattet Kosten für nicht beitragsgedeckte Leistungen, *Deutsche Rentenversicherung*, 08.09.2023

34 BMAS 2021

35 Rentenversicherung 2023

36 BMAS 2021

37 Bäcker, Gerhard & Ernst Kistler (2020): Rentenpolitik. Von 1990 bis heute, *bpb (Bundeszentrale für politische Bildung)*, 30.01.2020

38 Friedrichs, Julia (2022): Working Class. Die Wohlstandsillusion, *DLF (Deutschlandfunk)* Audiothek, 30.01.2022

39 Bäcker & Kistler 2020

40 Mercer (2022): Mercer CFA Institute Global Pension Index 2022, *mercer.com*

41 Friedrichs 2022. Bereits 2016 hatte die ARD 7,4 Milliarden Euro als Rückstellungen für künftige Pensionen gebildet, ZDF und Deutschlandradio zusammen eine weitere Milliarde. »Der Hessische Rundfunk etwa gibt jetzt [2016; GV] schon mehr als halb so viel für die Altersversorgung seiner Mitarbeiter aus wie für Löhne und Gehälter.« (Nienhaus, Lisa (2016): Öffentlich-rechtliche Rentneranstalt, *faz.net*, 02.02.2016). Beim SWR hat sich das Eigenkapital von plus 346 Millionen Euro im Jahr 2013 auf minus 233 Millionen Euro im Jahr 2022 gedreht: Der Grund: »Im Wesentlichen […] jahrelang immer weiter gestiegenen Pensionsrückstellungen«, schreibt der Landesrechnungshof Baden-Württemberg, die inzwischen mit deutlich über zwei Milliarden Euro den größten Passivposten in der Bilanz ausmachen. (FAZ (2024): Pensionen fressen den SWR auf, *faz.net*, 16.05.2024).

42 BMAS 2021

43 Heinrich, Claus (2010): Wie sich die Rentengarantie auswirkt, tagesschau.de, 26.07.2010

44 Heinrich 2010

45 Pimpertz, Jochen (2022): Rentenerhöhung: Haltelinie schlägt Nachholfaktor, *IW-Nachricht*, 01.04.2022

46 Tagesspiegel (2023): Heil und Lindner einig: Pläne für ein neues Rentenpaket wohl noch im Sommer – Kritik aus der Union, *tagesspiegel.de*, 24.07.2023; Fiedler, Michael (2023): Rente: Bundesregierung will doppelte Haltelinie kappen, *versicherungsbote.de*, 25.07.2023

47 Bäcker, Gerhard & Ernst Kistler (2020): Rentenpolitik. Von 1990 bis heute, *bpb (Bundeszentrale für politische Bildung)*, 30.01.2020

48 Sinn, Hans-Werner & Silke Übelmesser (2002): Pensions and the Path to Gerontocracy in Germany, *European Journal of Political Economy 19*, 153–158

49 Sinn 2014

50 iwd (2022): In welchen Ländern die Ältesten und die Jüngsten leben, *iwd (Informationsdienst des Instituts der deutschen Wirtschaft)*, 02.11.2022

51 BIB (2023): Wanderungen zwischen West- und Ostdeutschland (1991–2020), *Bundesinstitut für Bevölkerungsforschung*

52 Sinn 2014: 20

53 Christl, Michael & Dénes Kucsera (2015): Pensionsreform: Wann ist die Mehrheit weg?, *Agenda Austria* Discussion Paper #3, Februar 2015

54 Destatis (2023b): Erwerbstätigkeit im August 2023 leicht gestiegen, *Destatis (Statistisches Bundesamt)*, Pressemitteilung Nr. 391 vom 29.09.2023

55 IAQ (2023): Zahl der Rentner*innen 2022, *IAQ (Institut Arbeit und Qualifikation der Universität Duisburg-Essen)*

56 Demografieportal (c): Altersrentner und Beitragszahler in der gesetzlichen Rentenversicherung, *Statistisches Bundesamt*

57 Statista (2023c): Altersstruktur der Wahlberechtigten bei den Bundestagswahlen 2013, 2017 und 2021, *Statista*

58 Statista (2023d): Wahlverhalten bei der Bundestagswahl am 26. September 2021 nach Alter, 05.05.2023, *Statista*. Der überraschende Wahlerfolg der AfD bei der Europawahl 2024 auch bei den Jungwählern mag diesen Unterschied überdecken. Aber auch bei dieser Wahl bleibt es so, dass bei jüngeren Wählern FDP und Grüne in Summe beliebter sind als bei älteren Wählern, die immer noch CDU/CSU und SPD präferieren. Hinzu kommt, dass bei den Jüngeren neun Prozent die linksliberale Partei Volt gewählt haben, was einen Teil der Verluste der Grünen kompensiert.

59 BfS (2024): Durchschnittsalter der Erwerbsbevölkerung, *Schweizerische Eidgenossenschaft. Bundesamt für Statistik*

60 Pfaff, Isabel (2024): Die Rentenrevolution, *sueddeutsche.de*, 03.03.2024

61 Hermann, Michael (2023): Wird 2024 zum Wendepunkt in der Schweizer Sozialpolitik?, *nzz.ch*, 30.12.2023

62 Pfaff 2024

63 Zitiert nach Creutzburg, Dietrich (2024): Zeitenwende in der Renten-politik, *faz.net*, 29.05.2024

64 Pimpertz 2024

65 Creutzburg, Dietrich & Manfred Schäfers (2024): Das Rentenpaket treibt den Beitragssatz hoch, *faz.net*, 05.03.2024

66 Pimpertz, Jochen (2024): Rentenpaket II: 2035 fehlen 34 Milliarden Euro, *IW-Nachricht*, 1. März 2024

67 Tietz, Janko (2024): Die Raff-Rentner, *spiegel.de*, 05.03.2024

68 Göbel, Heike (2024): Heils unfaires Rentengeschenk, *faz.net*, 05.03.2024; Tietz 2024; Bockenheimer, Johannes (2024): Der Renten-plan der »Ampel« ist eine Kriegserklärung an die Arbeitnehmer, *nzz.ch*, 06.03.1964; Christmann, Karin (2024): Wie Fachleute das Renten-paket II bewerten, *tagesspiegel.de*, 05.03.2024

69 Creutzburg & Schäfers 2024

70 Wissenschaftlicher Beirat (2021): Vorschläge für eine Reform der ge-setzlichen Rentenversicherung, *BMWi (Bundesministerium für Wirt-schaft und Energie)*, 04.05.2021

71 Holthoff, Christine (2023): Hier wird der Renteneintritt schon an die Lebenserwartung gekoppelt, *t-online.de*

72 Zitiert nach: Greive, Martin et al. (2021): Rente mit 68, *handelsblatt.com*, 08.06.2021

73 Creutzburg, Dietrich (2023): Ökonomen empfehlen Abschaffung der Rente mit 63, *faz.net*, 10.08.2023

74 Neuhaus, Carla (2023): Länger leben, länger arbeiten, *zeit.de*, 17.11.2023

75 Tagesspiegel (2024): Scholz lehnt späteren Renteneintritt ab, *tagesspie-gel.de*, 01.05.2024

76 RND (2021): »Horrorszenarien«: Scholz will keine Debatte über Rente mit 68, *rnd.de*, 08.06.2021

77 Statista (2023e): Erwerbstätigenquote der 20–64-Jährigen in Deutsch-land nach Geschlecht von 2009 bis 2022, *Statista*, 28.07.2023

78 Statista (2023f): Europäische Union: Erwerbstätigenquoten in den Mitgliedstaaten im 1. Quartal 2023, *Statista*, 20.06.2023

79 Brandt, Mathias (2013): 42 Millionen Erwerbstätige in Deutschland, *Statista*, 28.11.2013,

80 Destatis (2023b): Erwerbstätigkeit im August 2023 leicht gestiegen, *Destatis (Statistisches Bundesamt)*, Pressemitteilung Nr. 391 vom 29.09.2023

81 Pletter, Roman (2024): Beziehung ist Arbeit, *zeit.de*, 09.05.2024

82 Bild (2021): Hammer vor der Bundestagswahl. Regierungsbeirat schlägt Rente mit 68 vor, *Bild-Zeitung*, 07.06.2021

83 Schwentker, Björn (2010): So viel Leben, *Max-Planck-Gesellschaft*, 15.03.2010

84 Schwentker, Björn & James Vaupel (2011): Eine neue Kultur des Wandels – Essay, *Aus Politik und Zeitgeschehen*, 02.03.2011

85 Schwentker & Vaupel 2011: 3

86 Schwentker & Vaupel 2011: 3

87 Schwentker 2010

88 Schwentker & Vaupel 2011: 5

89 Schwentker & Vaupel 2011: 5

90 Schwentker & Vaupel 2011: 5

91 Schwentker & Vaupel 2011: 7

92 Tagesspiegel (2023): Heil und Lindner einig, *tagesspiegel.de*, 24.07.2023

93 Christmann, Karin et al. (2023): Die Mär vom armen Rentner, *tagesspiegel.de*, 01.10.2023

94 Christmann et al. 2023

95 Rudnicka, J. (2024): Nettolohn/ Nettogehalt im Monat je Arbeitnehmer in Deutschland bis 2023, *statista.com*, 26.02.2024

96 Statista (2024a): Eigentümerquote in Deutschland im Zeitraum von 1998 bis 2018 nach Bundesländern, *statista.com*, 03.01.2024

97 Bujard, Martin (2022b): Die Folgen des demografischen Wandels, *Bundeszentrale für politische Bildung (bpb)*, Informationen zur politischen Bildung Nr. 350/2022, 29.04.2022

98 Deutsche Rentenversicherung (2023): Bundesmittel und Bundeszuschüsse: Staat erstattet Kosten für nicht beitragsgedeckte Leistungen, Deutsche Rentenversicherung

99 BMF (2023): Sollwerte des Haushaltsjahres 2024, *Bundesministerium der Finanzen*

100 Werding, Martin (2023): Was Deutschland droht, wenn die Boomer in Rente sind, *faz.net*, 20.07.2023

101 Werding 2023

102 Werding 2023

103 Hagelüken, Alexander (2017): Bill Gates fordert Robotersteuer, Süddeutsche Zeitung, 21.02.2017

104 Christmann, Karin (2023): Finanzierung der Sozialversicherungen: Zwei CDU-Systemsprenger wollen den Sozialstaat umbauen, *tagesspiegel.de*, 17.08.2023

105 Müller, Louisa (2021): Nur wer wählt, der zählt?, *spiegel.de*, 17.06.2021

106 Piorkowski, Christoph David (2023): Sollten Kinder wählen dürfen?: Die Jugend verdient mehr Macht, *tagesspiegel.de*, 11.06.2023

107 Familienwahlrecht (2023): Eintrag »Familienwahlrecht« auf *Wikipedia*

108 Caritas (2016): Der generative Beitrag von Familien in der gesetzlichen Rentenversicherung, *Deutscher Caritasverband e. V.*, 10.08.2016

109 Martin Werding im persönlichen Gespräch

110 Zeit (2023): Wirtschaftsweise spricht sich für späteren Renteneintritt aus, *zeit.de*, 13.08.2023

111 Lediglich der gewerkschaftsnahe Sachverständige Achim Truger vertritt eine abweichende Meinung, die im Gutachten dokumentiert ist: Sachverständigenrat (2023): Wachstumsschwäche überwinden – in die Zukunft investieren. Jahresgutachten 23/24, *Sachverständigenrat zur Begutachtung der gesamtwirtschaftlichen Entwicklung*, Dezember 2024: 313 ff., 357 ff.

112 Creutzburg 2023

113 Zitiert nach Creutzburg 2023

114 FAZ (2023): Lindner bezeichnet Rente mit 63 als »Stilllegungsprämie«, *faz.net*, 22.07.2023

115 Ye, Han (2023): »Wer länger arbeitet, stirbt früher«, *zeit.de*, 31.05.2023

116 Gundermann, Angelika (2016): Fordernder Beruf hält geistig länger fit, *web.de*, 11.01.2016

117 Lill, Felix (2023): Ein Vorbild für Deutschland?: Was Japans Rentner anders machen, tagesspiegel.de, 03.10.2023

118 Chatelain, Claude (2021): Das Vorbild verblasst, *GDV (Gesamtverband der Versicherer)*, 11.06.2021

119 Chatelain 2021

120 FAZ (2023a): CDU-Sozialpolitiker schlagen Radikalreform der Sozialversicherung vor, *faz.net*, 15.08.2023

121 Wissenschaftlicher Beirat 2021: 54

122 Wissenschaftlicher Beirat 2021: 54

123 Canada Life (2023): Rentenlücke: Schließen oder auf den Staat hoffen? *Canada Life*, 13.07.2023

124 Laun, Lisa (2023): »Die Aktienrente ist ein netter Bonus, mehr nicht«, Interview mit Marilena Piesker, *zeit.de*, 02.08.2023. Dass das wissenschaftliche Institut der gewerkschaftseigenen Hans-Böckler-Stiftung meint, das schwedische Modell tauge nicht als Vorbild; das deutsche System sei stabiler, weil es hier nicht zu Einbußen aufgrund von Schwankungen am Kapitalmarkt kommen könne, kann man nur als Witz bezeichnen. Wenn irgendetwas auf Dauer nicht stabil ist, dann unser Rentensystem. Wahrscheinlich macht der überalterte DGB hier nur eins: Klientelpolitik für seine Mitglieder, die noch einmal deutlich älter sind als der Bundesdurchschnitt. Vgl. Böckler (2022): Schweden: Nur bedingt vorbildlich, *Böckler Impulse*, Ausgabe 07/2022 (Hans Böckler Stiftung)

125 BfS (2020): Indikatoren zur Altersvorsorge, *Schweizerische Eidgenossenschaft. Bundesamt für Statistik*

126 BfS (2017): Altersleistungen der Säulen 2 und 3a weisen grosse Unterschiede nach Geschlecht und Altersgruppen auf, *Schweizerische Eidgenossenschaft. Bundesamt für Statistik*, 24.03.2017

127 Mercer 2022: 48, 51, 56

128 Helliwell, John F. et al. (2023): World Happiness Report 2023, *wordhappiness.report*

129 Statista (2023 g): Europäische Union: Fertilitätsraten in den Mitgliedstaaten im Jahr 2021, *Statista*, 29.08.2023

130 OECD (2013): Renten auf einen Blick 2013: OECD- und G20-Länder – Indikatoren: Island, *OECD;* Stern (2022): Warum Island wohl das weltbeste Rentensystem hat – und was Deutschland sich davon abgucken kann, *stern.de*, 07.02.2022. Allerdings erhalten selbst in Island diese Rente auch nur Menschen, die bereits Altersrente beziehen und noch unterhaltsberechtigte Kinder unter 18 Jahren haben.

5 Wasch mich, aber mach mich nicht nass – Warum wir den Klimawandel nicht in den Griff bekommen

1 DGP 1971

2 Umweltbundesamt (2023a): Atmosphärische Treibhausgas-Konzentrationen, *Umweltbundesamt*, 20.03.2023

3 Umweltbundesamt 2023a

4 Diese Einleitung basiert auf Wüst, Christian (1999): Das Ding, das vorwärtsdrängt, *spiegel.de*, 06.06.1999, und Hesseling, Claus (2023):

Wo der Luxus über deutsche Straßen rollte, *ndr.de*. Dort auch das Zitat von Professor Grieger, das der Dramaturgie halber vom Imperfekt ins Präsenz übertragen wurde.

5   Hesseling 2023

6   Davies, Stephen (2004): The Great Horse-Manure Crisis of 1894, *fee. org*, 01.09.2004. Ausführlich Vielmetter, Georg & Yvonne Sell (2014): *Leadership 2030*, New York: AMACOM

7   Peugeot (2024): Pferdemist – das große Umweltproblem vor 125 Jahren …, *Peugeot Vorkriegs-Register*

8   Umweltbundesamt (2023b): Emissionen des Verkehrs, *Umweltbundesamt*, 28.04.2023

9   Ell, Renate & Heike Westram (2022): Die Geschichte der Klimaforschung, 05.10.2022, *ardalpha.de*

10 UKRI (2021): Guy Callendar, the man who discovered global warming in 1938, *UK Research and Innovation*, 05.10.2021

11 Der Abschnitt zu Callendar basiert auf Mann, Charles (2018): Meet the Amateur Scientist Who Discovered Climate Change, *wired.com*, 23.01.2018, UKRI 2021, Callendar (dt.) (2024): Eintrag zu »Guy Stewart Callendar« auf *Wikipedia*, und Callendar (engl.) (2024): Eintrag zu »Guy Stewart Callendar« auf *Wikipedia*,

12 Zitiert nach Ell & Westram 2022

13 Flohn, Hermann (1994): Klima-Pionier Hermann Flohn, *SWR2 Archivradio*, 28.02.1994

14 Flohn 1994

15 Flohn 1994

16 Ölpreiskrise (2024): Stichwort »Ölpreiskrise« auf *Wikipedia*

17 Diefenthal, Werner (2022): Die Ölpreiskrise 1973 und die aktuellen Sprit-Preise, *infranken.de*, 24.03.2022

18 Lichter, Jörg & Bert Rürup (2022): Deutschland in der Ölkrise, *handelsblatt.com*, 16.12.2022

19 Lovins, Anthony (1976) Energy Strategy: The Road Not Taken?, *Foreign Affairs*, Vol. 55, No. 1 (Oct. 1976)

20 Ell & Westram 2022

21 Energiewende (2024): Eintrag »Energiewende« auf *Wikipedia*

22 Zitiert nach Ell & Westram 2022

23 Zitiert nach Ell & Westram 2022

24 IWR (o. J.): CO2-Ausstoß, *Internationales Wirtschaftsforum Regenerative Energien (IWR)*

25 EDGAR (2023): GHG emissions of all world countries, 2023 report. *EDGAR – Emissions Database for Global Atmospheric Research*

26 Wir können im Rahmen dieses Buches nicht auf alle relevanten Faktoren dafür eingehen, vor allem nicht auf Fragen internationaler Gerechtigkeit und Entwicklung. Eine wesentliche Ursache für den Anstieg ist die massive industrielle Entwicklung Chinas, das inzwischen für über zwölf Milliarden Tonnen oder 32 Prozent des weltweiten CO_2-Ausstoßes verantwortlich ist. Das ist etwa sechs Mal mehr als 1990. Damit stößt China heute mehr als vier Mal so viel CO_2 aus wie die EU27 zusammen. DIE EU27 hat hingegen den Ausstoß seit 2000 um etwa ein Viertel gesenkt, während er in Australien und Kanada noch leicht gestiegen ist und sich in Saudi-Arabien mehr als verdoppelt hat. Zu den Zahlen vgl. EDGAR 2023

27 Rich, Nathaniel (2019): *Losing Earth*, Berlin: Rowohlt 2019

28 Umweltbundesamt (2014): Vierter Sachstandsbericht des Weltklimarats, *Umweltbundesamt*

29 Umweltbundesamt 2024

30 Zitiert nach Rich 2019: 201

31 Vgl. zu diesem Abschnitt Waldsterben (2024): Eintrag »Waldsterben« auf *Wikipedia*

32 Wirtschaftswoche (2003): Waldsterben in Deutschland gestoppt, *Wirtschaftswoche*, 19.07.2003

33 Benz, Anton: (2023): Der Deal: Ein weltweites FCKW-Verbot, *taz.de*, 08.07.2023

34 Stummer, Andreas (2014): Australien versucht, seine Haut zu retten, *deutschlandfunk.de*, 15.08.2014

35 Nürnberger, Dieter (2012): Der Kampf gegen das Ozonloch, *deutschlandfunk.de*, 16.09.2012

36 Pennekamp, Johannes (2014): Abschied vom Ozonloch, *faz.net*, 13.08.2014

37 Nürnberger 2012

38 Pennekamp 2012

39 Stummer 2014

40 Zitiert nach Nürnberger 2012

41 Zitiert nach Nürnberger 2012

42 Zitiert nach Nürnberger 2012

43 Benz 2023

44 Montreal-Protokoll (2024): Eintrag »Montreal-Protokoll« auf *Wikipedia*

45 Nürnberger 2012

46 Voss, Jens (2021): Klimaschutz: Wie steht es um das Ozonloch? *nationalgeographic.de*, 15.09.2021

47 Fischer, Lars (2018): Unerwartete Rückkehr der FCKW, *spektrum.de*, 17.05.2018

48 Fischer 2018

49 Palmer, Jane (2020): Die FCKW-Detektive, *spektrum.de*, 25.01.2020

50 Dabei baue ich auf Unterscheidungen auf, die die drei McKinsey-Berater Dickon Pinner, Matt Rogers und Hamid Samandariin in einem Vergleich der Coronakrise und der Klimakrise entwickelt haben, vgl. Pinner, Dickon et al. (2020): Addressing climate change in a post-pandemic world, *McKinsey Quaterly*, April 2020, sowie auf Überlegungen aus meinem Buch »Die Post-Corona-Welt«, vgl. Vielmetter, Georg (2021): *Die Post-Corona-Welt*, Frankfurt a. M.: Campus 2021, Kap. 6.

51 Pinner et al. 2020

52 Die nächsten beiden Abschnitte sind übernommen aus Vielmetter 2021: 148 f.

53 Rosert, Elvira (2020): Warum Staaten in der Coronakrise handeln und in der Klimakrise nicht, *Heinrich-Böll-Stiftung*, 27. April 2020

54 Pinner et al. 2020

55 NZZ (2020): Bericht der Vereinten Nationen, *nzz.ch*, 13.10.2020

56 Rich 2019: 118

57 Rich 2019: 118

58 Rich 2019: 126 f.

59 Rich 2019: 128

60 Rich 2019: 129

61 Rich 2019: 127

62 Rich 2019: 130 f.

63 HSU (2022): Salienz und Aufmerksamkeit, *Helmut-Schmidt-Universität*, 31. Januar 2022

64 Ansorge, Ulrich (o. J.): Salienz, *Dorsch – Lexikon der Psychologie*

65 Stangl, Werner (2024): Salienz, *Online Lexikon für Psychologie und Pädagogik*

66 Stangl 2024

67 Stangl 2024

68 Oreskes, Naomi & Erik M. Conway (2010): *Merchants of doubt. How a handful of scientists obscured the truth on issues from tobacco smoke to global warming*, London et al: Bloomsbury

69 Oreskes & Conway 2010: 5

70 Oreskes & Conway 2010: 34, Übersetzung GV

71 Oreskes & Conway 2010: 6 f.

72 Bathon, Felix Maximilian (2022): Soziologische, historische und wissenschaftstheoretische Aspekte des Klimawandelskeptizismus, in Youssef Ibrahim & Simone Rödder (Hgg.): *Schlüsselwerke der sozialwissenschaftlichen Klimaforschung*, Bielefeld: transcript

73 Joeres, Annika & Susanne Götze (2020): Das Heartland Institute, *corrective.org*, 04.02.2020

74 Oreskes & Conway 2010: 173

75 Oreskes & Conway 2010: 174 ff.

76 Zit. n. Oreskes & Conway 2010: 179, Übersetzung GV

77 Oreskes & Conway 2010: 180 f.

78 Zit. n. Oreskes & Conway 2010: 182, Übersetzung GV

79 Oreskes & Conway 2010: 182

80 Zit. n. Oreskes & Conway 2010: 190. Übersetzung GV

81 Zit. n. Oreskes & Conway 2010: 190. Übersetzung GV

82 Grieß, Thielko (2024): »Ich weiß, dass mich hier wahrscheinlich wenig schützt«, Interview mit Stephan Anpalagan, *deutschlandfunk.de*, 17.01.2024

83 Singer (2024): Eintrag zu »Fred Singer« auf *Wikipedia*

84 Vgl. Wehling, Peter (2022): Der Umgang mit Ungewissheit und Nichtwissen in der Klimaforschung, in Ibrahim & Rödder a. a. O.: 415. Dort folgende Erläuterung: »Zwar ist es auf der einen Seite kaum überraschend, dass eine Forschung, die Aussagen über ein so komplexes globales System wie das Klima und seine langfristige Entwicklungsdynamik zu treffen versucht, mit einer Fülle von Wissenslücken und Ungewissheiten konfrontiert und behaftet ist. Doch andererseits bilden die tatsächlichen – oder auch nur behaupteten – Ungewissheiten der Klimaforschung immer wieder den Ansatzpunkt für gezielte Versuche von organisierten Lobbygruppen und so genannten Klimawandelleugnern, nicht nur die Realität der globalen Erwärmung

in Zweifel zu ziehen, sondern auch gleichzeitig jegliche Politik zu Fall zu bringen, die der Klimaveränderung entgegenzuwirken versucht.«

85 Oreskes & Conway 2010: 213 f.

86 Oreskes & Conway 2010: 27

87 Naomi Oreskes zit. in Meyer, Cordula (2010): Die Wissenschaft als Feind, *spiegel.de*, 04.10.2010

88 Meyer 2010

89 Meyer 2010

90 Uekötter, Frank (2019): Kleine Geschichte der Klimadebatte, *Aus Politik und Zeitgeschehen*, 47–48/2019

91 Uekötter 2019: 11

92 Zit. in RND (2021a): Moderator Dirk Steffens: »Es ist falsch, Verblendeten das Wort zu erteilen«, *rnd.de*, 11.11.2021

93 Boykoff, Maxwell T & Jules M Boykoff (2004): Global Environmental Change Balance as bias, *Global Environmental Change*

94 Oreskes & Conway 2010: 215

95 Lynas, Mark et al. (2021): Greater than 99 % consensus on human caused climate change in the peer-reviewed scientific literature, *Environmental Research Letters*

96 Meyer 2010

97 Rich 2019: 124

98 Schmaus, Matthias et al. (2023): *Abschlussbericht. Flüssiger Verkehr für Klimaschutz und Luftreinhaltung*, Herausgeber: Umweltbundesamt, S. 30 (Tabelle 2)

99 Umweltbundesamt (2023c): Tempolimit, *Umweltbundesamt*, 26.01.2023

100 Umweltbundesamt 2023c

101 Asendorpf, Dirk (2023): Ein Tempolimit schützt das Klima besser als gedacht, *zeit.de*, 26.01.2023

102 Tagesspiegel (2023b): »Autofahren bedeutet Freiheit«, *tagesspiegel.de*, 22.01.2023

103 Barnickel, Annalena & Maik Koltermann (2022): Wissing im MOPO-Interview: *Hamburger Morgenpost*, 05.04.2022

104 Hamburger Abendblatt (2023): Volker Wissing: »Debatte über Tempolimit ist Gift«, *Hamburger Abendblatt*, 10.07.2023

105 KFZ (2024): Länder ohne Geschwindigkeitsbegrenzung, *kfzsachverstand.de*

106 BMDV (2023): Auto, Tempolimit, HVO100, E-Fuels und mehr, *Bundesministerium für Digitales und Verkehr*

107 BMDV 2023

108 ISI (2023): E-Fuels sind nicht sinnvoll für den großflächigen Einsatz bei Pkw und Lkw, *Fraunhofer-Institut für System- und Innovationsforschung ISI*

109 Schmaus et al. 2023d: 30 (Tabelle 2)

110 ZDF (2023): Überall Tempo 30 in Städten? Wissing winkt ab, *zdf.de*, 22.04.2023

111 Stuttgarter Zeitung (2023): Wissing: Tempo 30 muss mit Grundgesetz vereinbar sein, *Stuttgarter Zeitung*, 21.06.2023

112 Stuttgarter Zeitung 2023

113 Umweltbundesamt (2024a): Detaillierte Treibhausgas-Emissionsbilanz 2022, *Umweltbundesamt*, 15.01.2024

114 Götz, Sören (2023): Der Verkehrsminister verweigert den Klimaschutz, *zeit.de*, 17.07.2023

115 ZDF (2023a): Warum die Klimaschutz-Reform umstritten ist, *zdf.de*, 22.09.2023

116 Umweltbundesamt (2024b): Klimaemissionen sinken 2023 um 10,1 Prozent – größter Rückgang seit 1990, *Umweltbundesamt*. Dieser optimistischen Einschätzung des Amtes widerspricht der von der Bundesregierung eingesetzte Expertenrat für Klimafragen in einem Sondergutachten. Die Klimaziele für 2030 seien nicht zu halten, weil das BUA mit veralteten Daten und zu optimistischen Annahmen gearbeitet habe. Tagesschau (2024): Deutschland wird Klimaziele laut Gutachten verfehlen, *tagesschau.de*, 03.06.2024

117 Expertenrat (2022): Sofortprogramme können Einhaltung der Klimaziele nicht sicherstellen, *Expertenrat für Klimafragen*, 25.08.2022

118 Zit. in Asendorpf 2023

119 1. Endlichkeit des Urans: Die identifizierten und wirtschaftlich förderbaren Uranressourcen reichen nur noch für 30 Jahre (NEA (2023): Uranium 2022. Resources, Production and Demand, A joint report by the *Nuclear Energy Agency and the International Atomic Energy Agency*, S. 14) 2. Abhängigkeit von Uranlieferanten, wobei die bedeutendsten – mit Ausnahme von Kanada – eher schwierige Länder sind (Kasachstan, Namibia, Niger, Russland, China, Usbekistan) (WNA (2023): World Uranium Mining Production (Updated August

2023), *World Nuclear Association*). 3. Folgen radioaktiver Strahlung auf die menschliche Gesundheit (Kontamination bei Uranabbau, und -verarbeitung, besonders natürlich bei unkontrollierten Reaktorunfällen wie in Tschernobyl oder Fukushima). 4. Ungeklärte Entsorgung radioaktiver Abfälle (Endlagerung); Uran ist nicht kreislaufwirtschaftsfähig 5. Problem der Kühlung: Kühlwasserverbrauch von Kernkraftwerken noch höher als von Kohlekraftwerken; dies ist zunehmend ein Problem bei häufigerem Niedrigwasser und Erwärmung von Flüssen durch Klimawandel (Johst, Margret & Benno Rothstein (2014): Reduction of cooling water consumption due to photovoltaic and wind electricity feed-in, *Renewable and Sustainable Energy Reviews*)

120 AEE (2023): Erneuerbare Energien in Deutschland, *Agentur für erneuerbare Energien*

121 Fornoff, Matthias (2023): Viel Zustimmung für klimafreundliches Heizen, 26.05.2023, *zdf.de*

122 Heizungstausch (2021): Heizungstausch-Umfrage: Wunsch und Wirklichkeit, *meine-heizung.de*

123 Wolf-Doettinchem, Lorenz (2023a): 79 Prozent der Deutschen gegen Verbot von Öl- und Gasheizungen, *stern.de*

124 Kornatz, Pascal (2023): Nein, Deutschland verbietet nicht als einziges Land fossile Heizungen, *correctiv.org*

125 Futurezone (2017): Norwegen verbietet bis 2020 alle Ölheizungen, *futurezone.de*

126 Kornatz 2023

127 Lübke, Christiane (2021): Einstellungen zu Klimaschutzmaßnahmen und persönliche Handlungsbereitschaft, *Bundeszentrale für politische Bildung (bpb)*

128 Lübke 2021

129 RIFS (2023): Soziales Nachhaltigkeitsbarometer der Energie- und Verkehrswende, *Forschungsinstitut für Nachhaltigkeit – Helmholtz-Zentrum Potsdam (RIFS)*. Dort ein Booklet und die interaktive Datenvisualisierung, der die folgenden Zahlen entstammen.

130 Zitiert in Schönauer, Inken (2024): Börsenchef auf Betriebstemperatur, *faz.net*, 07.06.2024

131 Es kommt weniger auf die Form als auf das Gewicht und den Hubraum und damit die Energiekosten und den Materialverbrauch bei

Herstellung und Nutzung der Fahrzeuge an. Gegen Kleinwagen-SUV wie Ford Puma, BMW X1 oder Audi Q2 sollte nicht mehr zu sagen sein als gegen einen VW Golf oder Polo.

132 Seibt, Torsten (2024): Knappe Kiste für VW Tiguan und T-Roc, *Auto Motor Sport*, 10.01.2024

133 Statista (2024): Durchschnittliche CO_2-Emissionen neu zugelassener Personenkraftwagen in Deutschland von 1998 bis 2023, *Statista*

134 VDIK (2024): 2023 fast jeder fünfte neu zugelassene Pkw rein elektrisch, *Verband der internationalen Kraftfahrzeughersteller*

135 Reents, Edo (2024): Ist er zu stark, bist du zu schwach, *faz.net*, 17.02.2024. Er zielt dabei sicherlich auf große Fahrzeuge wie BMW X5, X6 oder X7, Audi Q7 oder Q8, Porsche Cayenne oder Macan oder Volvo XC 90, die offiziell – dem Kraftfahrt-Bundesamt zufolge – sogar Geländewagen sind, aber das tut nichts zur Sache.

136 Zitiert nach der Presseschau des Deutschlandfunks: Deutschlandfunk (2024): 05. Februar 2024. Die Presseschau aus deutschen Zeitungen, *deutschlandfunk.de*

137 Irminger Sonne, Mathias (2024): »Ich konnte das Chaos kaum fassen«, *zeit.de*, 27.05.2024

138 Irminger Sonne 2024

139 Zitiert nach der Presseschau des Deutschlandfunks: *deutschland funk.de*, 05. Februar 2024

140 In Baden-Württemberg arbeiten über 200 000 Menschen in diesem Industriezweig; er ist der Umsatzstärkste des Landes; vgl. BW-Invest (o. J.): Automobilwirtschaft, *bw-invest.de*

141 Zitiert nach der Presseschau des Deutschlandfunks: Deutschlandfunk 2024

142 Spiegel (2018): Kronprinz Frederik auf dem OP-Tisch, *spiegel.de*, 03.09.2018

143 Kleine Zeitung (2022): So holt der dänische Kronprinz seine Kinder ab, *kleinezeitung.at*, 09.09.2022

144 Vgl. auch zum ganzen Absatz Energiewende (2024): Eintrag »Energiewende« auf *Wikipedia*, und Kafsack, Hendrik (2023): Dänen frieren nicht, *faz.net*, 02.12.2023

145 Länderdaten (2024): Energiehaushalt in Dänemark, *länderdaten.info*, März 2024

146 Länderdaten (2024a): Energiehaushalt in Deutschland, *länderdaten. info*, März 2024

147 Länderdaten 2024

148 Länderdaten 2024a

149 Kautzky, Elisa (2022): Pestizidsteuer wie in Dänemark, *zeit.de*, 3. August 2022, Bickel, Ulrike (2022): Pestizidfreie Regionen: Erfreuliche Ansätze, *Heinrich-Böll-Stiftung*, 12. Januar 2022

150 Woźniak, Michał (2021): Agrarwirtschaft: Betriebe werden zunehmend größer und smarter, *Germany Trade and Invest*

151 Wolff, Reinhard (2019): So geht Klimagesetz, *taz.de*, 08.12.2019

152 Vgl. Vielmetter 2021: 32 ff.

153 Tran, Anh (2023): Technikgeschichte. Die Deutschen und ihre Autos, *deutschlandfunk.de*, 31. August 2023

154 Zit. n. RP (2024): Öl-Industrie widerspricht Baerbock und Habeck, *rp-online.de*, 20.03.2024

155 Das klassische Beispiel sind die Verbrennermotoren, die heute erheblich weniger Benzin benötigen als früher, also wesentlich energieeffizienter sind. Und dennoch führte dies nicht zu einem Rückgang im Energieverbrauch – im Gegenteil –, weil die Leute heute eben größere Fahrzeuge kaufen. Das nennt man Rebound-Effekt.

156 Joeres, Annika (2020): Nach der Coronakrise ist mitten in der Klimakrise, *corrective.org*, 08.04.2020

157 WPKS (2020): Klimapolitische Anforderungen an die Konjunkturpolitik in der Coronakrise, *Wissenschaftsplattform Klimaschutz*

6 Cold-War-Generation: *Normal people* oder Generation Ego?

1 Herzog, Roman (1997): Berliner Rede 1997 von Bundespräsident Roman Herzog, *bundespräsident.de*

2 Herzog 1997

3 Fischer, Leo (2017): Es schaudert einem vor den Babyboomern, *nd-aktuell.de*, 16.09.2017

4 Lobe, Adrian (2023): In verschiedenen Welten, *taz.de*, 05.06.2023

5 Die Ausführungen zu den kognitiven Verzerrungen basieren auf Vielmetter 2021: Kap. 4.3.1, Vielmetter, Georg (2022a): Psychologie der Katastrophen, *Publik Forum*, 04.03.2022, Vielmetter, Georg (2022b): Zwei Gründe, warum wir den Angriffskrieg Russlands nicht vorhergesehen haben, *nzz.ch*, 22.03.2024, Vielmetter, Georg (2022c): Wa-

rum wir immer wieder dieselben Fehler machen, *tagesspiegel.de*, 13.02.2022

6   Mukerji Nikil / Adraino Mannino (2020): *Covid-19. Was in der Krise zählt*, Stuttgart: Reclam 2020

7   Hurricane, Gustav & Hurricane, Catarina (o. J.): An Insight Into the Concept of Normalcy Bias in Psychology, *Psychologenie.com*

8   Sharot, Tali (2011): The optimism bias, *Current Biology*, Volume 21, Issue 23

9   Faller, Heike & Christiane Grefe (2020): Der Wald der Zukunft, *Zeit Magazin*, 13.08.2020

10 Hernandez Perez, Manuela (2023): Psychologie der Klimakrise, *Fernhochschule The Mobile University*

11 Hernandez Perez 2023

12 Hernandez Perez 2023

13 DB Research (2023): So zufrieden sind die Deutschen mit ihrem Leben, *Deutsche Bank Research*

14 Sparmann, Anke (2023): Die Umweltboomer, *zeit.de*, 09.05.2023

15 Vgl. dazu kritisch Stöcker, Christian (2022): Die Generation Schneeflocke ist nicht verweichlicht, *spiegel.de*, 30.11.2022

16 Niehus, Michael (2024): Generation Z ist zu faul, *bild.de*, 07.03.2024

17 Harting, Mechtild (2023): Muss das eigentlich sein?, *faz.net*, 07.05.2023

18 Schäfers, Uwe (2024): Fordert die »Generation Z« zu viel? *deutschlandfunk.de*, 20.04.2024. Worauf Ebeling konterte, die Generation setze ihre Ressourcen klug ein und müsse noch mehr fordern, und nur zwei Prozent ihrer Generation würden relevant erben, was Ritzer dann zugestehen musste.

19 Zit. n. Baurmann, Jana Gioia (2024): Faul sind nur die Vorurteile, *zeit.de*, 21.04.2024

20 Lanz (2024): »Markus Lanz« vom 06.03.2024, *zdf.de*

21 Baresel, Kira et al. (2021): Hälfte aller Erbschaften und Schenkungen geht an die reichsten zehn Prozent aller Begünstigten, *DIW Wochenbericht* 5/2021

22 Beckmannshagen, Mattis & Annika Sperling (2024): Durchschnittliche Arbeitszeiten in Deutschland sinken, Gesamtarbeitsvolumen auf Rekordhoch, *DIW Wochenbericht* 16/2024, *diw.de*. Zu dem Ergebnis kommen auch Schnetzer et al. (2023): *Jugend in Deutschland –*

Trendstudie 2023 mit Generationenvergleich, Kempten: Datajockey, Kap. 7

23 Beckmannshagen & Sperling 2024: 243, Abb. 3

24 Beckmannshagen & Sperling 2024: 244, Tabelle 1

25 FAZ (2023d): Viele Babyboomer haben das Arbeiten satt, *faz.net*, 22.06.2023

26 NGZ (2003): Nur das Arbeitsamt stört, *Neuss-Grevenbroicher Zeitung*, 09.12.2003

27 Kremer, Dennis (2024): »Was wird aus unserem Geld, wenn wir Eltern werden?«, *faz.net*, 17.04.2024

28 Bub, Nina et al. (2024): Eine Generation verzweifelt am Hauskauf, *faz. net*, 08.04.2024

29 Preuschat, Archibald (2023): Sehenden Auges in die Altersarmut, *faz. net*, 05.07.2023; Fründt, Steffen (2023): Von wegen Flugscham – Gen Z und Millennials fliegen öfter als Boomer, *welt.de*, 28.08.2023

30 Geyer-Hindemith, Christian (2023): Letzte Generation: Warum Scholz die Klimakleber völlig bekloppt nannte, *faz.net*, 27.05.2023

31 Vgl. dazu Vielmetter 2021: Kap. 6.3

32 Schnetzer et al. 2023: 13

33 Schnetzer et al. 2023: 13

34 Schnetzer et al. 2023: 14

35 Carrington, Damian (2024): World's top climate scientists expect global heating to blast past 1.5C target, *theguardian.com*, 08.05.2024

36 Carrington, Damian (2024a): We asked 380 top climate scientists what they felt about the future…, *theguardian.com*, 08.05.2024

37 Carrington 2024a

38 Schmidt, Thomas E. (2024): Und immer, immer wieder geht die Sonne auf, *Die Zeit* Nr 16, 11. April 2024. Dort auch alle Zitate dieses Absatzes.

39 Wir beschäftigen uns hier nur mit Fragen der so genannten intertemporalen Gerechtigkeit, als der zwischen vorher gehenden, gegenwärtigen und nachfolgenden Generationen. Nicht mit solchen der intratemporalen Gerechtigkeit, also der Gerechtigkeit innerhalb einer einzigen Generation, bei der es zum Beispiel um soziale, internationale oder Geschlechtergerechtigkeit geht. Vgl. dazu Tremmel, Jörg (2005): Generationengerechtigkeit – eine Ethik der Zukunft, *Friedrich-Ebert-Stiftung, Online-Akademie*.

40 Tremmel 2005: 20

41 Kiel, Viola (2024): Die Sensation von Straßburg, *zeit.de*, 09.04.2024

42 BVerfG (2021): Verfassungsbeschwerden gegen das Klimaschutzgesetz teilweise erfolgreich, Pressemitteilung Nr. 31/2021 vom 29. April 2021, *bundesverfassungsgericht.de*

43 BVerfG 2021

7 Politik für Erwachsene – und andere Dinge, die wir jetzt tun sollten

1   Ameri-Siemens, Anne (2023): Warum wollen trotz Klimawandel so viele nichts ändern? Interview mit Jana Hoppmann, *faz.net*, 03.08.2023

2   Ameri-Siemens 2023

3   Ciesinger, Ruth (2023): Klimaforscherin Friederike Otto: »Wir haben unglaublich viele Möglichkeiten, das Schlimme zu verhindern«, *tagesspiegel.de*, 13.01.2023

4   Wiegand, Elita (o. J.): Verkehrter Verkehr: Wie schafft man eine Stadt für Menschen?, *Zukunftsmacher*

5   Zu diesem Absatz Sussebach, Henning (2024): Wo ist die Zukunft hin?, *Die Zeit* Nr. 23/2024, S. 12

6   Carrington 2024

7   Zitiert nach Carrington 2024; Übersetzung GV

8   Narr (2024): Stichwort »Narr«, in: *duden.de*

9   Ulrich, Bernd (2021): Regiert da wer?, *zeit.de*, 24.03.2021

10 Ulrich, Bernd (2023): Zeit zu gehen, *zeit.de*, 22.11.2023

11 Stalinski, Sandra (2018): »Wir müssen radikal und staatstragend sein«, *tagesschau.de*, 13.04.2018

12 Habecks Politikstil ist Ausdruck seiner politischen Haltung sowie seiner Bereitschaft und Fähigkeit zum Diskurs. Dass viele Konkurrenten Habecks Stil kritisieren, muss nicht verwundern. Zum einen spielt hier sicher Neid ob der lange überragenden Zustimmungswerte Habecks eine Rolle, außerdem wären viele von ihnen zu so einem Stil gar nicht in der Lage. Verblüffend schon eher, dass ein Intellektueller wie Christian Geyer-Hindemith Habeck als »Erklärbär« verhöhnt und lamentiert, es sei »der wuschelige Erklär-Furor Robert Habecks, der nervös macht«. Vgl. Geyer-Hindemith, Christian (2024): »Dann machen Sie es doch!«, *faz.net*, 07.06.2024. Anlass war eine zum »Duell« mit Friedrich Merz hochstilisierte Talkshow, die lange freundlich und diskursiv

verlief, bis Merz zu einem offensichtlich vorab geplanten und einstudierten aggressiven Frontalangriff auf die Wirtschaftspolitik, aber auch die Person Habecks ansetzte. Habeck schien verärgert, blieb aber sehr ruhig und erklärte weiterhin seine Politik. Wer auf Alpha-Male-Politiker abfährt, hat das Habeck sicherlich als Schwäche ausgelegt und war von Merz ganz begeistert.

13 Vgl. Betschka, Julius (2024): Verfall allgemeiner politischer Sitten, *tagesspiegel.de*, 26.03.2024, Schulze, Tobias (2024) Wer tut sich das noch an?, *Wochentaz*, 23.-29. März 2024, pp.4–5.

14 Lehmann, Anna (2023): Sparen schadet, *taz.de*, 05.09.2023

15 Enzensberger, Hans Magnus (1989): Die Helden des Rückzugs, *Frankfurter Allgemeine Zeitung*, 09.12.1989, S. 27–28

16 Ciesinger, Ruth (2023a): Wie echter Klimaschutz gelingen kann, Interview mit Cornelia Betsch, *tagesspiegel.de*, 15.07.2023

17 Groß, Thomas (2023): Zwei Jahre Klimabeschluss des Bundesverfassungsgerichts, *verfassungsblog.de*, 18.03.2023

18 Piorkowski, Christoph David (2023): Sollten Kinder wählen dürfen?, *tagesspiegel.de*, 11.06.2023. Das hat das Bundesverfassungsgericht 2019 entschieden: BVerfG (2019): Wahlrechtsausschlüsse für Betreute in allen Angelegenheiten …, Pressemitteilung Nr. 13/2019 vom 21. Februar 2019, *bundesverfassungsgericht.de*

19 Familienwahlrecht (2023): Eintrag »Familienwahlrecht« auf *Wikipedia*

20 Dies ist die Version, die der Managementprofessor Steven Cady 2014 entwickelt hat, basierend auf früheren Versionen der Beraterin Kathie Dannemiller aus den 1980er Jahren und des Beraters David Gleicher aus den 1960er Jahren. Vgl. Cady, Steven H. (2014): The Change Formula: Myth, Legend, or Lore?, *OD Practitioner*, Vol. 46, No.3, April 2014